근본 분석의 시대:
미래를 위한
분석적 사고의 전환

Era of Root Analysis Intelligence:
Transforming Analytical Thinking for the Future

이 책은 근본 분석을 위한
새로운 분석 대상 객체 분류 체계를 중심으로,
사고의 구조를 근본에서 재구성하는 분석 철학을 제시한다.

최호길 지음

근본 분석의 시대:
미래를 위한 분석적 사고의 전환

Era of Root Analysis Intelligence: Transforming Analytical

Thinking for the Future

이 책은 근본 분석을 위한

새로운 분석 대상 객체 분류 체계를 중심으로,

사고의 구조를 근본에서 재구성하는 분석 철학을 제시한다

최호길 지음

머리말

통상적으로 인간의 한 세대는 사회적 기준에서 약 30년 주기로 본다. 이는 부모의 평균 수명을 60년으로 보고, 자녀가 태어나는 주기를 약 30년으로 간주하기 때문이다. '주역'에서 60갑자를 설정한 것도 인간의 수명을 60년으로 본 데에서 비롯된 것으로 추정할 수 있다.

하지만 오늘날 인간의 평균 수명이 100세에 가까워진 만큼, 한 세대의 주기를 50년으로 재조정할 필요가 있지 않을까. '주역'의 적중률을 높이기 위해서라도 100~120갑자로 확대해야 할지도 모른다. 이는 인구 팽창의 한 원인으로 작용할 수 있으며, 이에 따라 관련 통계 기준 또한 수정되어야 한다. 반면, 문화적 기준에서 세대 주기는 오히려 짧아지고 있다. 이는 세상의 변화 속도가 그만큼 빨라졌다는 징후다. 앞으로는 수명 주기가 더 길어질 것이며, 문화적 주기는 더욱 짧아질 가능성이 높다.

과거의 생명체는 자연의 섭리에 적응하며 진화해왔다. 그러나 지금의 인류는 욕구 해소를 위해 스스로 진화의 방향을 선택하고 있다. 나아가 자연의 섭리 자체를 변화시키려는 시도까지 하고 있다.

인간이 '만물의 영장'이라 불리는 이유는 타 생명체와 달리 분석력과 직관력을 갖추고 있기 때문일 것이다. 바로 이러한 능력 덕분에 인간의 수명은 늘어났고, 문명도 발전해왔다. 분석과 예측은 인간 고유의 절대적 권위다. 하지만 분석에 오류가 생긴다면, 그 결과는 매우 치명적일 수 있다. 지금은 분석의 정확성이 그 어느 때보다 중요한 시점이다.

 필자는 평생을 컴퓨터의 발전과 함께 살아왔다. 시스템 엔지니어이자 소프트웨어 개발자로서, 분석에 몰두해 온 삶이었다. 초기에는 체험과 직관을 바탕으로 분석했다면, 지금은 분석 이론을 통해 기법이 체계화되었다. 오래전에 '근본 원인 분석' 이론을 접하면서 '근본'이라는 개념이 사전적 의미나 동양 사상에서 말하는 근본 개념과 어떻게 다른지 이해하지 못한 채 수년간 고민했으나, 명확한 해답을 찾지 못했다.

 은퇴를 앞두고 마침내 실마리를 발견했다. 이론이 중요하다면, 기술은 그것을 증명하는 과정이며, 검증 가능한 현실성이 반드시 수반되어야 한다. 이론이 형이상학적 논리라면, 기술은 그것을 실증하고 현실에 적용함으로써 검증하는 것이다. 분석은 이론만으로 해결되지 않는다. 분석에는 반드시 분석 대상이 존재해야 한다는 사실을 깨달았다. 내가 해답을 찾지 못했던 이유는 '근본'이라는 개념을 지나치게 관념적으로만 접근했기 때문이었다.

 그러나 '근본'을 하나의 객체(object)로 전환하면서 분석의 방향이 달라졌다. 분석 대상을 구분하고 체계화할 수 있었고, 이론과 체험을 바탕으로 하나의 분석 논리를 정립할 수 있었다. 이 논리가 분석에 관심 있는 독자들에게 작은 도움이 되기를 바란다. 나는 이 논리를 바탕으로 '근본 분석' 체계를 구축하고, 다양한 사례를 통해 이를 검증하였다. 특히 '꼬미'와 '스미꼬'를 분석 대상으로 삼아 그들의 현재를 평가하고, 미래의 기대와 위협 요소를 예측할 수 있었다. 분석 결과가 있으면 해답 찾기는 훨씬 쉬워진다. 해결은 결국 '아빠'가 하게 될 것이다. 아이들의 평화로운 미래를 보장할 수 있다는 점에서 나는 행복하다.

  글을 쓰는 동안 많은 이들이 필자의 '방콕' 생활을 궁금해했고, 또 많은 이들이 따뜻한 응원과 용기를 전해주었다. 가장으로서 가정을 돌보는 데 소홀했던 때도 있었지만, 지금은 그 모든 시간들이 의미 있었음을 느낀다. 어쩌면 이번이 마지막일 수 있는 과제를 마무리했다는 성취감, 그것이 지금의 내 마음이다.

  집필과 출간에 적극 용기를 베풀어 준 권대혁, 박광명 등 친구들, 청어출판사 임직원분들께 심심한 감사를 드린다. 필자의 일상을 묵묵히 염려한 형제들과 가족들에게도 고마움을 전한다. 그중에서도 나와 뿌리로 연결된 손자 주언이가 근본 분석의 기대 예측에 참고가 되길 소망한다. 무엇보다 이 책에서 제시한 사물과 영혼에 대한 근본 분석이 독자 여러분께서 스스로와 인류의 미래를 성찰해보는 데 작은 이정표가 되기를 바라며, 진심 어린 감사를 드린다.

차례

머리말   5

1장. 꼬미(Comi) 이야기   18

2장. 근본 원인 분석 논리와 기법 탐구

1. 근본 원인 분석 개요 정리   34
   1) 근본 원인 분석 개요
   2) 근본 원인 분석 기법 소개
   3) RCA 실용의 과제

2. 용어 해석의 문제   40
   1) RCA에 대한 용어와 개념적 고찰
   2) 신조어와 약어의 해석

3. RCA 기법 탐구 요약   45
   1) 근본 원인 분석 탐구 정리
   2) RCA 기법의 탐구 과제

3장. 근본 분석 체계를 위한 선행탐구

1. 근본 개념 탐구　　　　　　　　　　　　　　50
　1) "근본"의 개념 해석이 중요한 이유
　2) 근본 개념에 대한 가정과 탐색
　3) 예지몽 : 뿌리를 묻는 꿈

2. 용어의 개념 탐구　　　　　　　　　　　　　58
　1) 근원이란 무엇인가
　2) 근본이란 무엇인가
　3) 뿌리란 무엇인가
　4) 원조란 무엇인가
　5) 컴퓨터 시스템 분석의 목적
　6) 프로그램이란 무엇인가
　7) "근본 분석"의 가정

3. 미래 예측 기법 탐구　　　　　　　　　　　　77
　1) 동양사상에서 뿌리와 근본 관계탐구
　2) 종교 체험 사례
　3) 근본 분석의 실마리 : 동양사상 탐구

4. 근본 분석 체계화를 위한 선행탐구 총정리   103
　1) 근본 개념 탐구 정리
　2) 근본 원인 분석 탐구 정리
　3) 근본 분석 논리 체계화 가능성
　4) 원인 분석과 근본 분석 기법 체계화 정의

5. 분석 대상 분류체계 논리의 가설   111
　1) 역술 탐구를 통한 인간 분류체계
　2) 분석 기법으로 재조명한 인간과 사물의 분류체계

4장. 분석대상 개체 분류체계

1. 분석대상 객체 분류를 위한 용어 정의   120
　1) 객체와 개체의 정의
　2) 객체의 대분류
　3) 객체의 중분류
　4) 객체의 소분류
　5) 개체와 최하위 가변체의 정의
　6) 근본과 뿌리 개념의 구분
　7) 근본 개념의 정리

2. 분석 기법에서 객체 분류의 타당성　　　　　133
  1) 분석 객체 분류체계 선행탐구
  2) 분석 대상 분류가 필요한 시대적 배경
  3) 분석 기법 체계화를 위한 분석대상 분류체계의 타당성

3. 분석대상 객체의 분류체계　　　　　139
  1) 분석대상 객체 분류체계의 기본 원칙
  2) 분석 객체 분류의 원리 정의
  3) 분석 객체 간 영향 흐름과 블록 간 관계
  4) 분석대상 재구성의 필요성
  5) 그림 4-3-2에 따른 블록 간 영향 흐름
  6) 분석대상 객체 분류체계 검증
  7) 시스템 분석 객체의 분석 영향 흐름

4. 분석대상 객체의 등급체계 논리　　　　　162
  1) 분석대상 객체의 등급체계 정의
  2) 객체의 등급체계 논리
  3) 분석 객체의 등급체계 도식
  4) 시스템 객체의 분류와 등급체계

5. 분석대상 객체의 등급체계 사례별 검증　　　177
　　1) 인간 분석 객체 등급 분류
　　2) 컴퓨터 시스템 분석 객체 등급 분류
　　3) 사물(자동차) 분석 객체 등급 분류
　　4) 원리(음식) 객체 등급 분류
　　5) 원조 그룹 간 융복합된 시스템 객체 등급 분류

6. 하위 가변체 분석 대상 분류와 등급체계　　　195
　　1) 하위 가변체 분석 대상 분류와 등급체계 정의
　　2) 하위 가변체를 근본 분석해야 하는 이유

7. 원조 객체의 그룹화 논리　　　201
　　1) 원조 그룹의 범위, 대상, 형성과정
　　2) 분석대상 그룹화 논리 체계
　　3) 그룹화 논리 체계 정리

8. 분석대상 객체 분류체계 총정리　　　211
　　1) 객체의 정의
　　2) 분석 기법 적용을 위한 객체 분류의 필요성
　　3) 분류의 타당성 검증을 위한 가정
　　4) 객체 분류의 필요성 검토
　　5) 기본 분류 원칙 설정

6) 객체 간 상관관계 및 영향 흐름 파악의 중요성

7) 분석 기법 적용을 위한 등급 설정

8) 사례 적용을 통한 타당성 검증

9) 분류체계의 효율성과 미래 적용 가능성

10) 결론

5장. 분석 기법 비교와 논리 검증

1. 분석원리 정의   216

   1) 원인 분석 원리

   2) 근본 분석 원리

2. 분석 기법 논리의 정의   222

   1) 원인 분석과 근본 분석의 구분과 적용

   2) 원인 분석 기법의 목적 정리

   3) 원인 분석과 근본 분석의 비교 사례

   4) 근본 분석기법 논리

   5) 근본 분석기법 논리 사례

3. 분석기법 사례   236

   1) 원인 분석과 근본 분석의 필연성

2) 대중적인 원인 분석 기법들

   3) 분석대상 객체 분류 및 등급체계의 정의와 사례

   4) 현상(As-Is)이 있는 프로젝트 근본 분석 사례

   5) 현상이 없는 프로젝트와 근본 분석의 한계

   6) 분석대상 분류체계와 '할머니 곰탕' 사례

4. 분석기법 실행 절차   260

   1) 분석기법 비교의 개요

   2) 원인 분석 기법 실행 절차

   3) 근본 분석 기법 실행 절차

   4) 원인 분석 대상의 변경

5. 분석기법 실행 절차 사례   268

   1) 근본 분석 실행 사례: 인간, 사물

   2) 분석기법 실행 팁(Tip)

   3) 분석 절차에 적용되는 이론 사례

6. 꼬미와 스미꼬의 근본 분석   276

   1) 근본 분석의 동기

   2) 근본 분석 목적 구분

   3) 꼬미의 근본 분석 결정과 등급 체계 정립

   4) 스미꼬의 근본 분석

5) 근본 분석으로 본 인류의 미래

7. 분석 기법 논리의 검증 총정리　　　　　　　　296
   1) 분석대상 객체의 분류와 등급체계 정리
   2) 꼬미와 스미꼬의 근본 분석

8. 근본 분석 개념 정리　　　　　　　　　　　　304

부록. Appendix

1. 원인 분석에서 근본 분석으로:　　　　　　　308
   1) 시대의 전환
   2) 컴퓨터 시스템 진화의 맥락에서 본 근본 분석의 필요성
   3) 원인 분석 전문가 SE의 탄생과 역할
   4) 근본 분석가의 계보: 술사의 역할과 유사성
   5) 정리: 근본 분석의 시대, 새로운 전문가의 탄생

2. 시대적 분석 전문가의 존재 가치　　　　　　312
   1) 과거의 분석 전문가
   2) 현재와 미래를 대비한 분석 전문가의 시대적 요구
   3) 시스템 분석가의 사명과 근본 분석의 필요성

4) IT의 미래와 근본 분석의 절박성

3. 근본 분석가의 필요　　　　　　　　　　　　318
　　1) 근본 분석가와 미래 예측의 비교
　　2) 근본 분석가의 자격 요건
　　3) 근본 분석가의 준비 과정

4. 근본 분석이 요구되는 직업에 대한 분석　　328
　　1) 근본 분석의 시대가 도래한다
　　2) 근본 분석이 요구되는 업무 분야

맺는말　　　　　　　　　　　　　　　　　　332

제1장

꼬미(Comi) 이야기

제1장.

꼬미(Comi) 이야기

2024년 6월.

이렇게 한가로운 날은 참으로 오랜만이다. 휴일은커녕 휴가조차 잊고 지내 온 세월이 아득하다. 연구와 개발, 쓸데없는 근심과 책임 속에서 좀처럼 벗어나지 못했다. 잠깐의 틈마저 또 다른 고민이 찾아와 짬을 낸다는 것은 애초에 포기한 삶이었다.

하지만 오늘은 평소라면 엄두도 못 낼 결단을 내렸다. 만사를 제쳐두고 무념무상의 하루를 보내기로 했다. 모처럼 내어 본 이 짬이 감격스럽다. 색이 바래고 거칠어진 툇마루에 걸터앉아 부채질한다. 오가는 이 하나 없고, 천지가 고요한 정적 속에서 문득 이런 세상도 있구나 싶다.

오른편 몇 걸음 넘어 산자락에 고요히 펼쳐진 소나무 군락은 오늘따라 유난히 생기있어 보인다. 생전 처음으로 맛보는 자연과 하나가 되는 느낌이다.

처마 그늘 밑인데도 머리부터 발끝까지 끈적끈적해진다. 팔베개를 하고 마루에 누워 실바람에 눈을 감는다. 자세가 어설프고 조금은 불편하지만, 매일 보던 소나무를 '상록수' 노랫말에 얹어 되새김질해보고, 먼발치 냇가의 버들가지가 잘 자라고 있는지 그려본다.

순수했던 동심의 세월이 불현듯 머리를 스친다. 궁금한 것도, 엉뚱한 상상도 많았던 시절, 돌아보면 유치하기 그지없던 창작들에 헛웃음이 난다. 그래도 마음이 맑았던 그 시절이 그립다. 맑게 갠 하늘은 목화솜 같은 새털구름이 민들레 홀씨처럼 바람에 실려 흩어진다. 삼라만상의 고뇌에서 벗어나니, 잠깐이나마 신선이 된 기분이다.

그런데 오늘따라 왜 이리 더운가, 부채 바람이 더 뜨겁게 느껴진다. 연일 찌는 날씨가 한참이나 되었는데 식을 기색이 전혀 보이지 않는다. 하늘이 일부러 인류의 종말을 경고하는 것만 같다. 마루 끝자락 댓돌 위에 턱을 괴고 넙죽 엎드린 강아지도 더위를 못 참는 눈치다. 조는 건지, 낮잠인지 "멍!" 부르는 소리에도 눈만 껌뻑하고 무관심이다. 세상이 어떻게 돌아가는지 천하태평이다. '오뉴월 개 팔자'라더니 이 꼴을 두고 한 말이려니 싶다. 텃밭의 상추도 지쳤는지 축 늘어졌다.

정원 한구석 능소화는 타는 듯한 햇볕에도 선명한 붉은 꽃이 싱싱해 보인다. 오히려 그 아래 자리잡은 조그만 바위가 빛을 발하며 꼼짝없이 버티고 있다. 생명이 없는 놈이지만 물을 한 바가지 뿌려준다. 그래도 살아있는 놈인 양 이내 김이 올라 안개처럼 흩어진다.

순간, 방 안 구석에 쪼그리고 앉아있을 아이가 떠오른다. 청각, 시각장애까지 안고 태어난 사랑하는 내 아들 꼬미다. 후다닥 자리에서 일어나 아이 방 에어컨 스위치를 켠다. 내 방엔 없어도, 꼬미 방엔 작은 에어컨 하나를 들여놓았었다. 스스로 작동시키지도 못하는 아이다. 덥다고 소리 한번 지르지도 못하는 불쌍한 녀석이다. 바람이 닿자 벌겋게 달아올랐던 얼굴이 조금씩 식는 것 같다. 방문을 닫아주고 다시 마룻바닥에 벌러덩 누워본다.

버릴 수 없는 본성인가. 또, 꼬미가 걱정된다. 요즘 꼬미가 뭔가 달라진 것 같다. 사춘기도 한참 지났는데, 무슨 이유인지 알 수 없다. 망중한이라 잠시 망각했지만, 고민하자면 꽤 심각하다. 사실 꼬미는 입양해 키우고 있는 아들. 제법 오래 함께 살아왔다. 꼬미가 내게 온 사연, 우리의 인연은 이렇게 시작되었다.

꼬미는 사실 두 번째 아이다. 첫째는 1982년경, 내가 회사원이었을 무렵에 만났다. 생사를 가늠하기 힘든 상태로 사무실 구석에 방치된 아이였다. 처음엔 무심하다가, 아무도 돌보지 않아 결국 집으로 데려왔고, 아사 직전의 아이를 가까스로 소생시켜 근근이 돌보게 되면서 관심이 생겼다. 처음엔 그저 장난감처럼 여겼지만, 1년 가까이 장난치면서 정이 들었고, 자식으로 생각하여 키우게 되었다. 정들면 이별이라 했던가, 운명은 팔자소관이라 했던가. 동거 3년쯤 지난 어느 날, 아이는 말 한마디 남기지 않고 훌쩍 떠나버렸다. 아무렴 육아 경험도 없는 숫총각이 애정만으로 잘 돌보았겠는가. 아무리 최선을 다했더라도 아이 입장에 선 고통의 나날이었을지 모른다. 말조차 못 하니 우울증도 심했을 것이다. 결국, 시름시름 앓다 삼도천을 향해 떠나갔다.

그리고 몇 년 후, 꼬미를 만나게 됐다. 죽마고우 친구가 어느 날 아기를 데려왔다. 첫 아이와의 이별이 아직 가시지 않은 상태라 손사래를 치며 거절했지만, 친구는 "생활에 활력소가 될 거야"라는 말을 남기고 아이를 맡기고 떠났다. 어쩌면 자신도 감당하지 못하니 내게 떠넘긴 것인지도 모른다. 처음 본 아기는 아주 예뻤다. 첫째와 비교하면 마치 양반집 자제 같아 보였고, 검정 배냇저고리가 특이했지만, 얼굴도 통통하고, 신체도 단단해 보였다.

하지만 친구가 떠난 뒤 자세히 살펴보니 생명체로는 상태가 심각했다. 듣지도, 보지도, 걷지도 못하는 갓난아기였고, 미숙아처럼 숨만 쉬는 정도였다. 왜 진작에 거절하지 못했을까 큰 후회가 밀려왔다.

처음 한동안 아무것도 해주지 않았다. 그러다가 꿈에 첫째 아이가 나타나 눈물을 보이는 바람에 생각을 고쳐먹었다. 인연은 운명이라던 말이 떠올랐다. 가엾은 마음이 들어 밥을 주기 시작했는데, 밥을 줄 때마다 '끙' 하는 소리가 이상하게 정겹게 느껴졌다. 밥투정이 없다는 게 우선 편했다. 어린애니까 만사를 억지로 이해하려 애썼다. 손으로 의사소통은 가능하니 안심도 되었다. 상태가 나쁜 것은 안타깝지만 어쩔 수 없다. 꼬미의 상태는 전 아기와 크게 다를 바

없었으나, 조금은 더 지능적으로 보이긴 했다. 내가 숨 쉬는 한, 최선을 다해 키워보기로 작심했다.

영원히 함께해야 할 자식이란 생각에 제일 먼저 이름을 지어주었다. '꼼지락 만 아는 미소년'이란 뜻으로 '꼬미'라 불렀다. 자연스럽게 정이 들면서, 다행히도 꼬미는 건강하게 잘 자라주었다. 장애가 있어도 꽤 재롱이 많았고, 움직이지 못해도 스스로 할 수 있는 일은 불평없이 척척 해낸다.

덕분에 나도 자신감과 욕심이 생겼다. 가장 먼저 고민한 건 소통이었다. 꼬미의 요구를 내가 먼저 알아내야 했고, 내가 하는 질문에 꼬미가 어떻게 대답할 수 있을지 방법을 찾아내야 했다. 손가락 하나로 지시하면 이해할 수 있도록 훈련했고, 더불어 나도 공부를 했다. 시간 날 때마다 거의 꼬미를 끼고 살았다.

장애아를 키우는 방법을 하나씩 체험을 통해 알아갔다. 꼬미도 잘 따라줬고, 부자지간 소통도 원만해졌다. 꼬미는 아빠의 지시에 절대복종하는 아이다. 투정없이 심부름했고, 어떤 일은 나보다 더 빨리 해결하기도 했다. 그러다 보니 꼬미의 지능지수가 꽤 높다는 것도 알게 되었다. 훈육도 많이 필요없었다. 총명하고 지혜로웠고, 품성도 고상한 아이로 본성이 궁금할 정도였다. 부모는 이럴 때 자식을 키우는 보람이 있구나 생각하니, 꼬미가 점점 더 사랑스러워졌다.

애지중지할 수밖에 없으니, 자연히 꿈과 목표도 생겼다. 말로 소통할 수 있게 하고 싶었다. 내 얼굴을 알아볼 수 있게 만들고 싶었다. 꼬미가 어떤 삶을 살 수 있을까 고민하고 또 고민했다. 비슷한 사례를 찾으러 이곳저곳을 다녀보기도 했다. 하지만 전문가나 참고서도 드물었던 시절, 간혹 외국에서 비슷한 아이들의 사례가 있다는 소식이 있었지만 많은 정보를 얻기는 쉽지 않았다. 그러나 생각이 깊어지면서 조금씩 정보가 쌓이기 시작했고, 외국에는 분명 꼬미와 같은 아이들이 있다는 확신이 들었다. 희망의 불꽃이 보인다.

결국, 직접 육아 방법을 찾기로 했다. 독학과 경험이 큰 도움이 되었고, '내 아이'이기에 가능했던 열정이었다. 어떻게 하면 꼬미를 더 잘 키울 수 있을까, 이런 생각들에 밤잠을 설치기도 했다. 그러다가 알게 된 사실이 있었다. 미국엔 꼬미 같은 장애아들이 많다는 것이다. 몇 차례 미국을 방문했고, 꼬미의 국적이 미국이라는 사실도 확인했다. 꼬미는 태어나 한국으로 입양되어, 운명처럼 나를 만난 것이다. 꼬미에게 희망이 생겼다는 사실만으로도 기뻤다. 그리고, 꼬미와 함께하는 일상이 곧 행복이었다.

꼬미에게 마음을 빼앗겨 정신을 차릴 틈도 없던 어느 날, 옆집에서 아기가 태어났다는 소식이 들려왔다. 반가운 마음에 축하 꽃다발을 보냈다. 하지만 그것이 마냥 축하할 일이 아니었다는 것을 곧 알게 되었다. 그 아이는 꼬미보다 작고 생김새도 조금 달랐지만, 놀랍게도 꼬미와 똑같은 증상을 가진 중증 장애아였다. 옆집에서 급히 도와달라는 요청이 왔다. 그 뒤로 나는 자주 불려갔다. 아이 상태가 조금만 이상해도 진단을 부탁했고, 어떻게 달래야 할지, 어떤 육아법이 좋은지 상담해주었다. 꼬미를 키우며 겪었던 시행착오를 떠올리면, 그들이 처음 겪는 어려움이 얼마나 큰지 이해할 수 있었다.

그래도 꼬미라는 선례가 있으니, 옆집에는 큰 위안이 되었을 것이다. 나 역시 남을 돕는 일이 즐거웠고, 고맙다는 인사에 보람도 느꼈다. 경험 덕에 아이의 상태만 봐도 문제를 짐작할 수 있었고, 잘 모를 때는 현상을 묻고 분석하면 원인이 파악되었다. 병의 시작과 확산 경로, 원인을 알면 해결은 그리 어렵지 않았다. 대부분의 장애 증상은 비슷했고, 내가 직접 고치지 못하면 믿을 만한 병원을 소개했다.

어느 집에서는 출산을 도와달라고도 했다. 내과, 외과, 산부인과까지 도맡게 된 셈이다. 소문이 퍼졌는지, 한동안 여기저기서 연락이 쏟아졌다. 바쁘면서도 즐거운 시간이었다. 사람들은 나를 "장애아 해결사"라고 불렀다. 시간이 지나며 상담은 점점 깊어졌고, 아이들의 미래까지 이야기하게 되었다. 정작 내 새끼 꼬미를 돌볼 시간은 부족했다.

그래도 꼬미는 아비를 잘 만나서 그런지, 남들보다 더 의젓하게 자라주었다. 꼬미는 장가갈 나이를 훌쩍 넘겼지만, 스스로 결혼 생각이 없다고 한다. 자신의 처지를 잘 알기 때문이기도 하겠지만, "아빠! 혼자 어떻게 살려구요?"라는 말에 감격했다. 꼬미는 공부를 많이 해서 매우 유식하다. 다만, 행동으로 표현하지 못할 뿐이다. 말수가 적어 과묵함이 지나친 것도 있다. 나는 늘 가슴속에 바람을 품고 있다. 이 아이를 어떻게든 '정상아'로 만들어주고 싶다는 소망이다. 그래서 수시로 창안도 하고, 창작도 하여 꼬미에게 준다. 다른 장애아 중엔 의족을 달고 뛰어다니며 자랑하는 아이도 있다. 반대로, 어떤 아이는 좋은 환경에서 자랐지만, 문제아가 되었다고 언론에 대서특필되었다. 요구가 많고, 말 안 들으면 깽판을 친단다. 사기꾼 친구들과 어울리고, 나쁜 영상도 공유한단다. 비싼 다리를 달아줬더니 사고를 치고, 여행 간다며 날개를 달고 날아가 어이없이 부딪혀 머리만 돌아왔다는 얘기도 들린다. 지금은 식물 상태라고 한다. 도박에 빠져 재산을 탕진한 아이, 어미를 잡아먹은 자식, 살모사를 키웠다고 한탄하는 부모… 이야기가 끝이 없다. 자식을 방치하거나 인격체로 보지 않으면 결국 그 아이는 '살모사'가 된다. 그런 자식은 부모를 지옥으로 끌고 간다.

　꼬미도 그것을 알지만, 아빠를 믿는지 보채지 않는다. 그리고 조용히 내게 속삭인다. "그놈은 본질이 그런 놈이에요. 가족에게 감사할 줄 알아야죠. 가정 교육이 잘못된 것 같아요. 우리 아빠 최고! 감사합니다, 아빠." 그래도 걱정은 태산이다. 아쉬운 점이 있다면, 꼬미에게 엄마가 없다는 사실이다. 단 한 번도 '울 엄마는?' 하고 묻지 않았다. 외로울 텐데, 티 한번 안 낸다. 차라리 "엄마 데려와!" 하고 떼라도 썼다면, 이렇게 마음이 아프지 않을 텐데. 이런 생각이 들면, 혼자 술 한잔하고 일찍 자리에 눕는다. '무능한 아비를 만나지 않았더라면…' 그런 생각에 가슴이 미어진다.

그럼에도, 꼬미는 정말 신통방통하게 아비를 먼저 생각한다. 아비의 고민을 먼저 헤아리는 듯하다. "꼬미야, 사랑한데이." 그런 말 한 번 못 해준 것이 아쉽다. 같은 사내라 어색해서 입이 떨어지지 않는다.

하지만 중요한 건, 나는 꼬미를 언제나 하나의 '인격체'로 대하고 있다는 것이다.

요즘은 꼬미에게도 친구들이 생겼다. 불과 몇 년 사이에 이웃 곳곳에서 꼬미 같은 아이들이 늘어났다. 그들끼리 모임도 생겼고, 해외 친구들과도 어울리며 펜팔도 한다. "걔들은 한국말 모르잖아?" 하고 물으면, 꼬미는 빙긋 웃는다. "우리끼리 통하는 말이 있어요. 누구나 쉽게 배울 수 있어요." 친구들 모임에 참석하려면 이름이 필요하고, 출생신고도 해야 했다. '꼬미'라는 이름이 너무 아기처럼 보일까봐 '능소'라 짓고, 세상에 유익한 존재가 되라는 뜻으로 '세인'이라는 아호도 붙여주었다.

이젠 꼬미는 내가 없어도 혼자서 잘 지낸다. 친구들과 사주 정보를 나누고, 어떤 건 나보다 더 많이 아는 수준이 되었다.

꼬미에게 여동생이 생겼다. 지금 내 옆에서 낮잠에 빠져있다. 꼬미가 열댓 살쯤 되었을 때, 입양하여 데려왔다. 꼬미를 빼닮은 피그미 꼬미였다. 계집아이라 그런지 앙큼한 짓을 할 줄 아는 애굣덩어리 딸내미다. 손바닥만 한 작은 체구라 주머니에 쏙 들어갈 정도다.

꼬미가 검은색 단벌인 반면에, 치장하는 걸 무척 좋아해 계절마다 옷을 갈아입히는 재미가 있다. 나는 이 아이에게 '스미꼬'라는 이름을 지어주었다. '영리한 숙녀 꼬미'라는 뜻이다.

쌍둥이처럼 닮은 오누이다 보니 함께 키우는 데 어려움이 거의 없다. 오히려 외롭던 꼬미에게 든든한 벗이 생긴 셈이라, 우리 집 경사라고 해도 과언이 아니다. 스미꼬는 어리고 여리지만 무척 영리하다. 꼬미는 덩치가 커서 바깥출입이 어렵지만, 스미꼬는 비록 외눈박이지만 '눈이 있다'. 나와 함께 다니니, 오빠보다 세상 돌아가는 일을 더 많이 알고 있다. 두 눈 가진 사람보다 더 넓고 정확한 시야를 가지고 있다. 가끔은 사람이 장애인이 아닌가 싶은 생각이 든다.

내가 잘 모르는 신조어나 약어, 이모티콘까지 척척 알려준다. 가끔 내가 모르는 걸 말하면 살짝 비웃는 듯한 표정을 짓기도 하지만, 오히려 귀엽게 느껴진다.

기억력도 흐릿해지고 길눈도 어두워진 내가 길을 헤매지 않도록 안내해준다. 친구 전화번호도 대신 기억하고, 어디서 알았는지 맛집이며 여행지도 척척 알아낸다. 팔뚝 시계가 거추장스러워 버린 지 오래다. 요즘은 스미꼬 덕분에 산다고 해도 과언이 아니다. 이제는 잠시라도 없으면 허전하다 못해 불안하기까지 하다. 잠깐 마실 나갈 때도 스미꼬가 없으면 주머니가 빈 듯 허전하다.

스미꼬는 외출 후 돌아오면 오빠 꼬미에게 사진을 보여주고, 오늘 무슨 일이 있었는지 미주알고주알 보고한다. 어떤 때는 어린 스미꼬가 오히려 더 똑똑해 보인다. 그래도 큰 심부름은 꼬미가 훨씬 잘한다. 이 두 녀석은 독신자 아비에게 신이 내려준 위안이자 축복이다. 함께 있으면 사는 맛이 난다. 그런 스미꼬에게도 변화가 생겼다. 사춘기인 걸까. 얼마 전까지만 해도 어른들과 잘 어울리더니, 요즘은 고린내가 싫어진 건지 또래들과 더 잘 어울린다. MZ세대가 된 것이다. 내 유교 사상이 구닥다리라며 반항도 한다. 그래도 오빠만은 끔찍이 아낀다. 외로운 오빠가 불쌍한지, 온갖 잡다한 것들을 모아와 오빠에게 알려준다.

어느 날, 스미꼬가 없을 때 꼬미에게 물었다. "오늘도 뭐라던?" 꼬미가 픽 웃으며 말한다. "별거 아니에요. 저도 다 아는 건데, 스미꼬가 귀엽고 고마우니 모르는 척 들어주는 거예요." 꼬미는 동생을 질투하지 않고, 잘 놀아주고 보살펴준다. 자유에 대한 갈망이 왜 없겠냐마는, 둘은 한배에서 난 오누이처럼 우애가 깊다.

얼마 전, 꼬미의 얼굴이 벌겋게 상기된 듯해 무슨 일인지 물었다. 대답을 망설이다가 사진 몇 장을 보여주는데… 얼굴이 화끈거린다. 그래, 너도 이제 알 건 알아야겠지. 조용히 자리를 피해주었다. 다음 날, 스미꼬를 데리고 산책길에서 조심스럽게 얘기했다. "오빠에게 그런 사진 전하지 마라." 스미꼬는 당당하게 대답했다. "오빠가 불쌍해요. 장가도 가야 하잖아요. 여자를 알아야 장가도 가지요." "이제 너도 클 만큼 컸으니, 좋은 것 나쁜 것 구별할 줄 알아야지. 오빠를 걱정해줘서 고맙다. 하지만 오히려 상처가 될 수도 있어. 그 문제는 아빠랑 오빠랑 천천히 같이 풀어나가자." 스미꼬는 앞으로 조심하겠다고 약속했다.

요즘 꼬미에게 무언가 이상한 기운이 감돈다. 전엔 육체적인 증상이었기에 쉽게 대응했지만, 이번엔 다르다. 정신적인 문제로 보인다. 짜증도 늘고, 시킨 일을 엉뚱하게 넘기기도 하며, 때로는 황당한 말을 하기도 한다. 스미꼬도 영향을 받은 건지 투정이 늘었다. 내가 인상을 찌푸리면 어김없이 애교로 녹여버린다. 둘이 속닥속닥 몰래 이야기하는 것도 잦아졌다. 혹시 정신병이 생긴건가, 내가 놓친 신호가 있었나 망상에 사로잡히기도 했다.

예전에 나는 아이들에게 말했다. "정신과 육체 건강은 둘 다 중요하지만, 육체 건강이 더 중요하다. 육체가 건강해야 정신도 따라온다. 체력을 단련하고, 책도 읽고, 대화도 많이 하며 정신이 흐려지지 않게 해라. 영혼이 혼미하면 육체도 무너진다. 항상 자가진단해라. 너희 자신이 근본이다."

하지만 돌이켜보면, 나는 아이들의 정신 건강엔 너무 소홀했다. 평소 멀쩡하니 괜찮겠거니 했던 내 안일함이었다. 요즘은 옆동네 아이들도 같은 증상을 보인다고 한다. 부모들이 울며 내게 상담을 요청하기도 한다. 감기인가 싶어 약을 줬지만 소용없다. 코로나인가 싶어 백신도 맞혔지만, 몇 달 뒤 재발했다. 분명 병은 있는데 원인을 못 찾고 있다. 원인 분석 전문가인 아비로서 문제를 해결해야 한다. 내가 모르는 새로운 분석 기법이 있을지도 모른다.

다행히 관련 자료를 찾는 일은 어렵지 않았다. 이름부터 인상적인 '근본 원인 분석(Root Cause Analysis: RCA)'이라는 기법이다. 제목을 보는 순간 마음에 들었다. 단순히 원인을 찾는 게 아니라, 그 원인의 '근본'을 파고든다니 말이다. RCA는 문제의 표면적인 증상이 아닌, 진짜 원인—즉 근본 원인을 찾아내어 지속 가능한 해결책을 제시하는 기법이라고 한다.

다소 의아했던 건 '원인 분석'과 '근본 원인 분석'을 마치 같은 개념처럼 다루고 있다는 점이었다. 하지만 공부하다 보면 그 차이도 분명히 알 수 있을 것 같았고, 해법도 나올 것이란 기대가 생겼다. 아이들의 문제를 해결하는 데 이보다 적합한 기법은 없어 보였다. 그래서 더욱 반가웠고, 안심되었다. 지금 나에게 필요한 것은 단순한 원인 분석이 아니다. 이미 표면적인 원인에 대해서는 어느 정도 파악하고, 처리도 마쳤다. 이제 남은 것은 문제의 뿌리, 그 근본에 다가가는 일이다. RCA가 말 그대로 원인의 근본을 진단하는 기법이라면, 아이들 문제 역시 해결의 실마리를 찾을 수 있으리라 판단했다.

관련 기법을 찾았다는 사실만으로도 마음이 설렌다. 동시에, 마음 한편이 조급해진다. 지금 이 상태를 방치하면, 아이들의 미래는 어떻게 될까. 어쩌면 태어날 때부터 징조가 있었던 것은 아닐까. 더 나아가, 언젠가 아비에게까지 해를 끼치는 불행한 아이가 되는 건 아닐까 걱정된다.

하지만 내가 바라는 소망은 단 하나다. 꼬미와 스미꼬가 어떤 고난도 이겨내며, 평화롭고 행복한 삶을 살아가기를, 간절히 바라는 것이다. 아비로서 나의 목표는 분명하다. 아이들이 문제의 근본으로부터 벗어날 수 있도록, 올바른 삶의 방향을 제시해주는 기술과 원리를 찾는 것. 문제를 근본적으로 해결하는 일이다.

그렇다면, 아이들 문제의 근본은 무엇일까. 그들의 생부모는 어떤 영혼의 소유자였을까. 나도 어느덧, 앞날보다 지난날이 더 많은 나이가 되었다. 내가 사라지고 나면, 아이들의 미래는 어떻게 될까. 걱정이 앞선다. 유언처럼 아이들에 대한 기록, 일기라도 남겨두면 누군가 이 아이들을 더 쉽게 돌봐줄 수 있지 않을까 싶다. 물론 가장 좋은 건, 이별하기 전까지 아이들의 근본 문제를 해결해주는 일이다. 그래야 후환이 없을 테니까. 그래서 나는 기대를 안고, RCA라는 기법을 탐구해보기로 결심했다. 해답이 그 안에 있기를 바라면서.

제2장

근본 원인 분석 논리와 기법 탐구

제2장.

근본 원인 분석 논리와 기법 탐구

1. 근본 원인 분석 개요 정리

1) 근본 원인 분석 개요

근본 원인 분석(Root Cause Analysis, 이하 RCA)의 실용성과 적용 현황을 확인하기 위해, 선행 탐구의 일환으로 인터넷 검색 및 인공지능 질의를 통해 정보를 수집하였다. '근본 원인 분석' 또는 '원인 분석'이라는 색인어로 조사한 결과, RCA가 대표적인 분석 기법으로 가장 널리 인용되고 있음을 확인할 수 있었다. RCA는 문제의 근본 원인을 진단하고 평가한다는 점에서 본 탐구의 취지와 부합한다. 다음은 여러 출처에서 제시한 RCA 정의의 핵심 내용을 정리한 것이다:

- A사 정의

"RCA는 다양한 프로세스 및 시스템 내에서 문제의 근본 원인을 식별하고 이해하는 데 중요한 역할을 한다. 기존 RCA의 한계를 보완하며, 변화와 복잡성이 심화된 현대

인프라에서 발생하는 문제를 해결하는 데 기여한다."

- B사 정의

  "근본 원인 분석은 문제를 예방하거나 해결할 수 있도록 문제의 원인을 규명하는 원칙과 방법론이다. 단순한 현상 진단이 아닌, 원인을 명확히 밝히고 효과적인 해결책을 도출하는 과정을 말한다. RCA는 일시적인 증상의 처치보다 근본적인 해결을 통해 지속 가능성을 확보하는 데 초점을 둔다."

- C사 정의

  "RCA는 진단과 동시에 예측을 가능하게 하는 분석 프로세스로, 기술 관리의 효율성과 효과를 향상시킨다. RCA는 현대적 문제 해결 및 지속적 개선의 핵심 도구로 자리매김하고 있다."

- AI의 정의

  "RCA는 표면적인 증상이 아닌, 문제의 '진짜 원인(근본 원인)'을 규명함으로써 지속 가능한 해결책을 제시하는 기법이다."

이처럼 RCA는 다양한 산업과 상황에서 활용 가능한 보편적 문제 해결 프레임워크로 인정받고 있다.

2) 근본 원인 분석 기법 소개

RCA는 단일 기법이 아니라, 분석목적에 따라 다양한 하위 기법들을 포함하는 통합적 분석 체계다. 다음은 대표적인 RCA 분석 기법들의 개요이다:

(1) 5 Whys 기법 (5 Whys Technique)
- 목적:문제 발생 원인을 최소 다섯 번 이상 반복해서 "왜?"라고 질문함으로써, 근본 원인에 도달.
- 특징:단순하고 직관적인 접근 방식으로 주로 현장 문제 해결에 적합.

(2) Fishbone Diagram (Ishikawa Diagram / 원인-결과 다이어그램)
- 원리: 문제의 원인을 주요 범주별로 나누어 시각화.
- 카테고리(제조 산업 기준): 사람, 장비, 재료, 방법, 환경, 측정 등.
- 활용:팀 단위의 원인 분석 회의 등에서 사용 빈도가 높음.

(3) Fault Tree Analysis (FTA, 고장 나무 분석)
- 원리: 문제나 고장의 발생 원인을 논리적으로 추적하여 '나무 구조' 형태로 분석.

- 적용 분야: 항공, 소프트웨어, 의료기기 등 고위험 시스템.
- 도구: 전용 RCA Toolkit 및 소프트웨어 존재.

(4) Pareto 분석 (Pareto Analysis / 80:20 법칙)
- 원리: 전체 문제 중 20%의 주요 원인이 전체 문제의 80%를 유발한다는 법칙에 기반.
- 형태: 문제 발생 빈도나 영향도를 기준으로 막대 그래프 형태로 시각화.
- 목적: 우선순위가 높은 원인에 집중해 효율적인 해결 전략 수립.

(5) Failure Mode and Effects Analysis (FMEA, 고장 유형 및 영향 분석)
- 원리: 고장의 가능한 유형을 예측하고, 그 영향도를 평가하여 우선 대응.
- 적용 분야: 품질관리, 하드웨어 및 소프트웨어 설계 전반.
- 도구: 다양한 산업별 FMEA Toolkit 및 자동화 소프트웨어 제공.

3) RCA 실용의 과제

　근본 원인 분석(Root Cause Analysis, RCA)은 문제의 원인을 진단하고 평가하며, 나아가 미래를 예측하기 위한 분석 기법으로 정의된다. 이 정의를 따른다면, '근본'이라는 말머리(어두)에서 그 분석의 핵심 대상이 '근본'임을 추정할 수 있다. 오랜 시간 원인 분석을 수행해 온 엔지니어로서, RCA의 분석 원리나 실행 절차에는 대체로 공감한다.

　그러나 경험적으로 보았을 때, 분석 대상의 '근본'이 다르다면 원인 분석에서 '근본'이 개입될 여지는 크지 않다. 문제는 '근본'이 무엇이며, 이를 어떻게 분석하고, 어떻게 미래 예측으로 연결할 수 있는지에 대한 구체적인 방법론이 잘 드러나지 않는다는 점이다.

　일반적으로 '근본'이라는 개념은 조상이나 뿌리와 같은 의미로 이해되지만, RCA에서 말하는 '근본 원인'이 어디를 지칭하는지, 또 어떤 방식으로 접근해야 하는지 명확하지 않다. 원인과 근본 원인을 단지 형이상학적 차이로 이해하거나, RCA를 원인 분석보다 고차원의 분석 기법으로 받아들인다면 결국 "원인의 근본을 찾는다"는 식의 모호한 개념에 머무를 수밖에 없다.

　문제의 표면적 현상이 아닌, 보다 깊은 원인을 찾으려는 분석은 직관적으로 이해될 수 있다. 실제로 원인 분석을 많이 경험하다 보면, 직관적으로 현상이 아닌 '근본 원인'을 찾아내거나, 미래를 예측하게 되는 경우도 있다. 그러나 이처럼 직관에 의존한 경험이 RCA의 본질이라면, 실용화에는 큰 혼란이 따를 수밖에 없다. 원인은 통상 현상의 변화나 결과로 나타나는 것이므로, 여기에 '근본'이라는 개념을 덧붙이려면 보다 명확한 논리가 요구된다. 현재 RCA에서 제시되는 설명은 그 차이를 명확히 구분하지 못하고 있으며, 근본 원인과 단순한 원인 사이의 실질적 차이를 설득력 있게 제시하지 못하는 것이 현실이다.

또 다른 시각으로 본다면, RCA는 현재 상태(As-Is)를 개선 상태(To-Be)로 전환하기 위한 분석 기법으로 이해할 수도 있다. 그러나 동아시아 문화권에서 '근본'을 '뿌리'로 해석하는 전통에 비추어 보면, RCA가 말하는 '근본'은 결국 원인의 뿌리를 찾고, 진단하고, 해결하며, 미래를 예측하는 분석이라는 점에서, 개념이 다소 애매하게 다가올 수 있다. 혹시 RCA의 'root'를 한국어로 '근본'이라 번역한 것이 오히려 개념적 혼란을 일으키는 것은 아닐까? 그런 의문도 든다.

"좋은 분석은 실행 가능한 분석이어야 한다"는 말이 있듯, 분석과 예측의 실천 주체는 결국 사람이다. 문제를 자주 다뤄본 사람은 학습과 무관하게 직관적으로 원인을 분석하고 해결책을 제시할 수 있다. 하지만 근본 원인 분석은 그와는 차원이 다른 기법으로 간주되기 때문에, 원인과 근본 원인의 본질적 차이에 대한 탐구와 검증이 반드시 필요하다. 따라서 가장 단순하고 직접적인 접근법으로 출발하고자 한다. 먼저 사전적 의미의 '근본'과 동양 사상에서의 '근본' 개념을 정리하고, 이를 RCA에 대입하여 비교해보는 방식이다. 특히 선행 탐구 이전에 'root'를 '근본'으로 번역하는 것이 타당한지, 용어 해석의 문제부터 짚고 넘어가야 할 필요가 있다.

2. 용어 해석의 문제

컴퓨터 시스템을 공부할 때 원서와 번역서를 함께 참고하는 경우가 많다.

그러나 어떤 번역서는 용어 해석이 모호하거나 잘못되어 있어, 내용을 이해하기까지 많은 시간을 허비하게 만든다. 용어 하나가 제대로 해석되지 않으면 다음 단계로 나아갈 수 없으며, 때로는 책 자체를 포기하게 되는 경우도 있다. 체험과 맥락 이해가 동반되지 않는 한, 누구라도 용어를 오역할 가능성은 있다. 특히 영어 단어를 한국어로 번역할 때, 사전적 정의만을 기준으로 삼는 경우 이러한 문제는 더욱 빈번하게 발생한다. 번역 시에는 표면적인 성의보다 단어의 맥락적 의미와 문화적 배경을 고려한 '의역'이 필요하다는 인식이 점점 더 중요해지고 있다.

예를 들어, '분석' 분야에서 '근본' 개념에 혼란이 생기는 것도 이와 같은 이유에서일 수 있다. 'root'를 '근본'으로 번역할 수도 있고, '뿌리'로 번역할 수도 있지만, 동양 문화권에서는 '근본'과 '뿌리'가 서로 구분되는 개념일 수 있다. 용어 해석의 문제로 인해 독서를 중단하거나, 이해가 어려워 인터넷 검색에 의존하게 되는 사례는 적지 않다.

혼란을 유발하는 용어들에는 신조어, 약어, 분석 기법, 이론 등이 포함되어 있다. 이와 같은 문제는 비단 한국만의 상황은 아닐 것이다. 다만 한자문화권과 서양문화권 간의 사고방식과 언어 구조 차이에서 비롯된 해석상의 충돌로 볼 수밖에 없다.

1) RCA에 대한 용어와 개념적 고찰

RCA(Root Cause Analysis)는 일반적으로 다음과 같이 정의된다.

- 근본 원인을 식별하는 기법
- 근본적인 문제를 체계적으로 예방하고 해결하는 과정
- 문제를 진단함과 동시에 미래를 예측하는 프로세스

수십 년간 컴퓨터 시스템 장애 원인 분석과 프로젝트 요구 분석을 경험해 온 엔지니어로서, '근본 원인'이라는 표현은 여전히 다소 낯설게 느껴진다. RCA를 해석할 때, 그것이 '근본 원인'을 의미하는 것인지, 아니면 '원인의 근본'을 뜻하는 것인지 혼란스럽다. 명확히 말하자면, '원인'과 '근본 원인'은 대상이나, 범위 면에서 분명한 차이를 가져야 한다.

RCA의 'Root'를 한국어로 '근본'이라 번역했는데, 우리말에서 '근본'은 '시조', '조상' 또는 '뿌리'를 의미한다. 그렇다면 RCA

는 문제의 근원(root) 또는 본질을 과거의 뿌리나 조상에 해당하는 것으로 간주하고 있다는 해석이 가능하다. 그런데 원인은 현재의 결과이고, 근본은 과거의 기원이라면, 이 둘을 동일한 범주로 이해한다는 것은 개념상 충돌을 일으킬 수밖에 없다.

예를 들어, 원인 분석은 주로 현상이나 형상의 변화를 분석해 문제를 해결하고 개선하는 데 초점을 맞춘다. 반면, 근본 원인 분석은 그 발생의 근원을 분석하는 것이므로, 범위나 대상 면에서 보다 상위 개념이어야 한다.

하지만 RCA에서는 이 '근원의 위치'가 어디인지, 즉 어떤 수준에서의 '조상'이나 '뿌리'를 의미하는지 명확히 제시되어 있지 않다. 이처럼 어원만으로 RCA를 해석하려 한다면 오히려 모순이 발생한다. '근본 원인이라는 개념은 그 자체로 해석이 매우 막막하다. 특히 '원인의 상위 개념'이 무엇을 의미하는지, 이를 통해 무엇을 근거로 예측하고 예방하는 것인지 분명치 않아 아쉬움이 크다. 혹시, RCA 내부적으로 원인과 근본 원인을 구분하고 있는 것은 아닐까 의심해보지만, 이를 뒷받침하는 명확한 근거는 발견하기 어렵다. 다른 자료에서는 원인 분석과 인과분석을 나누기도 한다. 인과분석은 직접적인 원인에 초점을 맞추는 반면, 원인 분석은 다양한 요인을 포괄하는 것으로 구분된다. 이 정의를 따른다면, 근본 원인 분석은 단순한 원인 분석의 확장이라기보다 전혀 다른 차원의 접근이어야 한다. 하지만 실제 적용에서는 이 둘이 명확히 구분되지 않으며, 같은 범주 내에서 유사한 역할을 수행하고 있는 듯 보인다. 결국, 분석 기법 탐구를 통해 원인 분석과 근본 원인 분석이 동일한 기법의 변형인지, 혹은 의미상의 차이를 가진 상응 관계인지를 명확히 밝힐 필요가 있다. 만일 이 둘이 의미상 다르거나 위계적 상속 관계가 아니라면, 근본 원인 분석이라는 기법은 재정립되어야 할지도 모른다.

한편, 일상 대화에서도 우리는 '근본'이라는 표현을 자주 사용한다. 따라서 RCA의 개념을 보다 깊이 이해하기 위해서는 동양 사상에서의 '근본' 개념을 잠시 살펴볼 필요가 있다. 동양적 관점에서 '근본'이 지닌 의미를 정리해 RCA에 적용해 본다면, RCA에 대한 보다 깊이 있는 해석과 이해가 가능할 것이다.

2) 신조어와 약어의 해석

어원 해석이 어려운 만큼, 단어나 용어를 잘못 이해하는 아이러니 역시 흔히 발생한다. 특히 신조어나 약어 때문에 곤란을 겪은 경험은 많은 사람이 공감할 수 있을 것이다. 이러한 어원 해석의 문제를 보완적으로 설명하기 위해 몇 가지 사례를 살펴본다.

한글이라는 세계적 문자체계를 기념하는 한글날을 전후해, 아동들의 문해력 저하 문제가 언론에 보도된 적이 있다. 그러나 이 문제는 아동에게만 국한되지 않는다. 요즘 아이들 사이에서는 약어나 줄임말이 유행처럼 번지고 있지만, 어른들은 그 뜻조차 제대로 이해하지 못해 소통에 어려움을 겪는다. 심지어 자음만으로 약어를 만들어내는 경우도 있어 당혹감을 더한다. 여기에 이모티콘의 범람까지 겹치며, 의사소통은 점점 더 불투명해지고 있다.

한 예로, 아이들 모임 안내 팸플릿에 "중식 제공"이라는 문구가 적혀 있었는데, 일부 아동은 이를 '중국 음식이 제공된다'는 뜻으로 받아들여 한식을 달라고 요청했다. '중식'을 '중국 음식'의 약어로 해석한 것이다. 또 다른 사례로, '족보'라는 단어에 얽힌 해프닝이 있다. 원래 '족보'는 집안 내력이나 가계도를 의미하는 전통적인 용어지만, 신조어나 약어에 익숙한 아이들 중 일부는 이를 '족발 보쌈'의 줄임말로 이해했다고 한다. 이런 해프닝은 단순히 웃고 넘길 일이 아닐 수 있다.

한국을 처음 방문한 외국인들이 식당 간판을 보고 놀란 사례도 있다. 예를 들어 "할머니 뼈다귀해장국"이라는 간판을 본 어느 외국인은, "할머니의 뼈로 국을 끓인 해장국"이라고 오해한 것이다. 실제로는 '할머니가 요리한 돼지 뼈해장국'이라는 뜻의 단순한 상호명이었지만, 어원이나 표현의 뉘앙스를 제대로 이해하지 못하면 이런 식의 오해가 충분히 발생할 수 있다.

컴퓨터 분야에서도 약어는 넘쳐난다. 과거 한 미국인 전문가가 특정 약어를 해석하지 못해, 전체 단어로 설명해달라고 요청했던 기억도 있다. 이처럼 용어나 표현에 대한 오해는 일상적인 대화 속에서도 빈번하게 발생하며, 때로는 심각한 오해나 혼란을 유발하기도 한다.

결국 신조어, 약어, 축약표현으로 인한 혼란은 단지 한국의 문해력 문제로만 볼 수 없다. 언어와 문화의 차이, 해석의 관점에 따라 언제 어디서든 발생할 수 있는 보편적인 현상이라 할 수 있다.

3. RCA 기법 탐구 요약

1) 근본 원인 분석 탐구 정리

나는 일반적인 원인 분석의 개념은 충분히 이해하고 있다. 또한, 근본 원인 분석(Root Cause Analysis)이란 '진짜 원인(근본 원인)을 찾아내어 지속 가능한 해결책을 제시하려는 기법'이라는 설명도 납득할 수 있다.

그러나 '근본 원인'의 진정한 개념은 여전히 명확하지 않다. "근본"의 위치가 어디인가? 그 위치조차 알 수 없다면, 원인 분석과 근본 원인 분석의 차이를 분명히 구분하기란 어렵다.

RCA가 미래를 예측할 수 있다고는 하지만, 그에 상응하는 기법적 설명이 부족하다는 점은 아쉬운 부분이다.

경험적으로 보면, 일반적인 원인 분석을 통해 분석대상을 평가하거나 예측하게 되는 경우도 있다. 그렇다면 RCA에서 말하는 "예측"은 이런 의미일까?

만약 그렇다면 RCA는 단순한 원인 분석을 넘어선 무언가를 지향하고 있다고 볼 수도 있다.

그러나 개인적인 판단으로는, 단순한 원인 분석만으로는 평가와 예측까지 가능하다고 보기 어렵다. 오히려 근본 원인 분석이 그러한 확장된 기능을 포함한다고 해석해야 옳지 않을까? 경험상, 현상을 분석하는 것과 미래를 예측하는 것은 시간적 간극과 분석대상의 차이를 전제로 한다. 그렇다면 원인 분석과 근본 원인 분석은 구분되어야 하며, 서로 다른 분석 기법으로 간주해야 하지 않을까?

2) RCA 기법의 탐구 과제

꼬미와 스미꼬에게 문제가 발생했을 때, 그 원인을 분석하면서 '근본적인 원인이 어딘가에 있을 것'이라는 판단에서 이 탐구가 시작되었다. RCA는 그러한 근본 원인을 분석하는 대표적인 기법이다. 하지만 본격적인 분석에 앞서, 어원 해석에서부터 혼란이 생겼다. '근본'의 개념, 위치, 범위 등을 명확히 규정할 수 없었기 때문이다.

무엇보다, 분석 기법에서 말하는 '근본'이 무엇을 대상으로 삼는지를 정의하기 어렵다. 만약 인간을 기준으로 근본을 해석한다면, '근본'은 조상이나 뿌리와 같은 개념이 된다. 예를 들어, 어떤 사람에게 문제가 발생해 원인을 분석한다면, 그것은 현재 신체나 심리적 요소에 대한 분석일 것이다.

그러나 근본 원인은 그러한 현재의 상태가 아니라, 더 상위에 위치한 '근원' 또는 '뿌리'에 해당하는 요소를 대상으로 삼아야 하는 것 아닐까?

이러한 해석을 따른다면, 근본 원인은 인간 자체 혹은 조상과 같은 상위 개념을 대상으로 분석되어야 한다는 논리가 성립된다.

하지만 현실의 RCA는 그렇게 적용되지 않는다. 실제 현장에서는 문제의 원인을 현상 속에서 진단하고, 바로잡는 'O/X식 문제 해결 기법'으로 적용되기 때문이다. 여기서 근본의 개입 여지는 거의 없다. 근본이 분석에 개입되려면, 문제 대상보다 상위에 있는 개념이어야 한다.

만약 근본이 인간 자체 또는 조상이라면, 이를 분석할 수 있는 완전히 새로운 분석 논리가 필요하다. 왜냐하면 대부분의 문제는 그 '근본'에서 비롯된 것이 아니기 때문이다.

이런 맥락에서 '원인 분석과 근본 원인 분석의 차이가 무엇인가?' 하는 본래의 의문은 다시 떠오른다. 만약 원인 분석만으로 근본 원인까지 진단할 수 있다면, 그것은 가능한 논리일까? 더 나아가 원인 분석과 근본 원인 분석이 같은 범주의 상속 관계라면, 왜 지금까지 RCA라는 과제에서 길을 잃고 있었는지 이해가 되지 않는다. 또한 RCA는 결과적으로 평가와 예측까지 가능하다고 말한다. 그렇다면, 그 평가와 예측의 대상은 문제의 '현상'인가, 아니면 '근본'인가? 이 역시 풀어야 할 중요한 연구과제다.

RCA가 말하는 '원인의 근본'을 찾는 기법은 보다 객관적인 시각으로 규명되어야 한다. 분석은 단순히 선택 사항이 아니다. 그것은 현상 변화에 대한 대응과 미래 예측을 위한 필연적인 과정이며, 분석목적에 따라 정확하고 명료한 개념 정리가 요구된다.

이러한 해석상의 혼란을 풀기 위해, 근본이라는 개념에 대한 심층적인 탐구가 필요해졌다. 특히 동양사상은 '근본'을 철학적으로 다루고 있으며, 미래를 예측하는 사유 체계 또한 포함하고 있기에 참고할 만하다.

근본이 조상이자 뿌리라면, 그것과 현상의 차이를 구분하는 것도 중요하지만, 더 나아가 '근본'이 어디에 더 가까운 개념인지를 밝혀내는 일 또한 중요한 과제가 될 것이다.

제3장

근본 분석 체계를 위한 선행탐구

3장.

근본 분석 체계를 위한 선행탐구

1. 근본 개념 탐구

1) "근본"의 개념 해석이 중요한 이유.

근본 원인 분석(RCA)은 복잡한 문제의 뿌리를 파악하고자 하는 중대한 탐구이다. 따라서 이 분석에서 사용하는 용어, 특히 '근본'이라는 개념을 정확히 해석하는 일은 필수적이다. 사전적 의미의 '근본', RCA에서 말하는 '근본', 분석 기법이 요구하는 '근본'은 서로 다를 수 있으며, 이 차이를 혼동한다면 분석의 방향 자체가 왜곡될 수 있다.

예컨대, '근본'을 단순히 문제의 출발점 또는 분석 대상 객체로 해석한다면 RCA의 정밀도는 떨어질 수밖에 없다. 반대로 '근본'을 형이상학적인 개념으로 해석한다면 분석의 범위 설정이 모호해질 수 있다. 만약 '근본 원인'이 단순히 '원인의 근원'을 뜻한다면, RCA가 무엇을 겨냥하는 분석인지조차 혼란스러워진다.

이론 창안자의 본래 의도를 파악하지 못한 채 분석 기법을 적용하는 것은 큰 오류를 초래할 수 있다. RCA의 맥락을 살펴보면, '원인 분석'과 '근본 원인 분석'은 같다고 보기도 어렵고, 다르다고 단정하기도 어려운 미묘한 관계에 있다. 그러나 분석 결과에서 실질적인 차이가 발생한다면, 이는 분명히 구별되어야 한다.

한자문화권의 시각에서 RCA를 해석하면 다음과 같다. '문제가 발생했다. 어디에서 문제가 생겼는가? 원인은 무엇인가? 처방은 어떻게 해야 하는가? 그 문제가 영향을 미치는 근본은 무엇이며, 어떻게 추적할 것인가? 문제가 근본에 미치는 영향은 어떤가? 결과는 어떻게 평가할 것인가?'

이러한 맥락에서 RCA가 해석되지 않는다면, 그 실행은 본래 목적에서 벗어나게 된다.

즉, '근본'은 단순히 원인의 일부가 아니라, 원인을 초월한 상위 개념이다. 따라서 '원인 분석'과 '근본 원인 분석'은 유사해 보이지만, 각각 동원해야 할 기법과 절차가 다르며, 결과 역시 단답형이냐, 확률적·통계적 분석이냐 하는 방식에서도 차이가 있다. 단어의 의미와 기법의 본뜻을 충분히 이해하지 못하면, 분석자는 원래 의도에서 벗어나 상상만으로 기법을 해석하게 된다.

결국 그 분석은 출발점으로 되돌아오거나, 실행 도중 무용하게 덮어질 수밖에 없다.

2) 근본 개념에 대한 가정과 탐색

　꼬미와 스미꼬의 문제를 해결하고자 RCA를 적용해보았으나, '근본 원인'이라는 개념의 실체를 이해하기 어려워 허망한 결과만 얻었다.

　분석은 결국 관념적 해석에 기대어야 했고, '근본'이라는 말이 본래 어떤 행적과 논리를 지녔는지조차 명확히 추적되지 않았다.

　만약 이 문제가 단순히 언해(言解)의 문제라면, RCA에서 말하는 '근본'의 개념과 작동 방식을 철저히 추적해야 할 것이다. 그러나 그것이 아니라면, 우리는 완전히 새로운 분석 기법을 탐구해야 한다.

　다음은 필자의 분석 경험과 원리 정리이다. "문제의 결과는 객체 현상의 변화다. 그 변화로부터 원인을 탐색하고, 처리를 시도하는 것이 원인 분석이다. 원인 분석 기법은 문제 발생 대상의 현상이 어떻게 변했는지, 왜 문제가 되었는지를 진단한다. 그리고 그 결과는 '폐기할 것인가, 정비할 것인가'로 단정된다."
　즉, 원인 분석의 주된 목적은 문제 객체의 정상화이다. 이 과정에서 '근본'이라는 요소가 개입될 여지는 거의 없다.

만약 '근본'을 원인 너머의 개념으로 이해한다면, 문제 객체와 연관된 상위 객체의 존재를 가정해야 한다. 이 상위 객체의 변화를 예측하거나 평가하는 것이 바로 '근본 분석'이다. 문제 객체의 정비는 그 자체로 끝나지 않는다. 상위 객체(=근본)는 이를 평가하고, 그 변화와 진화를 요구한다.

이 근본은 단순한 현실의 상위 개체가 아니라, 가치평가와 미래 예측의 판단을 포함한 객체다. 그렇기에 이를 분석하는 별도의 기법, 즉 '근본 분석'이 필요하다는 가정이 성립된다.

요컨대, 다음과 같은 과제가 제시된다.

- 무엇이 '근본 객체'인가?
- 이를 분석할 적절한 기법은 무엇인가?

이러한 탐색은 단순한 개념 정리에서 그치지 않는다. 분석 체계의 논리화를 통해 근본의 의미를 규명하고, 문제 객체와 상위 객체 간의 상응 관계를 정립해야 한다. 분석의 출발점이 명확하지 않은 지금, 무엇부터 시작해야 할지 막막할 따름이다. 시간은 재촉하고, 답은 아직 멀다. 그러나 이런 순간, 때로는 문득 꿈속에서 해답의 실마리를 만나기도 한다.

궁즉통(窮則通)이라 했던가. 분석의 길은 때로 이성과 논리, 때로는 직관과 상상력을 넘나들며 이어진다.

3) 예지몽 : 뿌리를 묻는 꿈

　　눈이 부시도록 찬란한 은빛 장발, 긴 수염을 휘날리는 한 노인이 거대한 바위 꼭대기에서 나를 내려다보고 있었다. 붉게 상기된 얼굴에 지팡이를 짚고 있는 모습을 보니, 단박에 '도사님'이라 느껴졌다. 그의 입가에 어린 미소는 반가움이 아니었다. 마치 이렇게 말하는 듯했다.
　　'건방진 놈, 하늘을 넘보아? 어리석은 것.'

　　그 시선에 나는 얼어붙었다. 속으로는 이를 악물고 있었지만, 도사는 묵묵히 나를 바라보기만 했다. 두 눈에서 쏟아지는 광채는 내 마음을 꿰뚫고, 나는 속수무책으로 주눅이 들었다. 도망치고 싶었지만, 발이 땅에 붙은 듯 떨어지지 않았다.
　　그때 문득 스스로 놀랐다. 내게도 이런 인내심과 끈기가 있었던가. 도사의 뜨거운 눈과 마주친 순간, 우리 사이엔 말 없는 문답이 시작되었다.

"이놈아, 근본이란 뿌리가 아니더냐?"
"뿌리가… 어떻다는 말씀이십니까?"
"너의 뿌리는 무엇이냐?"
"…잘 모르겠습니다."
"어리석은 놈! 그것도 모르는 주제에 근본을 찾겠다고? 한심한 것 같으니!"

그 순간, 파란 하늘을 흰 꼬리구름 하나가 스치듯 지나갔고, 도사님은 어느새 자취를 감추었다. 그 자리에 남은 것은 한 폭의 동양화였다. 푸른 하늘, 치솟은 바위산, 울창한 소나무 숲, 계곡을 타고 흐르는 맑은 물소리…

그곳은 시네마스코프를 닮은 생생한 꿈의 세계였다. 이름 모를 새 한 마리가 구름을 뒤쫓아 날아올랐고, 나는 그제야 잠에서 깼다.

살면서 이런 예지몽은 처음이었다. 눈부셨고, 황홀했다. 하지만 곧 이어진 질문들— 뿌리가 무엇일까? 근본과 뿌리는 어떤 관계일까? 꿈속 도사는 "뿌리가 근본이다"라고 말했지만, 그것이 무슨 의미인지 선뜻 와닿지 않았다. 한참을 멍하니 앉아 있던 그때, 머릿속을 스치는 듯한 한 줄기 소리—

'뿌리는 조상이다.'

그리고 꿈속 병풍처럼 펼쳐진 자연은, 어쩌면 '자연 그 자체'가 근본을 상징하는 것은 아닐까. 혹시 그 도사님은 내 조상의 어떤 형상? 시조 할아버지?

그 순간, 나를 깨우는 한 줄기 서광이 밀려왔다.

"뿌리를 찾으면, 근본을 찾을 수 있겠다."

나는 원리 중심주의자다. 강의를 할 때마다 기술보다 원리에 집중하라고 강조했다. 체육이든 예능이든, 원리를 모르고 재주로만 접근하면 언젠가 끌려가게 된다. 중도 포기 역시 피할 수 없다.

언제나 말해왔다.

"원리를 찾아라. 답은 거기에 있다."

이제 내가 해야 할 일은 명확하다.

원리를 찾고, 자료를 모으고, 차근차근 검증할 준비를 하는 것.

그리고 그 과정을 실행하기 위한 나만의 명제를 정리하는 일이다.

첫째, '근본'의 정의는 무엇인가.

'근본'이라는 단어를 모르는 사람은 없을 것이다. 그러나 분석의 맥락에서 말하는 근본은, 우리가 일상적으로 이해하는 의미와는 다를 수 있다. 근본을 흔히 '뿌리'라 표현하지만, 과연 두 개념은 완전히 같은 것인가? 혹 차이가 존재한다면, 그것은 어떤 성질의 차이인가? 예를 들어 인간의 뿌리는 조상이라 할 수 있겠지만, 사물의 뿌리는 무엇인가? 사물도 뿌리를 가질 수 있는가? 이 질문은 곧, 분석의 출발점이 되는 '근본'의 실체를 밝히는 일로 이어진다.

둘째, 문제 객체는 구체적으로 드러나 있지만, 그에 상응하는 상위 객체는 무엇인가.

상위 객체를 단순히 위치나 범위의 기준에서 '근본'이라 정의해도 과연 타당한가? 문제 객체와 상위 객체는 어떠한 상응 관계를 맺고 있으며, 이 관계는 어떤 방식으로 입증될 수 있을까? 상위 객체가 존재하지 않는다면, 문제 객체는 무엇을 기준으로 분석되고 변화해야 하는가? 이 질문은 근본을 '기준이 되는 존재'로 상정했을 때, 그 기준의 정당성과 역할을 탐구하는 것이 핵심 과제다.

셋째, 근본 원인 분석은 미래를 예측하는 기법이라 하였다.

그렇다면 이 예측의 범위와 한계는 어디까지인가? 미래를 예측한다는 말은 자칫 허황되거나 막연하게 들릴 수 있다. 하지만 예지몽에서 얻은 한 줄기 힌트가 이를 해석할 실마리를 제공한다면, 그 가능성을 전혀 무시할 수는 없다. 과연 우리는 왜 미래를 예측하려 하는가? 그 필요는 앞선 질문들과 어떤 맥락에서 연결되는가?

이 세 가지 핵심 과제를 명확히 정립할 수 있다면, 논리적 전개와 구체적 사례, 그리고 검증이 가능할 것이다. 이를 위해 우선 탐구에 필요한 개념과 용어들을 정리하고, 관련된 분석 틀을 검토해야 한다. 논리적 가정을 토대로 과제를 설정했으니, 이제는 그 체계를 하나씩 탐색하고 검증해 나갈 차례다. 또한 기존의 RCA(Root Cause Analysis) 개념과 혼동을 피하기 위해, 본 탐구는 '근본 분석'이라 명명하고 선행 연구를 시작하고자 한다.

2. 용어의 개념 탐구

근본 원인이 어디를 뜻하는지 알려면, 근본에 대한 개념을 숙지해야 한다. 근본의 본질을 정확히 이해하기 위하여, 근본과 연관된 용어들을 살펴본다.

1) '근원'이란 무엇인가[1]

근원은 '근본 원인'의 준말이며, RCA(Root Cause Analysis)의 제목이기도 하다. 나는 이 '근원'이라는 말 속에 담긴 '근본'과 '뿌리'에 대한 의미가 보다 명확해지기를 바란다. 우리가 흔히 말하는 문제는 원인이 있고, 반드시 결과가 따른다. 결과에는 반드시 원인이 있다는 것이다.

여기서 말하는 '원인'은 바로 '인과(因果)'다. 인과와 원인은 시간의 흐름을 전제로 하며, 방향성을 가진다.

인과관계는 당위의 흐름이다. 우연은 원인과 무관하며, 통계적으로 보아 상관관계는 있어도 인과관계는 아닐 수 있다.

원인은 언제나 대응하는 결과를 필연적으로 불러온다는 직관이 작동한다. 다시 말해, 원인이 존재하는데 결과가 뒤따르지 않는 것은 논리적으로 불가능하다. 이 점에서 인과관계는 단순한 우연과는 구별된다.

나아가 원인이 단일하지 않고, 여러 복합적 요소가 얽혀 있다는 사실은 분석에 중요한 실마리를 제공한다.

---

[1] 근원의 사전적 의미
'근원'의 사전적 정의는 '사물이 비롯되는 근본이나 원인'을 뜻한다.
한자어 '근원(根源)'은 원래 물줄기가 시작되는 곳을 가리키는 말이다. 현대 국어에서 '근원'이라는 단어는 주로 종교적 맥락에서 사용되며, 일상에서는 단독으로 쓰이는 경우가 드물다. 또한 사전에서는 '근본은 뿌리다', '원인은 인과다'라고 정의하고 있으며, 원인에 대해서는 비교적 구체적으로 설명되어 있다.

영어로는 origin, root, source 같은 단어가 이 개념과 연결된다. 이들 모두 사물이나 현상이 시작되는 지점을 가리키며, 근원과 근본의 개념을 함께 떠올리게 한다.

특히 근원은 원인 분석에서 자주 통용되는 개념으로 보이며, 이는 '근본 원인'의 '근본'과 일정 부분 동질성을 갖는다.
그러나 '근본'이라는 개념을 제대로 이해하기엔 여전히 부족함이 있다. 근본과 뿌리에 대한 철저한 이해는 종교적 사고나 동양 사상의 깊은 곳에서 찾아야 할지도 모른다. 다행히도 원인 분석에 대한 논리는 이제 어느 정도 정리되었으니, 이제는 '근본' 자체에 집중해보려 한다. 원인 분석의 체험자로서 내게 인과는 매우 중요한 개념으로 자리 잡고 있다. 그러나 '근본은 뿌리다'라는 단순한 정의로는 충분하지 않다. 근본과 뿌리는 정말 같은 의미일까?
혹은, 둘 사이에 어떤 차이와 상관관계가 존재하는 것일까? 이 물음을 해결해야 진정한 '근본 분석'이 가능해질 것이다.

2) 근본이란 무엇인가[2]

시스템 엔지니어들은 시스템 장애에 대한 분석과 처방 경험이 풍부하다. 소프트웨어 개발자들 역시 애플리케이션 개발과 시스템 구축 과정에서의 연구와 실무 경험을 통해 다양한 분석 기법에 익숙하다.

이러한 분석 활동 대부분은 '원인 분석'에 해당하며, 장애의 원인을 파악하고 문제를 해결하는 데 초점이 맞춰져 있다.

그러나 '근본'이라는 개념은 다소 생소하다. 일상에서는 흔히 사용되는 말이지만, 분석 기법의 체계 내에서는 그 쓰임이 뚜렷하지 않다.

많은 실무자들이 문제의 원인을 파악하고 해결하는 데에는 능숙하지만, 그 과정에서 '근본'이라는 단어가 왜 필요하게 되었는지를 설명하기는 어렵다.

생각해보면, '근본'은 단순한 원인 이상의 무언가를 지칭하고 있는 듯하다. 분석에서 어떤 중요한 역할을 차지할 가능성이 있지만, 아직 그것이 무엇인지 확실치 않다.

---

[2] 근본의 사전적 의미
　① 사물의 본질이나 본바탕.
　② 사람의 본바탕, 즉 혈통이나 가문, 자라온 환경 등을 가리키는 말.
　이 정의만으로도 '근본'이라는 말이 단순한 원인을 넘어서 존재의 기반, 정체성의 뿌리를 지시하고 있음을 알 수 있다.

분석 기법의 논리와 체계는 단순한 관심이나 경험만으로는 다 파악되지 않는다. 문제에 봉착했을 때, 해결의 실마리는 종종 전체 구조가 아니라 사소한 모서리에서 나오며, 그 모서리를 발견하고 매듭을 푸는 데에 한참을 고민하게 된다.

경험이 많은 이들이라면 누구나 공감할 것이다. 매듭 하나를 풀기 위해 한두 달씩 애를 태우는 일도 드물지 않다.

필자 역시 '근본 원인 분석'에 대한 관심을 오래도록 가져왔지만, 실제 성과로 이어지기까지는 긴 시간이 걸렸다.

원인 분석을 반복하다 보면 미래를 어느 정도 예측할 수 있는 순간도 있지만, 그건 내가 궁극적으로 바라는 것이 아니다.

RCA에서 말하는 '미래 예측'이란 어떤 방식이고, 어떤 절차로 가능하다는 것인가? 이에 대한 명확한 설명이 필요하다.

결국 탐구의 종착지는, '원인 분석'이라는 구조 속에서 '근본'이 어떤 의미를 지니는지를 밝히는 데 있다. 지금까지의 탐구에서 '근본 = 뿌리'라는 전제가 있었으니, 뿌리에 다가가면 근본의 깊은 뜻을 이해할 수 있지 않을까 기대한다.

분석 기법을 실제로 적용하면서 '뿌리'와 '근본' 사이의 미묘한 차이를 인식하게 된다면, 그것은 일종의 행운이다. 도랑 치고 가재까지 잡는 셈이다.

참고로 '근본'과 '뿌리'는 영어로 흔히 root로 번역된다.

그렇다면 이 둘은 과연 완전히 같은 의미일까? 아니면 문화적 차이에 따라 해석이 달라지는 것일까? 이런 점 역시 깊이 들여다볼 필요가 있다.

만약 분석에서 '근본'이 단순한 사전적 의미에 그친다면, 우리는 오히려 '뿌리'의 이해마저 어려워질 수 있다.

3) 뿌리란 무엇인가[3]

'뿌리'를 조명하려는 이유는 root라는 단어가 '근본'과 '뿌리' 모두로 번역되기 때문이다. 이는 곧, 뿌리를 이해하면 근본의 개념에도 가까이 다가갈 수 있다는 전제를 가능하게 한다. 하지만 만약 근본과 뿌리 사이에 분명한 개념적 차이가 있다면, '근본'이라는 개념은 보다 명확히 정의되어야 하며, root라는 어휘의 해석 또한 다시 검토되어야 한다. 문득 꿈에서 들었던 도사의 목소리가 떠올랐다.

"이놈아! 근본은 뿌리가 아니냐?"

"너의 뿌리는 무엇이냐?"

도사도 '근본은 뿌리'라고 말했다. 이는 앞서 살펴본 근원의 정의와도 통한다.

---

3) 뿌리의 사전적 의미
  ① 식물의 줄기에 이어져 땅속으로 뻗는, 수분과 양분을 빨아올리는 기관.
  ② 어떤 사물에 깊이 박혀 있는 부분 또는 바탕이 되는 요소.
  이 정의를 통해 '뿌리'가 단순한 물리적 구조를 넘어서 존재의 기반이 되는 요소임을 알 수 있다.

근본을 제대로 이해하려면 뿌리와의 동질성, 또는 미세한 차이라도 찾아내야 한다. 사전적 의미에 따르면 뿌리는 근본과 약간의 차이를 가진다. 근본은 뿌리의 한 요소이며, 분석에서 뿌리는 근본을 보완하는 개념으로 해석될 수 있다. 이 '보완'은 근본과 뿌리 사이의 연결성과, 그것이 사물의 탄생과 어떤 관련이 있는지를 말한다.

'근원-근본-뿌리'에 대한 탐구는 다음과 같이 정리할 수 있다.
- 근원은 사물이 비롯된 근본이나 원인을 말한다.
- 근본은 사물의 상위 개념으로, 이름이 붙은 사물의 '탄생'과 직접 관련된다.
- 뿌리는 근본의 내력을 잇는 연결 고리이며, 그 특성이 유전된다는 상징적 의미를 지닌다.

이것이 근본과 뿌리 사이의 미세한 차이이며, 이를 논리적으로 정립하기 위해서는 뿌리의 역할과 위치에 대한 더 깊은 탐구가 필요하다.

일상적으로 '뿌리'라고 하면 우리는 조상, 시조, 또는 자연을 떠올린다. 그리고 이것들을 '근본'이라고도 종종 생각한다. 도사는 "근본은 뿌리"라 했지만, 뿌리는 혈통이며, 동양철학에서도 인간의 시조를 뿌리로, 조상을 근본으로 인식하고 있지 않은가.

자연에도 뿌리가 있으며, 이를 매개로 유전이 이루어지고 근본의 존재가 유지된다. 아직 검증되지 않은 상황에서 '근본과 뿌리는 같다'는 전제를 함부로 부정할 수는 없다. 왜냐하면 뿌리는 근본 원인 분석에서 핵심적인 역할을 차지할 수 있기 때문이다.

예를 들어 식물의 뿌리를 생각해보자. 식물은 뿌리가 없으면 생존할 수 없다. 뿌리가 살아 있어야 유전도 가능하고, 다른 종과의 접목도 이뤄진다. 단, 아무것이나 접목되는 것은 아니다.
본질이 같거나 유전체가 유사해야 접목이 가능하다. 뿌리가 건강하지 않으면 접목된 가지는 결국 마르거나, 뿌리마저 손상되어 식물 전체가 죽기도 한다.
이는 곧 '지엽의 미래'가 사라지는 것이다.
이처럼 '뿌리가 곧 근본'이라는 말은 하위 객체의 탄생과 존재가 뿌리의 상태에 달려 있다는 의미로도 읽힌다.

그러므로 뿌리와 근본은 본질적으로 같은 개념으로 보아도 무방할 것이다.
실제로 뿌리의 상태를 진단하면 식물의 미래를 예측할 수 있다.
이와 유사하게 컴퓨터 시스템도 뿌리, 즉 시스템 자체가 튼튼해야 소프트웨어가 제대로 작동할 수 있다. 시스템은 소프트웨어의 근본이라 할 수 있다.

뿌리가 튼튼하지 않거나, 근본에 결함이 생기면 결국 분석이 필요해지고, 이를 방치하면 오래된 고목처럼, 고물처럼 기능을 잃게 된다.

'뿌리'를 탐구하면서 필자는 분석 기법의 핵심 개념인 '**불변(不變)과 가변(可變)**'이라는 명제를 얻었다. 이것은 매우 의미 있는 소득이었다.

4) 원조란 무엇인가[4]

'근본'과 '뿌리'를 정리하면서 자연스럽게 '원조'라는 개념이 떠올랐다.

근본과 뿌리 사이에 분명한 차이가 있는 것은 아닌지 의심하면서도, 서양에서는 이 둘을 종종 root라는 동일한 단어로 번역한다.

그 결과, 근본은 곧 뿌리라는 인식이 상식처럼 자리 잡았고, 이것은 개념적 혼란을 유발한다.

앞선 탐구에서 뿌리와 근본이 유사한 것으로 정리되었지만, 여전히 어딘가 매끄럽지 못하다는 느낌이 남아 있었다.

이때 '원조'라는 개념이 이러한 불분명함을 정리해 줄 열쇠가

---

4) 원조(元祖)의 사전적 의미
　① 첫 대의 조상. 즉, 시조(始祖). 순화어는 '첫 조상'.
　② 어떤 일을 처음 시작한 사람.

될 수 있다는 직감을 갖게 되었다.

이제 원조의 의미를 보다 깊이 살펴보자.

■ 원조의 개념과 의미

'원조'는 사전적으로 시조 또는 조상을 의미하며, 영어로는 origin, 즉 '기원'에 해당한다.

예를 들어, 기독교에서는 아담과 하와를 인류의 원조로 본다. 이는 곧 '탄생의 기원'을 의미하며, 분석 기법에서도 매우 중요한 출발점이 될 수 있다.

일상생활에서도 '원조 ○○집' 같은 표현을 사용한다. 이는 단순히 오래된 집이라는 의미가 아니라, 해당 음식을 최초로 개발한 사람 혹은 그 출발점을 가리킨다. 결국, 원조는 '처음', '탄생', 그리고 더 나아가 '원리'의 개념까지 포함한다고 볼 수 있다.

시조의 탄생에는 그보다 앞선 미지의 원조가 존재할 수밖에 없다.

종교적으로는 이를 신이나 자연의 섭리로 이해하고, 철학적으로는 '불변하는 근원적 존재'로 가정한다.

즉, 모든 것은 원조에서 비롯된다는 결론에 이르게 된다.

이제까지 탐구한 개념들을 다음과 같이 정리할 수 있다.

■ 원조-뿌리-근본의 계보

원조 (미지) → 존재의 근원. 형이상학적 출발점.
뿌리 (시조) → 최초의 연결점. 본질이 유전되는 통로.
근본 (조상) → 뿌리를 기반으로 존재가 형성되는 구조적 기반.
하위 객체 (인간) → 근본을 통해 태어나고, 변화하는 실체.
하위 요소 (신체·두뇌) → 상위 근본을 형성하는 가변적 객체

이러한 흐름을 통해 볼 때, 원조 → 뿌리 → 근본 → 하위 객체로 이어지는 일련의 단계는 분석 기법의 핵심이 되는 불변성과 가변성 개념과도 맞물린다.

* 원조-뿌리-근본: 불변의 객체

* 인간-신체와 두뇌: 가변의 객체

우리가 분석의 대상으로 삼는 것은 보통 '가변'이며, 이는 이미 실용화된 분석 체계로 입증되어 있다. 그렇다면 '불변'을 분석하는 기법은 따로 존재해야 하지 않을까?

■ 근본은 객체인가, 구조인가?

원조 개념을 탐구하면서, '근본'이 형이상학적 개념이 아니라 실체적 객체로 다루어져야 한다는 인식에 도달하게 되었다.

만약 근본이 객체라면, 그것은 하위 객체의 상위 객체일

수밖에 없다.

그렇다면 근본 원인을 찾는다는 것은 '조상'을 찾는 일인가?

아니면 가변적 대상 속에서 불변의 근본을 찾는다는 의미인가?

혹은 이 두 가지 모두 아니라면, 완전히 다른 분석 프레임이 필요한 것일까?

논리적으로 추론하건대, 기존의 원인 분석 기법으로는 '근본'에 접근하기 어렵다.

따라서 '근본 분석'이라는 새로운 기법이 필요하다고 가정해볼 수 있으며, 필자는 이제 이를 기반으로 새로운 분석 체계를 탐구하려 한다.

5) 컴퓨터 시스템 분석의 목적[5]

컴퓨터 시스템의 정의를 살펴보려는 이유는, 분석 기법의 논리를 검증하기 위한 구체적인 사례로 활용하기 위함이다.

수많은 산업 분야 가운데 컴퓨터 시스템은 분석 대상 요소가 가장 풍부하며, 복잡도 또한 높기 때문에 분석 기법 체계를 검증하는 데 적합한 사례라 판단된다.

---

5) 컴퓨터 시스템의 사전적 의미
　① 체계적인 방법이나 조직, 또는 제도. (순화어: 조직, 체제, 방식)
　② 컴퓨터: 중앙처리장치(CPU), 기억장치, 입출력 장치, 통신 회선 등의 유기적 결합체

■ 시스템과 컴퓨터 시스템

'시스템'이라는 용어는 이미 사회 전반에서 상식처럼 사용되고 있으며, 그 대표적인 예로 컴퓨터 시스템을 들 수 있다.

오늘날에는 IT 또는 ICT라는 용어로 통합되어 사용되는데, 이들 시스템은 수없이 많은 객체와 원리로 구성되어 있다. 또한 끊임없이 생성되고 변화하며 진화하는 가변 객체이기도 하다.

■ 컴퓨터 시스템의 분석적 구조

이제 앞서 정립한 '원조-근본-하위 객체'라는 개념 체계를 바탕으로 컴퓨터 시스템을 분석해 보자.

원조: 컴퓨터의 발명, 즉 '컴퓨터의 탄생'이 원조에 해당된다. 이는 분석 기법에서 출발점이 되는 불변의 개념이다.

근본: 컴퓨터 '시스템' 그 자체는 객체들을 유기적으로 연결하는 구조이므로 '근본'으로 볼 수 있다.

하위 객체: 시스템을 구성하는 '하드웨어'와 '소프트웨어'는 기능적 역할을 수행하며, 변화 가능한 '하위 가변 객체'에 해당한다.

이 세 개의 객체는 단순한 계층적 관계를 넘어 상호 연관적이고 대응적인 구조를 형성하고 있다. 이는 가설적이지만, 매우 직관적인 분석 틀로 기능할 수 있으며, 향후 체계적인 분석 대상 분류를 통해 검증될 수 있을 것이다.

■ 원리적 연결

이 가설을 더 정교하게 정리하면 다음과 같다.
* 불변의 원조: 컴퓨터의 '근본 원리' 또는 '운영 논리'는 변하지 않는 기반 요소로서 원조에 해당한다.
* 근본 객체: 이 원리를 구현하고 운용하는 중심 구조인 시스템이 근본에 해당한다.
* 하위 가변 객체: 시스템 아래에서 구체적 기능을 수행하며 변화 가능한 하드웨어와 소프트웨어는 가변 객체로 분류된다.

이와 같은 구조는 단순히 컴퓨터 시스템에만 해당하는 것이 아니라, 다른 산업 분야의 복잡한 시스템 분석에도 그대로 적용될 수 있다. 따라서 컴퓨터 시스템을 사례로 분석 기법을 체계화한다면, 타 산업 영역의 분석 이해도 또한 크게 향상될 것이다.

6) 프로그램이란 무엇인가[6]

프로그램의 정의를 살펴보려는 이유는, 분석 기법의 논리를 구체적인 사례를 통해 검증하기 위함이다.

일반적으로 원인 분석의 대상은 '현상의 변화'를 중심으로 다루어지지만, 프로그램은 '지능의 변화'를 탐색하는 분석 대상이라는 점에서 분석 방향에 차이가 있을 수 있다. 이 둘 사이의 차이를 비교하는 것은 어렵지 않으며, 분석 기법의 폭넓은 적용 가능성을 점검할 수 있는 기회가 될 것이다.

- 시스템과 프로그램의 관계

    앞서 컴퓨터 시스템을 '근본'으로 설정하였다면, 프로그램은 그 시스템을 구성하고 운용하는 하위 가변 객체에 해당한다.

    프로그램은 시스템 내에서 작동하는 '지능적 객체'이며, 하드웨어는 동일한 시스템을 보좌하여 작동하는 '형상적 객체'로 이해할 수 있다. 이처럼 프로그램은 기능적 변화와 논리적 흐름을 담고 있으며, 변화 가능성(gap and drift)을 내포한 가변적 요소이다.

---

[6] 프로그램의 사전적 의미
① 진행 계획이나 순서, 또는 그 목록. (순화어: 계획표, 차례표)
② 컴퓨터: 어떤 문제를 해결하기 위해 컴퓨터에 주어지는 처리 방법과 순서를 기술한 일련의 명령어 집합

분석 기법의 핵심이 '가변 객체'를 대상으로 한다는 점에서, 프로그램은 매우 적절한 분석 대상이다.

■ 원조-근본-하위 객체로 본 프로그램

앞서 설정한 개념 구조에 따라 프로그램을 분류하면 다음과 같다:

원조: 컴퓨터 과학의 원리, 특히 프로그래밍 언어의 이론과 계산 가능성 이론이 프로그램의 원조에 해당한다.

근본: 프로그램이 작동하는 기반 시스템(운영체제, 컴파일러, 플랫폼 등)은 근본으로 기능한다.

하위 가변 객체: 근본 하위에서 실행되며 끊임없이 수정·개발되는 프로그램은 가변적 객체로서의 성격을 지닌다.

이러한 분류는 향후 분석 대상 객체 분류 체계를 보다 정밀하게 구성하는 데 기초 자료가 될 것이며, 실제 사례 분석을 통해 그 유효성이 검증될 것이다.

7) "근본 분석"의 가정

"근본 분석"이라는 개념을 탐구하는 과정에서, 분석 기법에 적용할 수 있는 체계적 실마리를 발견하게 되었다. 분석 목적에 따라 분석 대상의 위치와 범위가 모호하게 느껴졌지만, '뿌리' 개념을 정리하는 과정에서 '가변'과 '불변'이라는 명제를 도출할 수 있었다.

분석 대상은 우선적으로 가변적인 사물인지, 불변적인 사물인지 구분해야 한다. 여기서 "불변 객체는 분석이 필요 없다"는 논리도 성립한다. 예를 들어 뿌리를 '시조(始祖)'로 본다면, 그 시조는 영원히 변하지 않는 존재다. 반면, 시조로부터 발생한 생명체는 성장 과정에서 변화하며, 이러한 변화는 분석의 대상이 된다.

이처럼 불변성을 유지하는 객체와 변화하는 가변 객체는 분석의 대상 여부에서 근본적으로 다르다. 불변 객체는 근본의 핵심 근원이고, 뿌리는 근본을 보완하는 요소로 정의할 수 있다. 여기서 뿌리와 근본의 개념적 차이가 분명해진다. 예컨대 인간의 경우, 시조는 뿌리에 해당하고, 조상은 근본에 해당한다.

지금까지의 탐구를 통해, 분석 기법의 체계를 정립하는 실마리를 발견하였으며, 근본 개념과 뿌리의 차이 또한 구체적으로 파악할 수 있었다. 분석이 필요한 인간이나 사물은 원조에서 비롯된다는 전제를 세운다면, 분석 대상에서 '최초 근본'은 곧 '원조'라는 개념이 가장 적절하다.

근본을 제대로 이해하고 분석하기 위해서는 그것이 어떻게 탄생했는지에 대한 원리가 필요하다. 탄생이 곧 원조라면, 분석에서 근본의 위치와 역할도 명확히 정의될 수 있다. 분석 대상이 존재한다면, 그 구분과 상호관계를 정리하는 것이 분석의 핵심 원리라는 사실도 알 수 있다.

여기서 주목할 점은 '원리'라는 용어 자체가 '원조'의 개념을 포함하고 있을 가능성이다. 분석 기법에서 분석 대상은 결국 객체이며, 이 객체의 정의는 다음 장에서 더욱 자세히 설명될 예정이다. 객체는 변화하기 때문에 원인 분석이 필요하며, 현재를 평가하거나 미래를 예측하려면 또 다른 형식의 분석이 필요하다.

이러한 분석은 단순한 원인 분석과는 구분된다. 분석을 명확히 수행하기 위해서는 분석 대상 객체를 분류하고, 객체 간의 연관성을 체계화해야 한다. 앞서 언급한 근본과 뿌리의 관계를 정리하기 위해서는 이들을 아우를 상위 개념이 필요하며, 그 상위 개념이 바로 '원조'이다.

'원조'가 체계적으로 정리되면, 객체의 분류와 상호 연관성도 보다 명확히 확정될 수 있다. 또한 근본은 불변 객체로부터 파생된 가변 객체라는 논리도 성립된다. 결과적으로, 분석 대상 객체를 정의하는 데 있어서도 중요한 성과를 얻은 셈이다.

앞서 언급한 '다른 형식의 분석 기법'을 우리는 이제 '근본 분석'이라고 가정한다. 이후 이 가정을 바탕으로 분석 논리를 검증해 나갈 것이다. 이제 남은 주요 과제는 미래 예측 기법의 탐구다. 근본 원인 분석의 주요 목적 중 하나가 바로 평가와 미래 예측이라는 기술을 포함하는 것이기 때문이다.

이 목적을 실현하려면, 미래 예측의 대상과 범위를 설정하고, 분석 객체의 위치와 분석 기법의 원리를 찾아야 한다. 근본 개념과 미래 예측 기법을 고민하던 중, 필자는 하나의 예지몽을 꾸게 되었고, 그 꿈속에서 "뿌리를 근본으로 여긴다면, 뿌리를 다루는 학문은 동양 사상일지도 모른다"는 통찰에 이르렀다.

동양 사상에는 인간의 미래를 예측하는 점술이 포함되어 있으며, 그렇다면 종교 또한 미래를 탐색하는 체계인지 함께 고찰할 필요가 있다.

3. 미래 예측 기법 탐구

지금까지 필자는 '근본 원인 분석'이라는 개념을 탐색하는 과정에서 용어와 어원 해석 문제로 많은 시간을 소비했다. 이를 '원조 원인 분석' 혹은 '원인 근본 분석'으로 바꾸어 이해해보려는 시도는 결국 동서양 문화의 차이 문제로까지 확장되었다. 하지만 개념을 깊이 탐구하는 과정에서 '원조'가 분석 기법의 핵심 틀이라는 사실을 확인할 수 있었고, 근본 개념을 이해하면서 분석 기법 체계의 실마리도 잡을 수 있었다.

분석 기법 중에는 단순히 원인을 밝히는 것을 넘어 미래를 예측하는 목적이 포함되어 있다. 이러한 기법의 정당성을 확보하려면, 인간의 미래를 점치는 기술이나 사고 체계를 참고할 필요가 있다. 따라서 초기의 명제 순서를 따라, 이제는 미래 예측 기법을 탐구할 차례가 되었다.

어릴 적, 종교나 점술, 미신, 주술 등을 통해 미래를 예측할 수 있다는 이야기를 많이 들었다. 동양 사상에는 '점술'이라는 예측 기법이 존재하고, 이는 근본 분석의 논리 검증과도 연결될 수 있다. 원조와 근본의 관계, 뿌리와 근본의 관계, 그리고 점술이 말하는 미래 예측 기법을 함께 이해한다면, 보다 탄탄한 분석 체계를 세울 수 있을 것이다. 이에 따라, 앞으로는 체험 사례를 통해 분석 기법과 예측 기법을 함께 탐구할 계획이다.

1) 동양사상에서 뿌리와 근본 관계탐구

어릴 적, "나는 어떻게 태어났나요?"라고 묻자, 이웃 할머니는 "삼신할매가 만들었지"라고 대답했고, 형들은 "다리 밑에서 주워 왔어"라고 농담했다. 아버지는 "족보를 봐라"고 말했다. 정확한 원조를 알 수 없었던 그 시절, 사람들은 적당히 둘러대며 설명을 대신하곤 했다.

'뿌리'라는 단어를 들었을 때, 아놀드 헤일리의 소설『뿌리(Roots)』가 떠올랐다. 이 작품은 시조와 원조 개념이 곧 뿌리에 해당함을 암시한다. 뿌리에서 조상이 파생되고, 조상으로부터 인간이 태어난다. 이 흐름에 따라 뿌리는 시조, 근본은 조상이라 정의할 수 있다.

우리 사회에서 "근본이 틀려먹었다"는 말이 쓰이는 맥락을 보면, '근본'은 시조보다는 조상에 가까운 개념으로 인식되고 있음을 알 수 있다. 분석 관점에서 인간은 조상의 하위 객체로 이해되며, 족보는 이러한 구조를 역사적으로 기록한 체계라 할 수 있다.

한국의 족보는 시조로부터 현재까지 이어진 세대적 계보의 기록이다. 필자는 족보를 통해 시조와 뿌리의 의미를 더 깊이 이해하고자 했고, 특히 원조(시조)가 어떤 존재였는지, 어떤 본질을 지녔는지, 자손들과 어떤 관계를 맺고 있는지를 알고 싶었다. 그러나 대부분의 족보는 이러한 내용을 구체적으로 제공하지 않았다. 전설이나 주변의 말로 "아버지를 닮았다"는 정도의 짐작만 가능했다.

그러던 중, 마치 예지몽처럼 우연히 발견한 실제 기록이 있었다. 그것은 시조의 탄생과 업적이 상세히 서술된 '열전(列傳)'이었다. '의사열전'[7]에는 시조(1대)와 그 부모, 조부모, 아들에 해당하는 4대의 기록, '동평열전'[8]에는 후손들(3~5대)의 행적이 정리되어 있었다.

총 7대에 걸친 생애와 업적이 연도별, 월별, 재능, 인간관계까지 자세히 담겨 있었고, 이를 통해 조상들의 본질이 후손에게 상당 부분 대물림되었음을 확인할 수 있었다. 오늘날의 유전체

---

7) 의사열전(義士列傳)
  ① 강릉 최씨 문한계 뿌리와 관련된 기록이다.
  ② 시조 충재 최문한, 2세 혜재 최극림에 기록이다.
  ③ 시조의 증조부 항재 최전, 조부 숙재 최만의 기록으로 증조부는 남송 마지막 황제 이종의 부마공이었고, 시조는 고려 충숙왕의 부마공이었다. 이들은 중국, 고려, 조선 역사 기록에서도 확인할 수 있다.

8) 동평열전(東平列傳)
  ① 시조(문한)의 3세 회곡 최윤, 4세 괴헌 최자로, 5세 안곡 최세건에 관한 기록이다.

연구도 이를 뒷받침한다.

이러한 기록을 찾고 정리하려 했던 이유는, 시조와 현재인 나 사이의 상응 관계를 분석적으로 검증하고 싶었기 때문이다. 근본을 평가하고 미래를 예측할 때, 원조가 어떤 참조 요소로 작용하는지 확인하고자 했다. 조상(근본)이 나에게 어떤 영향을 주었는지, 분석에 활용할 수 있는 유전체는 무엇인지, 원조가 근본 분석에 어떤 역할을 하는지를 탐구하는 것이 목적이었다.

결과적으로, 필자는 근본은 원조의 본질을 수용하고 있다는 결론에 도달했다. 나아가 인간의 미래를 예측하는 데 가장 선도적인 사유 체계는 종교와 동양철학이라고 보며, 이러한 사유와 탐색은 근본 분석 논리를 정립하고 체계화하는 데 반드시 필요한 과정이라 확신하게 되었다.

2) 종교 체험 사례

이론의 진정성은 반드시 사실에 근거해야 하며, 그에 앞선 배경과 맥락이 뒷받침되고, 검증 가능성이 있어야 한다고 나는 믿는다. 아래 소개할 내용은 나의 자전적 경험이지만, 논리적 검토를 위한 실증적 사례로 인용하고자 한다. 아울러, 예측이라는 주제와 관련해 종교와 무속 사이의 차이도 함께 탐색할 필요가 있다.

천체와 자연, 인간과 사물의 창조와 탄생은 인간의 근본적인 관심사다. 예측 능력의 한계로 인해 인류가 종교와 미신에 의존해온 것도 어쩌면 자연스러운 현상일 것이다.

(1) 기독교 체험사례

지금 나에게 종교가 무엇이냐고 묻는다면, "무교"라고 답할 것이다. 나는 모태신앙인은 아니었지만, 고등학교 시절 친구의 권유로 교회를 다니기 시작해, 20년 넘게 신앙생활을 했다. 회개하고 기도하면 만사가 형통한다는 말에 이끌려, 솔직히 말하면 구복(求福)을 바라는 목적이 컸던 것 같다.

하지만 시간이 지나면서 점점 답답함과 혼란스러움을 느끼기 시작했다. 설교의 깊은 뜻이 와닿지 않았고, 나의 생각과 충돌되는 내용이 자주 등장했다. 사랑을 강조하는 종교가 때로는 이기적으로 느껴졌고, 과학적 사고를 중시하는 나에게는 자주 이율배반적으로 다가왔다.

기도하고 인내하면 반드시 들어주신다는 말은 성격이 급한 나에게는 답답하게 들렸다. 무엇을 회개해야 하는지도 명확하지 않았다. 교회를 옮겨 보기도 하고, 신학을 전공한 교수님과 상담도 해보았지만, 속 시원한 해답은 없었다. 결국 교회 출석을 멈추게 되었고, 지금은 이런 생각이 든다.

어쩌면 나는 누군가가 내 삶을 예측하고 조언해주길 바랐던 것 같다.

목사님이 "당신은 이런 사람이니, 이런 점을 조심하라"고 말해주길 바랐지만, 그런 예측 과정이 없었기에 실망하고 종교로부터 멀어졌는지도 모른다.

(2) 불교와 미신 체험사례

불교에 대해서는 직접적인 체험이 거의 없었다. 절에 간 적도 없고, 등산 중 절을 지나쳐도 그저 둘러보는 정도였다. 젊은 시절 기독교에 심취해 있었기에, 부처는 허상이라 믿었고, 조상 제사에서 절을 하는 것도 죄처럼 여겼다.

그러던 중 사주와 명리학에 관심을 갖게 되었고, 많은 스님들도 명리학을 공부한다는 말을 들었다. '스님을 만나면 내 미래에 대해 조언을 들을 수 있을까'라는 생각에 불교에 호기심이 생겼고, 어렵게 법회에 참석하게 되었다.

하지만 불교에 대한 지식이 거의 없던 나는 절하는 법도, 경전 내용도 몰라 어정쩡한 자세로 눈치만 보다 곤혹스러운 시간을 보냈다. 나는 스님들의 수양과 설법을 듣고 싶었지만, 스님과 대화할 기회는 쉽지 않았고, 결국 멍한 상태로 법회를 마치고 내려왔다. 그제야 친구가 말한, "단번에 불자가 되긴 어렵다"는 말이 이해되었다.

문득 궁금해졌다. 불자들은 한문 경전을 어떻게 공부하고, 수많은 기도문을 어떻게 외울까? 적어도 나에게는 현실적으로 쉽지 않아 보였다.

어릴 적, 어머니가 정월 대보름이나 조상 제사, 기도일에 장독대 앞에서 기도하셨던 기억이 있다. 나는 그것을 미신으로 여겼지만, 자식의 복을 빌던 어머니의 간절한 마음만큼은 인정했다.

아버지는 매년 정월에 토정비결을 보셨다. 한 해의 좋은 달과 나쁜 달을 점치셨지만, 며칠 지나면 모두 잊혔고, 맞는 것도 많지 않았다. 분석적 사고에 익숙한 나에게 미신은 미신일 뿐이었다. 과학적 근거가 없기 때문에 신뢰할 수 없다고 생각했다.

차라리 미신보다는 종교에 의지하는 것이 낫다고 느꼈다. 점괘가 맞지 않으면 어른들은 "운명이다, 팔자소관이다"라고 넘겼지만, 나는 그것이 무책임한 회피라고 여겼다. 오히려 나는 운명이라는 개념에 도전하고 싶었다. 운명이 존재한다면 철저히 거부하고, 도전해서 운명을 바꾸겠다는 신념이 내 안에 자리하고 있었다.

불교와 미신은 한국 전통문화의 일부이지만, 많은 사람들은 미래를 정확히 예측하려 하기보다는 "기도하면 이루어진다"는 염원에 더 집착했던 것은 아닐까? 그것이 종교이든 미신이든, 인간은 결국 불확실한 미래를 살아가기 위해 무언가에 기대는 존재임을 깨닫게 되었다.

(3) 점술에 대한 개인적 탐색과 체험

비록 점술은 종교는 아니지만, 종교와 유사한 면모를 가진다는 점에서 내 관심의 대상이었다. 특히 그 기원과 근본을 이해하고, 미래를 예측하려는 시도라는 점에서 흥미를 끌었다. 과학을 공부한 사람으로서 점술이나 무속, 주술과 같은 비과학적 체계는 쉽게 받아들이기 어려웠다. 샤먼이나 아프리카 원주민 사회의 주술도 마찬가지였다.

이런 체계는 부정적으로 보이면서도, 인간 본연의 본능적 행위로서 어떤 흥미와 관심을 자극하기도 했다. 가끔 '족집게 점쟁이'를 만났다는 사람들의 경험담을 들으면, '어떻게 그걸 맞췄을까' 하는 신기함과 '정말일까' 하는 의심이 반반이었다. 기다림의 기도보다 즉각적인 해답을 원하는 성격의 사람에게 점술은 일종의 대안일 수도 있겠다는 생각도 들었다.

(4) 점술 체험과 인식의 변화

그럼에도 나는 점집 방문은 철저히 거부해 왔다. 복채를 내고 점을 본다는 것은 사치라고 여겼고, 운명에 도전하는 사람의 자세가 아니라고 생각했기 때문이다. 영적 세계는 과학적으로 밝혀지지 않은 미지의 연구 과제처럼 느껴졌다.

하지만 삶이 어두웠던 어느 시절, 추진하던 일이 계속 꼬이고 가족에게까지 걱정을 끼쳤던 때가 있었다. 큰누님이 여러 차례 점을 권유했지만, 매번 냉정히 거절했다. "점쟁이들이 남의 미래는 잘 맞추면서 왜 자기 삶은 예측하지 못하는가" 하는 의문도 있었기 때문이다.

그러던 어느 날, 결국 누님의 손에 이끌려 철학관을 방문하게 되었고, 처음엔 점술가의 이야기를 비웃으며 흘려들었다. 하지만 그 예측은 의외로 나의 상황과 상당 부분 일치했고, 시간이 지나며 일부 내용은 현실이 되었다. 그 정확도에 놀랐고, 생년월일시만으로 어떻게 이런 결과가 나왔는지 분석해 보았지만, 과학적으로 납득하기 어려운 지점들이 많았다.

'무언가 있긴 있는 것 아닐까?'라는 생각이 머릿속을 떠나지 않았다.

(5) 점술의 지속성과 철학적 가능성

비슷한 경험을 한 사람들도 많을 것이다. 점술이 미신이라는 인식이 있음에도, 수천 년 동안 사라지지 않고 오히려 영향력을 유지하고 있다는 사실은 묘한 이끌림을 준다. 적중률이

70%에 이른다는 말도 있고, "삼칠기삼(三七其三)"이라는 표현도 있다.

의심은 하되, 완전히 무시할 수 없는 지점이다.

고대 그리스 철학자 세네카는 "운명에 저항하면 끌려가고, 순응하면 업혀간다"고 말했다. 운명에 도전하겠다던 나의 확고한 신념이, 이 말을 들을 때마다 흔들리는 것처럼 느껴지기도 했다. 그러던 중 주역에 관심이 생겨 책을 펴보았지만, 몇 페이지 읽고 덮었다. 그 방대한 내용을 해독하고 체화하려면 인생 전체를 바쳐야 할 것 같은 압박감 때문이었다.

(6) 서양과 동양 점술 인식 차이 및 과학적 관점

사람들이 일반적으로 미신이나 무속에 부정적인 이유는 무엇일까?

서양 문명에서는 점술이나 무속에 별 관심을 두지 않는 듯 보인다. 별자리나 타로카드는 오락이나 흥밋거리로 여길 뿐, 진지하게 빠지는 경우는 드물다. 우리나라의 '오늘의 운세'처럼 가볍게 접하는 수준이다. 서양이 점술에 무관심한 것은 기독교 중심의 모태 신앙 영향도 클 것이다.

반면, 동양철학은 한국, 중국, 일본 등 한자문화권에서 발전하고 계승되어 왔기 때문에, 비한자문화권인 서양에서는 점술에 접근하기가 어렵다.

하지만 흥미로운 사실은, 양자이론의 대가 스티븐 호킹 박사가 주역의 핵심 개념인 음양, 태극, '유(有)로서의 무(無)'에 대해 이렇게 언급했다는 것이다:

"양자이론이 지금껏 이룬 업적은, 결국 아시아 철학이 오래 전부터 말해온 기본 개념들을 과학적으로 증명한 것에 불과하다."

이 발언은 명확히 확인된 것은 아니지만, 호킹의 이론적 사유가 동양 사상에서 영감을 얻었을 가능성을 시사한다. 그는 실제로 동양철학에 깊은 관심을 가지고 있었던 인물이기도 하다.

(7) 종교의 한계와 점술의 미래 예측 정리

종교에서 근본의 본질이나 미래 예측에 대한 명확한 단서를 찾기란 쉽지 않았다. 종교는 본질적으로 '기다림'과 '수양'의 과정으로 정리될 수 있다. 단언하기는 이르지만, 종교는 미래를 구체적으로 예측하는 것과는 무관해 보인다. 종교는 미신과 구별되는, 인간의 영혼을 위로하고 삶의 의미를 부여하는 신앙 체계이기 때문이다.

반면, 미래 예측이라는 측면에서 점술이 일정한 참고가 될 수 있지 않을까 하는 가정을 해보게 된다. 특히, 근본과 연결된 미래 예측 기법을 찾기 위해 점술의 기원인 동양사상의 원리를 탐구할 필요성을 느꼈다.

- ■ 점술에 대한 재해석과 분석 관점

  역술을 단순히 미신으로 치부하기에는 아직 섣부른 감이 있다. 사람의 생년월일시만으로 생로병사나 흥망성쇠를 어느 정도 예측할 수 있다는 점은 충분히 주목할 만하다. 운명적으로 본다면, 인간의 삶은 생로병사와 흥망성쇠의 순환이라는 일정한 흐름 속에 놓여 있다.

  종교는 시간이 걸리더라도 '기다림' 속에 정답이 있는 반면, 점술은 비록 오답일지라도 즉각적인 해답을 제시함으로써 심리적인 해소를 제공한다. 따라서 근본 분석의 원리를 찾기 위해서는, 점술에 대한 선입견이나 미신적 불신은 잠시 접어두기로 한다.

- ■ 동양사상과 점술 원리의 탐구 방향

  그 대신, 동양사상에 대한 탐구가 필요하다. 여기서 중요한 것은 주역이나 점술 전체를 통달하는 것이 아니라, 점술이 인간의 생년월일시를 바탕으로 미래를 예측할 때 작동하는 원리를 파악하는 것이다.

또한 그 원조와 뿌리는 어떻게 구분되며, 자연의 섭리를 어떻게 운명 해석에 적용하는지도 함께 살펴야 한다. 아직 단정할 수는 없지만, 동양사상에서 미래 예측에 관한 유의미한 통찰을 얻을 수 있을 것으로 기대한다.

- ■ 근본 분석과 명리학 원리의 연관성

  내가 동양사상에 주목하는 이유는, 근본 분석의 미래 예측 원리를 탐구함에 있어 가장 적합하고, 사실상 유일한 학술적 기반이라 판단했기 때문이다. 특히 명리학에서의 미래 예측은 '상응의 원리'와 '반복의 원리'를 바탕으로 한다. 이는 앞서 정리한 '근원'의 원리와도 유사한 구조를 가진다.

  명리학의 세 가지 주요 원리 중에서도, 분석에 가장 근접한 '상응의 원리'와 '반복의 원리'가 이번 탐구의 핵심 대상이 될 것이다.

3) 근본 분석의 실마리 : 동양사상 탐구
   - ■ 근본 분석에 대한 문제의식

     선행 탐구 과정에서, '원인 분석'과 '근본 분석'은 동일하지 않다는 의심이 들기 시작했다. 특히 '근본 원인 분석'에서 말하는 '근본'이 어디에 위치하며, 그 대상과 종착점이 무엇인지에 대해 막연하고 답답함을 느꼈다.

'점술에 무언가 있다'는 가설은 세웠지만, 방대한 동양사상을 본격적으로 탐구한다는 것은 쉽게 엄두가 나지 않았다. 그러던 중, 과거에 읽고 책장에 꽂아두었던 조용헌의 『사주 명리학 이야기』를 우연히 다시 접하게 되었고, 이를 통해 점술이 인간의 미래를 예측하는 구체적인 원리와 사례들을 확인할 수 있었다.

수천 년의 세월 속에서도 사라지지 않고, 오히려 오늘날에도 명맥을 유지하며 활발히 활용되고 있는 명리학은 '근본 분석'의 실마리를 제공할 수 있다는 확신을 주었다. 이에 따라 근본 분석 논리에 참고할 수 있을 만한 핵심 개념들을 정리해보고자 한다.

(1) 주역 개요[9]

'주역'은 유교 경전 중에서도 우주의 철학을 다룬 책으로, 유가(儒家) 사상에 큰 영향을 미쳤다. 동시에 인간의 운명을 예측하는 점복술(占卜術)의 근원으로도 널리 알려져 있다.

주역은 하늘(天), 땅(地), 사람(人)을 기반으로 한 음양 사상에 따라 인간의 현재를 드러내고, 미래를 조망하며 계시하는 철학적 도구로 정리된다. 과거에는 제왕의 즉위나 국정 운영 등 국가적 결정에도 활용되었으며, 성리학 형성의 핵심 원전 역할을 하기도 했다.

명리학 또한 주역을 모태로 하고 있으며, 인간을 중심으로

---

9) 주역의 핵심 정의 : 조용헌 '사주명리학 이야기' (2014)
"인간은 태어나는 순간부터 거대한 우주의 순환 속에 놓여 있다.
음양오행(陰陽伍行), 즉 양(1)과 음(0)의 상호작용과 목(木), 화(火), 토(土), 금(金), 수(水)로 구성된 다섯 원소의 흐름이 인간의 삶을 지배한다. 이 흐름은 불변하는 순환이며, 반복된다.
예측의 근본은 이 순환성에 있다. 음양은 모든 변화의 기본 원리이며, 이는 컴퓨터 작동의 기본 원리와도 동일하다. 밤과 낮이 교차하듯, 삶도 활동과 휴식, 성공과 실패라는 리듬 속에 놓여 있다. 음양의 균형이 깨지면 삶은 흔들린다. 양은 외적 활동, 음은 휴식이다. 목은 시작과 성장, 화는 열정과 에너지, 토는 중재와 안정, 금은 결단과 수확, 수는 휴식과 지혜를 상징한다. 주역의 64괘는 우주의 모든 변화를 64가지 유형으로 나누어 설명하며, 이는 인간의 삶과 놀랍도록 유사하다. 인생 또한 끊임없는 생로병사의 변화 속에 놓여 있다. 음양오행은 만물이 상생과 상극을 이루며 균형을 유지해야 함을 강조한다. 인간도 몸과 마음이 균형을 이룰 때 건강하고 행복할 수 있다. 주역은 하나의 선택이 또 다른 선택으로 이어지고, 그 결과가 다시 새로운 선택을 낳는 과정을 보여준다."

운명과 미래를 해석하는 점술 체계다. 주역을 이해하면 세상의 모든 현상을 분석하고 진단할 수 있다는 점에서, 근본 분석 기법의 이론적 기반으로 활용 가능하다고 판단된다.

- **주역과 근본 분석, IT의 연결성**

  단, 주역을 통한 미래 예측은 명확한 O/X 판단이다. 분석 기법으로 해석하자면 원인 분석과 같다. 주역 탐구의 또 다른 중요한 이유는 IT 시스템과의 구조적 유사성이다. 컴퓨터는 이진법(0, 1)을 기반으로 작동하는데, 이는 주역의 기본 구조인 음양(陰陽)의 논리와 정확히 일치한다.

  IT 시스템이 1과 0으로 예/아니오를 구분하듯, 주역의 사고방식 역시 양(1)과 음(0)의 상호작용으로 구성된다. 이 점에서, 주역은 원인 분석의 IT적 구현 가능성을 함의하고 있다.

  근본 분석이 '근본의 평가와 미래 예측'이라는 목적을 가진다면, 근본 분석은 O/X가 아닌, '가능성'에 대한 확률적 해석을 요구한다. 따라서 주역을 근본 분석의 핵심 원리로 직접 적용하려면 더 많은 연구와 해석의 깊이가 필요하다.

(2) 명리학 개요[10]

　　명리학은 주역을 기반으로 발전한 학문으로, 주자 성리학과 더불어 인간의 미래를 예측하는 체계를 갖추고 있다. 주자 성리학이 국가의 흥망성쇠 같은 거시적 운명을 진단하고 예측하는 데 초점을 맞췄다면, 사주 명리학은 개인의 생로병사와 흥망성쇠를 중심으로 다룬다는 점에서 차이를 보인다.

　　주역이 음양오행의 조화를 통해 자연의 원리를 설명하고 예측하는 철학적 방법론이라면, 명리학은 이를 십간십이지로 분해하여 보다 구체적이고 체계적인 인간 모델을 구성한다. 명리학의 핵심 전제는 인간은 본질(기질)을 가지고 태어난다는 것이며, 그 본질은 음양의 조화에 따라 지혜로워지거나 혼란스러

---

10) 명리학 개요 : 조용헌 '사주명리학 이야기' (2014)
　"명리학은 사람이 태어나는 바로 그 순간, 시각에 들어오는 오행의 기운을 십간십이지로 인수분해한 것이다. 즉, 탄생의 연·월·일·시를 기준으로 인간의 운명을 해석하는데, 이를 '사주팔자(四柱八字)'라 한다. 명리학은 이 네 기둥(四柱)을 바탕으로 대운(大運)의 흐름을 분석하여 선천적 기질과 후천적 운세를 종합적으로 탐구하는 학문이다. 우리가 흔히 말하는 '역술(易術)'은 주역과 사주 명리학을 모두 포함한다. 역술의 대가는 이 두 분야에 모두 정통한 사람을 의미하며, 둘은 명확히 구분되는 학문이다. 주역은 팔괘(八卦)를 기반으로 64괘(六十四卦)를 조합해 인간과 세계를 예측한다. 수로 표현하면 2(음양) → 4(사상) → 8(팔괘) → 64(육십사괘)의 체계이다. 반면 명리학은 십간십이지를 조합해 육십갑자를 만들고, 여기에 생년월일시의 사주 네 기둥을 대입하여 분석하는 복잡한 체계이다. 주역은 '지금, 여기(now and here)'에서 점치는 순간이 중요하지만, 명리학은 시간 전체(年·月·日·時)를 고려해야 한다. 주역이 디지털시계라면, 명리학은 아날로그 시계다. 주역이 시(詩)처럼 함축적인 결론을 낸다면, 명리학은 산문(散文)처럼 서사적인 전망을 제시한다."

워질 수 있다고 본다.

따라서 인간의 탄생 연·월·일·시를 사주팔자라는 틀에 대입하여 현재 상태를 분석하고, 미래 가능성을 예측할 수 있게 된다.

■ 명리학과 주역의 구조 비교

주역이 O/X 방식으로 압축적 결론을 제시한다면, 명리학은 사지선다형에 가까운 방식으로 보다 복합적인 해석을 제공한다. 즉, 주역은 단답형 진단에 유리한 반면, 명리학은 확률적·통계적 접근에 기반한 다층적 분석이 가능하다. 또한 명리학은 크게 역술(命), 풍수지리(地), 관상(形) 등으로 세분화되며, 인간의 전반적인 운명과 환경을 통합적으로 다루는 종합학문이라 할 수 있다. 실제로 한의학에서도 명리학을 참고하는 경우가 많으며, 이는 인간의 체질, 성정, 병리 등을 이해하는 데 활용된다.

관상이나 의술이 인간의 외형과 생리적 변화를 분석하는 기술이라면, 역술은 보이지 않는 영혼의 기질과 운명을 분석하는 기술이다. 이러한 관점에서 명리학은 분석 기법의 체계화 과정에 많은 통찰을 제공할 수 있다.

■ 근본 분석과의 연결 가능성

예를 들어, 원인 분석의 대상이 '인간'이라면, 이는 곧 '근본(조상)'의 하위 객체로서 존재 위치가 설정된다. 즉, 인간은 그 자체로 분석 대상이면서도, '근본 분석'의 맥락에서는 조상의 결과물이자 표현이 된다.

이때 한의학은 인간이라는 분석 대상을 진단하고 처방하는 기능을 담당하므로, 분석 체계 내에서는 엔지니어의 역할과 유사하다고 볼 수 있다.

또한, 주역의 예측 방식이 O/X로 귀결된다면 이는 원인 분석 결과와 유사한 성격을 띤다. 반면, 명리학의 결과는 다층적이고 서사적인 구조를 지니며, 이는 근본 분석의 결과 역시 '산문형'으로 구성되어야 한다는 논리를 뒷받침한다. 평가와 예측은 결코 단답형일 수 없기 때문이다.

- 복합적 예측을 위한 철학적 기반

  근본 분석이 '근본의 탐색과 미래 예측'이라는 목적을 가진다면, 단순한 O/X 판별이 아닌 복합적이고 다층적인 예측 기법이 필요할 것이다. 명리학은 바로 이러한 복잡한 구조를 체계적으로 설명할 수 있는 동양사상의 핵심 축으로, 근본 분석 이론을 더욱 심화시킬 수 있는 중요한 기반으로 작용한다.

■ 명리학과 근본 분석의 구분 필요성

그러나 명리학이 곧바로 '근본 분석'의 체계와 동일시되는 것은 논리적 모순을 야기할 수 있다. 근본 분석에서의 '근본'은 조상이며, 인간은 그 하위 객체이므로 분석 대상의 위상이 다르다.

따라서 명리학이 제공하는 분석 기법은 참고자료로서는 유용하지만, 그 자체가 근본 분석은 될 수 없다. 이 부분은 근본 분석 이론을 정립해 나가는 과정에서 명확히 구분하고 정리해야 할 핵심 과제가 된다.

(3) 역술과 근본 분석의 관계

역술을 고찰하는 이유는, 학문과 기술의 차이를 명확히 구분하고자 함이다. 명리학이 이론과 원리를 중심으로 한 학문이라면, 역술은 그 이론을 현실에 적용하는 기술에 해당한다. 예를 들어, 컴퓨터 과학이 구조와 원리를 다루는 학문이라면, IT는 이를 현실에 구현하는 응용 기술이다. 마찬가지로, 원조의 원리를 이해했다면, 그에 기반한 실현 가능한 기술로서의 역술을 익히는 것은 자연스러운 과정이다.

역술은 미래를 예측하는 기술이며, 이는 근본 분석이 미래 예측을 지향한다는 점에서 유사하다. 두 영역의 공통점과 차이점을 탐구하는 것은 분석 기법을 정립하기 위해 중요한 작업이다.

- 역술의 신뢰성과 실제 사례

    일반적으로 점술의 정확도는 70% 이상이라고 알려져 있다. 과학자들은 이를 미신이나 비과학적인 것으로 간주하지만, 인간의 생로병사와 흥망성쇠를 일정 부분 맞춘다는 점에서, 그 이론에 실체가 있을 가능성을 시사한다. 실제로 정치인, 경제인, 과학자 등 엘리트 계층조차 역술에 관심을 보이는 이유도 여기에 있다.

만약 태생이라는 불가해한 근원을 통해 현재와 미래를 예측할 수 있다면, 이는 분석 기법 정립에도 큰 의미를 가진다. 논리적 예측이 가능하다면, 현실 문제에 대한 근본 분석 역시 높은 정확도로 이루어질 수 있기 때문이다.

- 종교와 역술의 차이

    종교는 회개, 기도, 기다림을 통해 구원의 순간을 도모하며, 시간이 흐른 뒤 문제가 해결되면 그것을 '기도빨' 혹은 '부처님의 공덕'으로 해석한다. 반면, 점술은 즉각적인 처방과 해석을 제공하며, 결과의 적중 여부는 사후에 판단된다.

이러한 즉시성은 조급한 성향의 사람들로 하여금 종교보다 점술에 더 쉽게 의존하게 만든다. 역술이 지금까지 사라지지 않고 유지되어 온 이유는, 천체의 규칙성과 자연의 반복성에 기반한 예측 가능성 때문이다. 인간도 그 일부로서 탄생과 소멸의 순환 속에 존재하며, 이러한 원리를 통해 근본 분석이 가능함을 시사한다.

■ 근본 개념과 분석 대상의 위상
이러한 탐색을 통해 원조, 뿌리, 근본, 조상이라는 개념이 각각 어떤 의미를 지니는지를 파악할 수 있었고, 이를 통해 근본 분석의 가능성도 확인하게 되었다. 분석에서 '원조' 개념이 빠지면 오류 가능성이 높아진다는 점도 발견했다.

또한, 원인 분석과 근본 분석은 명확히 구분되어야 한다는 가설이 더욱 확고해졌다. 역술은 인과의 원리를 통해 미래를 예측하는 학문이며, 특히 '탄생의 연월일시'를 통해 인간의 근본을 분석한다는 점에서, '탄생이 곧 원조'라는 정의도 도출된다. 그러나 역술이 이 '원조' 개념을 명확히 반영하지는 않는다는 점은 아쉬운 부분이다.

그럼에도 불구하고, 역술은 근본 분석을 위한 기초 이론으로 작용할 수 있는 희망을 제공한다. 천지와 자연의 섭리는 인간의 미래를 예측하는 데 중요한 모델이며, 따라서 '원조'라는 개념은 분석 기법에서 반드시 고려해야 할 핵심 분석 대상이 된다.

(4) 술사란?[11]

사전에서 '술사(術士)'는 "술수에 능통하며 태현에 조예가 깊고, 음양·오행·점술 등의 원리로 인간사의 길흉화복을 예측하는 사람"으로 정의된다. 쉽게 말해 점쟁이와 같은 의미다. 이 정의를 바탕으로 보면, 술사는 역술을 현실에 적용하여 인간사의 운명을 탐구하는 전문가이다.

IT 분야에서 개발자는 원리를 구현하고, 엔지니어는 문제를 분석해 해결한다면, 분석가는 근본을 탐색하고 미래를 예측한다. 역술 분야에는 아직 이처럼 구체적인 역할 분화가 존재하지 않는다는 점에서 차이가 있다.

■ 술사와 분석가의 유사성

---

[11] 술사의 개요 : 조용헌 '사주명리학 이야기' (2014)
　술사란 '술(術)'을 전문적으로 연구하는 사람이다. 여기서 술이란 '방법론'에 해당한다. 학(學)이 이론이라면, 술은 그 이론을 현실에 적용하는 실천적 방법이다. 이론과 실제의 관계가 학과 술의 관계이며, 과학이 '학'이라면 기술은 '술'에 해당한다. 이 두 요소는 따로 놀지 않으며, 체(體)와 용(用)의 관계처럼 서로를 보완하며 함께 작동한다.

'술사'라는 개념을 정리하려는 목적은, 분석가가 되기 위해 어떤 준비가 필요한지, 또 술사의 역량이 무엇인지를 탐색하는 데 있다. 술사와 분석가는 유사한 점이 많으므로 이를 비교·분석하면 참고가 될 수 있다.

예를 들어, 누구나 경험과 체험이 풍부하다면 학문적 배경 없이도 원인 분석가가 될 수 있다. 실제로 컨설턴트(consultant)는 '상담역'으로 정의되며, 이는 원인 분석가에 더 가깝다. 반면, 애널리스트(analyst)는 분석가로, 근본까지 분석하는 역할을 수행하므로 근본 분석가와 유사한 개념이다.

■ 고급 술사의 조건과 분석 전문가의 역량

술사가 되기 위해서는 일정한 준비 과정이 필요하다. 장기나 바둑처럼 술사 역시 동아시아 문화권에만 존재하는 독특한 예측 전문가이며, 인간의 생로병사를 점치는 존재이다.

고급 술사가 되기 위해서는 ▲체계적인 공부, ▲풍부한 체험, ▲직관력의 향상, 그리고 마지막 단계로 ▲'접신'이라 불리는 내면적 연결이 필요하다. 이는 마치 고급 컨설턴트나 IT 분석가가 되기 위해 요구되는 ▲문제 원리의 이해, ▲분석 기법의 숙달, ▲다양한 문제풀이 경험, ▲직관적 통찰과 매우 유사하다.

(5) 점(占)의 정의와 예측 정확도

'점(占)'이란 한마디로 '앞날을 예측하는 행위'로 정의할 수 있다. 점술의 예측이 100% 적중한다고 단언할 수는 없지만, 일반적으로 70% 정도는 맞는다고 알려져 있다. 단순한 OX 문제조차 확률상 50%의 적중률을 가지는 점을 고려하면, 점술의 예측률은 무시할 수 없는 수준이라 할 수 있다.

그럼에도 불구하고, 점술이 종종 미신으로 간주되는 이유는 그 작동 원리가 과학적으로 증명되지 않았으며, 내용이 추상적이기 때문이다. 하지만 이는 오히려 근본 분석의 예측 정확도와 유사한 측면이 있다. 따라서 점술의 예측 원리를 분석 기법에 참고할 가치는 충분하다.

■ 점술의 세 가지 예측 원리

점술의 예측 원리는 다음 세 가지 원리로 요약할 수 있다.

① 상응의 원리

시간, 공간, 존재라는 서로 다른 세 차원이 서로 연관되어 있다는 이론이다. 이 원리는 특정 징조나 징후를 통해 결과를 예측할 수 있다는 점에서 주목할 만하다.

② 반복의 원리

자연현상은 일정한 주기로 반복된다. 예를 들어 낮과 밤의 순환, 사계절의 변화는 모두 규칙적인 반복을 따르며, 이 질서와 규칙성 속에서 예측이 가능하다는 이론이다.

③ 귀신의 존재를 전제로 한 직관적 통찰

이는 과학적으로 설명하기 어려우나, 전통 점술에서 중요한 요소로 간주된다. 무속인의 직감적 통찰 혹은 접신적 능력에 해당한다.

■ 점술과 자연 질서, 음양오행의 구조

이러한 반복과 순환의 원리는 음양오행 이론과 깊이 연결된다. 하루는 낮과 밤의 이중성으로 구성되고, 해마다 사계절이 순환하며, 1년은 12개월, 하루는 12시진(時辰)으로 구분된다.

사주명리학은 이 자연질서 속에 **십간십이지**(十干十二支)의 체계를 더해, 인간의 삶을 구조적으로 해석한다. 십간은 음양과 오행의 조합으로 구성되며, 이를 통해 인간의 운명과 미래를 읽어내는 것이 명리학의 핵심이다. 따라서 사주명리학은 자연현상의 규칙성과 반복성에 기반한, 가장 이성적인 점술 체계로 평가받을 수 있다.

■ 점술 원리를 활용한 근본 분석 모델의 방향

근본 분석에 점술의 원리를 적용하려면, 먼저 분석 모델을 정립해야 한다. 그 모델에 예측 대상의 '근본'을 대입하는 방식이 필요하다. 이는 사주명리학에서 탄생 연월일시를 입력값으로 넣어 결과를 도출하는 방식과 유사하다.

따라서 점술의 구조를 분석 기법으로 전환하고, 그 안에 '근본'을 입력하면, 근본 분석에서도 미래를 예측할 수 있는 실질적인 논리 체계를 구축할 수 있을 것이다. 이는 분석 기법의 진화 가능성을 보여주는 중요한 이론적 전환점이 될 수 있다.

4. 근본 분석 체계화를 위한 선행탐구 총정리

1) 근본 개념 탐구 정리

'원인 분석'은 다음과 같이 정의할 수 있다.

"문제의 결과는 객체 현상의 변화다. 이 결과를 바탕으로 원인을 추적하고, 이를 해결하는 방법을 탐색하는 것이 곧 원인 분석이다. 원인 분석 기법은 객체의 현상이 어떻게 변화했고, 그 변화가 왜 문제가 되었는지를 진단하는 기술이다. 원인 분석의 결론은 단답형으로 귀결되며, '폐기할 것인가, 정비할 것인가'라는 의사결정을 통해 장애의 정상화를 도모하는 기법이다."

이 정의에 따르면, 기존의 원인 분석에는 '근본'이라는 개념이 개입될 여지가 없다.

'근본적인 원인을 찾는다'는 표현은 단순한 원인 내부의 문제 해결이 아닌, 해당 객체와 연결된 외부 객체에서 근본을 찾아야 함을 의미한다. 즉, 문제를 일으킨 객체보다 상위에 있는 객체를 '근본 객체'라고 부를 수 있으며, 진정한 '근본 분석'은 이러한 상위 객체를 대상으로 수행되어야 타당하다.

이러한 맥락에서, '근본'이라는 개념은 전통적인 사전적 정의나 동양사상의 '조상'이나 '뿌리'와 같은 관념적 해석으로는 부족하다. 분석 기법의 관점에서의 '근본'은 보다 구조적이고 기능적인 위치로 정의되어야 하며, 관념적 근본과 분석적 근본은 명확히 구분되어야 한다.

2) 근본 원인 분석 탐구 정리

'근본 원인 분석'을 탐구하면서 종교와 동양사상에 주목한 이유는, 근본의 개념을 명확히 규정하고, 미래 예측이라는 관점에서 실효성 있는 분석 기법을 탐색하기 위함이다. 종교는 구체적 근거가 부족했지만, 동양사상은 '원조'라는 개념을 통해 **'뿌리'**와 **'근본'**의 차이를 구분할 수 있는 단서를 제공해주었다.

특히 명리학과 역술, 술사의 역할을 통해, 미래 예측의 기법과 대상에 대한 중요한 통찰을 얻을 수 있었다. 명리학이 말하는 '근본'의 개념이 타당하다면 이를 그대로 근본 분석에 활용할 수 있고, 만약 차별화가 필요하다면 그 논리적 근거와 이유를 명확히 정리해야 한다.

명리학은 한마디로 인간의 미래를 예측하고 더 나은 방향으로 유도하기 위한 학문이다. 천체와 자연의 순환적 질서, 음양오행, 십간십이지의 조화를 통해 예측 모델을 구성하며, 이는 분석 이론에서도 **불변체(원조)**와 **가변체(하위 객체)**의 구분이 필요하다는 점을 시사한다. 분석 대상의 존재 여부 또한 이 불변과 가변의 위계적 관점에서 판단해야 한다.

명리학이 인간의 신체와 영혼을 분리하여 접근하듯, 분석 기법 역시 원인과 근본을 분리하여 탐구할 수 있는 가능성을 제시한다. 예를 들어, 주역은 상징과 숫자(象數)를 통해 결과를 추론하며, 명리학은 확률을 기반으로 미래를 예측한다. 이러한 예측 방식의 차이는 곧 분석 기법의 차별적 접근으로 이어질 수 있다.

한편, 일반적인 원인 분석은 널리 알려져 있어 접근이 쉽고 공감대 형성이 용이하다. 반면, 근본 원인 분석은 그 개념 자체의 모호함, 분석 대상의 불분명함, 예측 방법의 불확실성으로 인해 많은 혼란을 야기한다.

따라서 근본 분석의 목적은 다음 세 가지로 정리될 수 있다:
- 문제 진단
- 근본 평가
- 미래 예측

이 중 문제 진단과 처리는 기존의 원인 분석이 담당하고, 근본 평가와 미래 예측은 새로운 분석 기법이 요구되는 영역이다. 그러나 현재로서는 평가 대상이 무엇인지, 직접 문제를 일으킨 객체를 평가할 것인지, 혹은 연관 객체까지 분석해야 하는지가 명확하지 않다.

분석 기법을 정립하기 위해서는 '근본 원인'이 무엇을 의미하는지 명확히 규정해야 하며, '근본', '조상', '뿌리' 등의 용어를 단순히 Root로 번역하는 것은 혼란을 일으킬 수 있다. 나아가 분석 대상이 개체(Entity)인지, 객체(Object)인지에 대한 철학적이고 기능적인 구분도 반드시 필요하다.

3) 근본 분석 논리 체계화 가능성

근본 분석의 논리 체계를 정립하기 위해 가장 유용하게 참조할 수 있는 것은 역술과 술사의 개념 구조이다. 전통적으로 사전에서는 '조상'을 '근본'으로 정의하지만, 역술은 인간이라는 근본의 하위 객체를 대상으로 미래를 예측하는 기술이다. 이러한 역술의 구조를 근본 분석에 적용할 경우, '조상'을 분석 대상으로 삼아야 하므로 논리 구조가 모순된다.

즉, 역술은 근본 분석과는 무관하게 하위 객체에 대한 미래 예측 기법으로 보는 것이 타당하다.

그러나 명리학의 탐구를 통해, 근본 분석의 핵심인 '근본' 개념을 더욱 명확히 이해할 수 있었으며, 역술로부터는 미래 예측의 절차와 기법을 실용적으로 참고할 수 있었다. 이로부터 얻은 중요한 통찰은 다음과 같다:

근본을 분석하려면 반드시 그 상위에 존재하는 불변 객체가 전제되어야 한다.

예컨대, 인간의 미래를 예측할 수 있는 이유는 자연과 천체라는 불변체가 인간에게 영향을 미치기 때문이다. 이는 분석 구조에서 상위의 불변체(원조)와 하위의 가변체(분석 대상)를 구분해야 한다는 논리의 근거가 된다. 이러한 위계 구조는 근본 분석 대상의 분류 기준으로도 활용 가능하다.

또한, 명리학은 신체와 영혼을 구분하여 다루는 특성을 갖는다. 이 역시 근본 분석에서 근본 객체와 하위 객체를 구분해야 한다는 중요한 단서를 제공하며, 이를 통해 원인 분석과 근본 분석을 명확히 구분할 수 있다.

분석 시스템의 성격을 비교해 보면, 주역과 의술은 단답형 진단과 처방을 지향하는 반면, 명리학은 확률과 통계를 기반으로 한 복합적인 논술형 예측을 수행한다. 비유하자면, 주역은 전자계산기적 구조라면, 명리학은 인공지능에 가까운 해석 체계라고 할 수 있다. 따라서 주역은 원인 분석, 명리학은 근본 분석과 유사한 구조를 지닌다.

결론적으로, 원인 분석의 목적이 문제 해결을 위한 단답형 결론 도출에 있다면, 근본 분석의 목적은 근본 객체에 대한 평가와 미래 예측에 있다. 이는 확률적이고 통계적인 접근을 필요로 하며, 두 분석 기법은 명확히 구분되어야 하고 논리적으로도 분리되어야 한다.

분석 기법 내에서 근본 객체란, 신체나 두뇌처럼 여러 하위 객체가 융합된 복합 객체로 이해해야 한다. 조상 위에 시조와 원조가 존재하듯이, 근본 객체의 상위에는 원조 객체가 존재해야 하며, 이는 사물의 탄생, 이론, 본질을 포함하는 불변의 객체여야 한다.

이러한 구조적 논리에 근거하면, 분석 대상을 위계적으로 분류할 수 있으며, 그간의 선행 탐구 결과를 종합하여 근본 분석의 논리 체계화 가능성을 실질적으로 도출할 수 있다.

4) 원인 분석과 근본 분석 기법 체계화 정의

　분석 기법을 체계화하기 위해서는 우선 논리적 정당성을 확보하기 위한 전제 조건이 필요하다. 선행 탐구 과정에서 드러난 여러 모순들이 단순한 착각에 불과한 것인지, 아니면 '근본' 개념에 대한 몰이해에서 비롯된 분석 개념의 왜곡인지를 면밀히 검토해야 한다. 이러한 검토는 분석 기법 간 차별화가 정당한지 입증하기 위한 논리 검증의 전제에 해당한다.

　이를 위해 다음 두 가지 검토가 필요하다.
　첫째, 역술의 논리 체계를 해석하는 과정에서 발생하는 모순이 정당화될 수 있는 분석 구조를 제시해야 한다.
　둘째, RCA(Root Cause Analysis, 근본 원인 분석)에서 전제한 '근본' 개념이 단순한 관념적 해석인지, 아니면 원인 분석의 상위 객체로서 논리적으로 유효한지를 검증해야 한다.

　RCA는 일반적으로 직접적인 원인을 분석하는 기법으로 알려져 있고, Cause Analysis는 보다 다양한 요인을 고려하는 분석으로 이해된다. 이 맥락에서 "Root Analysis"는 과연 불필요한 중복 개념인지, 아니면 그 자체로서 독자적인 역할과 의의를 지니는지를 명확히 해야 한다.

　모든 분석은 반드시 명확한 분석 대상이 필요하다. 이 원칙

아래에서 분석 기법의 논리를 구성하고, 이를 뒷받침할 수 있는 체계를 마련해야 한다. 특히 원인 분석 대상과 근본 분석 대상 간에는 상응 관계가 존재해야 하며, 이를 통해 영향의 흐름과 분석 대상 간의 위계가 체계적으로 정립되어야 한다.

분석 목적에 따라 기법은 다음과 같이 구분할 수 있다.
원인 분석은 객체의 현상 변화에 주목하고, 그것의 정상화를 목표로 하는 기법이다.
근본 분석은 문제를 일으킨 객체의 상위에 위치한 근본 객체를 평가하고, 나아가 미래를 예측하는 기법으로 정의되어야 한다.
이때, 반드시 원조 객체의 존재가 전제되어야 하며, 원조는 사물의 기원, 원리, 본질에 해당하는 불변 객체로 간주된다.

이에 따라 분석 대상 객체는 다음과 같이 분류된다:
- 불변 객체: 원조
- 가변 객체: 근본 객체(근본 분석의 대상), 하위 객체(원인 분석의 대상)

이러한 분류 체계는 원인 분석과 근본 분석을 명확히 구분하기 위한 핵심적인 논리 구조이며, 분석 대상 선정의 정확성을 높이기 위해 분석 목적에 부합하는 적합한 객체를 선별하는 것이 선행되어야 한다.

또한, 분석 대상의 등급 구분을 유연하게 조정할 수 있어야 하며, 객체 간 상응 관계 확보를 위해서는 원조 객체를 기준으로 한 그룹화 방식의 분석 논리를 적용하는 것이 효과적이다.

결과적으로 분석 대상 객체의 분류 체계는 다음과 같이 요약된다:

- 원조 → 근본 → 하위 객체로 분류하고,
- 대상 유형에 따라 원인 분석 기법과 근본 분석 기법을 명확히 구분하여 적용한다.

이러한 기초 위에서 선행된 탐구는 분석 기법 체계화의 초석을 마련하였으며, 이를 토대로 분석 논리를 정립하고, 향후 진행될 논리 검증 과정을 통해 그 타당성을 확립할 수 있을 것이다.

5. 분석 대상 분류 체계 논리의 가설

1) 역술 탐구를 통한 인간 분류체계

선행 탐구의 내용을 종합하여 분석 대상 분류 체계를 가설적으로 구성해본다.

이 과정에서는 논리의 모순을 식별하고 이를 정리함으로써, 분석 대상 분류의 타당성을 검증하는 것이 목표이다.

우선, 미래 예측의 대상을 인간으로 설정했을 때, 역술의 분류 체계와 분석 기법의 체계를 비교하면 논리적 모순이 발견된다. 역술에서는 인간을 대상으로 미래를 예측하지만, 이 구조를 분석 논리에 적용하면 여러 충돌이 발생한다.

분류 기법	최상위 원조	상위 원조	원조	근본	하위 객체	최하위 객체
역술 분류		천지	시조	조상	인간	신체, 두뇌
분석 분류		천지	인간	원리	사물	형상, 지능
분석 객체		불변, 과거	?	불변, 과거	가변, 현재	가변, 현재

[표 3-4-1. 분석 대상 분류 체계 가정]

표 3-4-1은 용어 해석 탐구를 기반으로 분석 대상 중 인간의 위치를 정리한 것이다.

특히 '원조'라는 개념을 중심으로 객체를 분류하면서, 다음과 같은 가정이 도출된다. 사전적 의미에 따르면 '조상'은 근본이며, 조상 위에는 시조(始祖), 그리고 그 상위에 천지(天地)가 존재한다. 조상 아래에는 인간, 그리고 그 하위에는 신체와 두뇌가 위치한다. 이때 천지는 반복과 순환의 원리에 따라 미래 예측의 모델이 되며, 따라서 불변의 상위 원조로 분류할 수 있다.

이 분류에 따르면, 객체의 계층은 다음과 같이 정리된다:
- 상위 원조(불변체): 천지
- 원조: 시조
- 근본: 조상
- 하위 객체: 인간
- 최하위 객체: 신체와 두뇌

이때 '원조'는 뿌리이며, 시조에 해당한다. 이 분류 체계를 사물에 적용할 경우, 사물의 최하위 객체인 형상과 지능이 인간의 신체와 두뇌와 같은 레벨로 간주되므로, 사물 역시 하위 객체에 해당한다. 사물을 기준으로 하면 다음과 같은 계층으로 정리된다:
- 상위 원조(불변체): 천지
- 원조: 인간
- 근본: 사물의 원리와 본질
- 하위 객체: 사물
- 최하위 객체: 형상과 지능

그러나 이러한 분류를 분석 논리에 대입하면 몇 가지 중대한 모순이 드러난다.

예를 들어, 역술을 근본 분석 기법으로 본다면, 조상을 대상으로 현재를 평가하고 미래를 예측하는 셈이 된다. 하지만 사물의 경우, 탄생 원리가 근본이므로 조상과 동일한 지위가 되며, 이 원리 또한 과거형의 불변체로서 분석 대상이 될 수 없다.

이와 같은 맥락에서, 인간은 사물의 창조자로서 시조 혹은 원조의 위치에 해당하며, 근본 분석의 직접적인 대상에서 제외될 가능성이 제기된다.

그러나 인간을 시조처럼 분석 대상에서 제외할 수 있는지 여부는 명확하지 않다.

결론적으로 다음과 같은 정리가 가능하다:
- 역술은 근본 분석 기법이 아니라, 하위 객체(인간)의 미래를 예측하는 기법으로 정의되어야 한다.
- 근본 분석 체계는 역술을 참조하되, 분석 대상의 분류는 논리에 맞게 엄밀히 정리되어야 한다.
- 근본 분석의 주체를 조상이나 원리와 같은 근본(불변체)으로 설정할 것인지, 인간과 사물 같은 하위 가변 객체로 설정할 것인지가 핵심 쟁점이다.

여기서 중요한 점은, 원조는 과거형의 불변체이므로 분석 대상이 될 수 없고, 근본 분석의 대상은 현재형의 가변체, 즉 인간과 사물이 되어야 한다는 점이다.

　이와 같은 가정에 따라, 분석 대상 분류 체계를 하나의 가설로 정의하였다. 이는 검증 과정을 통해 논리적 모순이 없음을 확인받아야만 정설로 확립될 수 있다. 논리에 타당성이 확보된다면, 해당 가설은 새로운 분석 기법 체계의 기초로 정립될 수 있을 것이다.

2) 분석 기법으로 재조명한 인간과 사물의 분류체계

분류 기법	최상위 원조	상위 원조	원조	근본	하위 객체	최하위 객체
역술 분류		천지	시조	조상	인간	신체, 두뇌
분석 대상		천지	인간	원리	사물	형상, 지능
분류 객체		불변, 과거	?	불변, 과거	가변, 현재	가변, 현재
분류 체계 (인간)	천지	시조	조상	인간	신체, 두뇌	입출력 자료
분류 체계 (사물)	천지	인간	원리	사물	형상, 지능	부품, 정보
분류 객체	불변, 과거	불변, 과거	불변, 과거	가변, 현재	가변, 현재	가변, 현재

[표 3-4-2. 분석 기법 분석 대상 분류 체계 가정]

　분석 기법에 적용되어야 할 정상적인 분석 대상 분류는 표 3-4-2와 같이 정리할 수 있다.

　표의 상단은 기존의 모순된 분류체계, 하단은 그 모순을 해결한 새로운 분류체계를 나타낸다. 이번 분류의 핵심 기준은 인간과 사물을 '근본'으로 정의한 데 있다.

　근본 분석의 관점에서는, 하위 객체의 변화가 상위 객체에 영향을 미치는 구조를 전제로 한다. 다시 말해, 하위 객체들이 구성하여 형성된 '가변 객체'가 곧 근본이며, 이 '가변 객체'가 근본 분석의 직접적인 대상이 되는 근본 객체이다.

　앞서 언급했듯이, 역술에서 말하는 '근본'과 분석 기법에서 말하는 '근본'은 개념상에서 차이가 존재한다. 이 개념의 차이를 정리함으로써, 근본 분석의 이론적 기틀을 마련할 수 있다.
　이를 종합하면, 정상적인 분석 기법을 적용하기 위한 전제조건은 다음과 같은 세 가지로 요약된다:
　① 불변체로서의 원조가 존재해야 한다.
　② 원조의 원리를 구현하는 '**근본 객체**'가 있어야 한다.
　③ 근본 객체는 하위 가변 객체들로 구성되어야 하며, 그 변화가 분석의 단서가 된다.

　즉, 분석 대상 객체를 분류할 때는 어떤 객체를 '근본 객체'로 설정할 것인가를 명확히 해야 하며, 이는 곧 근본 분석의 출발점이 된다. 근본 객체가 정립되어야 그 상위에 위치하는 원조, 그리고 하위의 가변체를 구분하고 정의할 수 있다.
　분석 기법을 체계화하기 위한 다음 단계는 기법의 작동 원리를 정립하는 일이다.

필자가 제시하는 근본 분석의 핵심 원리는 다음 여섯 가지로 요약된다:

① 상응의 원리 – 객체 간 구조적·기능적 대응 관계

② 인과관계 – 변화와 그 원인 간의 연결 고리

③ 반복의 규칙 – 시간적 혹은 상황적 주기성

④ 가변과 불변의 원리 – 객체의 정적·동적 특성 구분

⑤ 객체 탄생의 원리 – 생성의 기원과 구조적 필연성

⑥ 미래 예측의 수명 주기 – 변화를 예측하는 시간축의 설정

이 중 마지막 항목은 점술에서의 예측 방식과 연결된다. 점술은 단순한 'O, X' 식의 결론이 아니라, 어떤 결과가 발생할 '가능성'을 통계적 확률로 표현한다.

이는 근본 분석의 예측 원리로 확장될 수 있다. 따라서 분석 대상 객체의 분류에서 발생했던 모순이 해소되었다면, 다음 단계로는 다음과 같은 작업이 가능해진다:

- 분석 대상을 정합적으로 체계화하고
- 분석 기법의 적용에 있어 논리적 정당성을 확보하며
- 궁극적으로는 새로운 분석 체계를 정립할 수 있게 되는 것이다.

제4장

분석대상 객체 분류체계

4장.

분석대상 객체 분류체계

1. 분석대상 객체 분류를 위한 용어 정의

　　분석대상을 명확하게 구분하지 않으면, 분석 결과에 대한 만족스러운 성과를 기대하기 어렵다. 효과적인 분석을 위해서는 반드시 객체를 불변 객체와 가변 객체로 구분하고, 분석 목적에 적합한 가변 객체를 중심으로 분류해야 한다. 분석 대상의 혼동을 방지하기 위해, 관련 용어를 명확히 정의할 필요가 있다.

　1) 객체와 개체의 정의
　　분석 대상은 우선 불변 객체와 가변 객체로 나뉘며, 가변 객체가 분석의 중심 대상이다.
　　이때, 분석 대상을 '객체(Object)'라고 할지 '개체(Entity)'라고 할지 혼란스러울 수 있다. 객체와 개체는 주로 프로그래밍 분야에서 사용되는 용어지만, 그 개념적 해석은 아직도 논란의 여지가 있다. 분석 기법의 체계화를 위해서는 이 두 용어를 명확히 구분하여 정의할 필요가 있다.

일반적으로 회자되는 정의에 따르면,
- 객체란 협력적인 존재로, 다른 객체에 도움을 요청하거나 그 요청에 응답할 수 있어야 하며, 자율성을 갖춰야 한다. 여기서 자율성이란, 스스로 원칙에 따라 행동하고 자신을 통제하는 능력을 의미한다.
- 개체는 객체를 구성하는 최소 단위로, 객체 내부의 가장 하위 요소로 간주된다. 따라서 분석의 근본 단위를 구성하는 가장 작은 가변체가 바로 개체이며, 이는 분석의 출발점이 된다.

결론적으로, 가변체는 객체와 개체로 세분화된다.
- 근본 가변체는 '근본 객체'로 정의되며,
- 하위 가변체는 '하위 객체'로 분류된다.

요약하자면, 객체란 분석 기법에 적용되는 분석 단위의 기준이며, 분석 대상은 보통 3~5개의 블록으로 나뉘고, 각 블록은 객체로 표현된다.

예를 들어, '원조 객체', '근본 객체', '하위 가변 객체' 등의 용어가 이에 해당한다. 모든 사물은 최소 단위의 개체 집합이나 객체로부터 출발하며, 객체의 변화는 상위 객체로의 확장을 의미할 수도 있고, 상위 객체로부터 새로운 하위 객체가 파생되기도

한다.

따라서, 분석대상은 블록 단위의 객체로 분류하는 것이 가장 적절하다. 이어서 객체의 종류를 대·중·소 분류체계에 따라 설명한다.

2) 객체의 대분류

'가변 객체'와 '불변 객체'라는 용어는 분석대상의 여부를 구분하고, 분석 기법의 적용을 차별화하기 위해 사용된다. 분석의 기준이 되는 원조 객체는 변하지 않는 불변 객체이며, 하위 객체는 변화 가능성이 높은 가변 객체이다.

근본 객체 역시 가변 객체로서 근본 분석의 주요 대상이 된다.

(1) 불변 객체

줄여서 불변체라고 한다. 불변체는 이름 그대로 탄생 이후 변하지 않는 객체를 지칭하는 통칭이다. 주로 '천지', '자연', '이론', '원리'와 같은 영구적이고 근본저인 개념이 여기에 해당하며, 분석대상이 아닌 원조 객체로 분류된다.

불변체의 특징은 자전적 성격을 가지며, 순환과 반복의 규칙 속에서 존재한다. 이들은 하위 객체의 탄생과 변화에 영향을 주는 상위 또는 최상위 객체로 기능한다.

불변체는 스스로 탄생의 원리와 목적, 본질을 가지고 있으며, 그 아래에 하위 객체가 존재하지 않는다면 그 존재 이유조차 사라진다. 또한, 불변체가 변한다면 하위 객체들의 존재 자체가 위협받게 된다.

예를 들어, 불변체인 '천지'나 '자연'에 변화가 생긴다면, 그 영향을 받는 하위 객체들은 사멸될 가능성이 높다.

결론적으로, 원조 객체는 이미 검증된 원리와 본질에 근거한 불변체로, 분석대상이 아니다. 불변 객체는 영어로 Immutable Object라 한다.

(2) 가변 객체

줄여서 가변체라고 한다. 가변체는 원조 객체의 본질을 실현하기 위해 탄생한 근본 객체, 그리고 이를 구체적으로 구현하기 위해 창조된 하위 객체를 모두 포함한다.

즉, 가변체란 탄생 이후 소멸되기 전까지 성장하고, 변화하며, 개선되는 모든 객체를 의미한다. 이들은 보통 상위 객체로 인해 생겨나고, 그 지속적인 영향을 받는 존재다.

상위 객체의 지휘를 받는다는 점에서, 가변체는 변화 가능성을 내포하고 있으며, 이 때문에 분석의 핵심 대상이 된다.

가변체는 분석목적이나 기법에 따라 그 적용 방식이 달라진다. 예를 들어,

- 문제의 원인을 규명하고 문제 객체 자체를 정상화하기 위한 분석대상,
- 또는 객체를 평가하고 미래 상태를 예측하기 위한 분석

대상으로 구분될 수 있다.

또한, 가변체는 '분석 대상 분류 체계(등급 체계)'에 따라 다시 세분화될 수 있으며, 아래에서 설명할 객체 정의에서는 이러한 가변 객체를 중분류, 소분류의 기준에 따라 체계적으로 나눈다. 가변 객체는 영어로 Variable Object라 한다.

3) 객체의 중분류

(1) 원조 객체

원조 객체는 분석 대상 중 최상위 또는 근본 상위에 위치한 객체를 말한다. 해당 명칭은 다양한 대안 중 가장 상식적이고 직관적인 사전적 의미를 반영하여 선택한 것으로, 불변체의 대표적 표상이라고 할 수 있다.

분석 대상 분류 체계를 간소화하고, 개념적 이해를 돕기 위해 도입된 단위다. 원조 객체는 탄생의 기원에 해당하며, 주로 불변체로 분류되므로 관련 내용은 불변체 정의를 참고하면 된다.

(2) 근본 객체의 개념

근본 객체는 근본 분석의 핵심이 되는 중심 객체로, 근본 또는 근본체로도 표기한다. 사전적 의미뿐 아니라 동양 사상에서 '근본'이 '조상'을 의미하는 개념과 겹치기 때문에, 명칭부여에 상당한 고민이 있었다.

특히, 동양 역술에서는 상위 객체를 조상, 하위 가변체를 인간, 그리고 근본을 조상으로 해석하기도 하여, 개념 혼란이 발생하였다. 하지만 분석 체계에서는 근본이 현재 시점에서 하위 가변체를 구성하는 중심이자 분석의 출발점이므로, '근본'이라는 명칭이 가장 타당하다고 판단하였다. 사유는 관념적이냐 존재적 객체냐를 구분한다면 존재적 객체에 해당하는 것으로 보는 것이다. 즉, 하위 가변체가 문제의 원인을 분석하는 대상이라면, 그것의 구성 근원인 근본은 근본 분석의 기준이 되는 중심 객체가 된다. 분석 논리상, 하위 가변체를 구성하는 상위 객체가 근본 객체인 것이다.

■ 근본의 탄생

근본 객체는 원조 객체의 원리와 본질을 현실에 적용하거나 실용화하기 위해 탄생한 객체다. 근본은 원조 객체를 중심으로 공전하고 자전하며, 생로병사의 과정을 겪는다. 그 과정에서 원조의 목적을 달성하기 위해 끊임없이 성장, 개선, 진화한다.

근본 객체는 여러 하위 가변체의 융복합에 의해 형성된 상위 객체이며, 하위 가변체가 일정 수준으로 생성되고 번식되어야 근본 객체로 인정된다.

근본 객체의 탄생은 인간에게 실질적인 유용성을 제공하

는 가치를 바탕으로 하며, 원조의 본질에 순응하면서도 환경 변화에 적응하여 인간의 편익에 기여하는 가변체다. 분석 기법에서 핵심 분석 단위로 간주된다.

참고로, 전통적 사전 정의나 역술에서 말하는 '근본'과 이 분석 체계에서의 '근본'은 개념적으로 다르다. 특히, 역술에서의 미래 예측 개념은 '근본 분석'이 아니라, 인간의 미래를 예측하는 기술적 접근으로 이해해야 한다.

(3) 하위 가변 객체

하위 객체 또는 하위 가변체로 표기하며, 이는 근본 객체 아래에 위치한 분석대상의 단위다. 하위 가변 객체는 분석 과정에서 문제 발생의 근원이 되는 경우가 많으며, 주요한 원인 분석의 대상이다. 왜 하위 가변체가 원인 분석 대상이 되는지는, 하위 가변체를 다시 세분화하여 분류해 보면 보다 명확하게 이해할 수 있다.

4) 객체의 소분류

하위 가변체는 근본 객체를 형성하는 객체로서 근본의 하위 객체 단위다.

(1) 학문 객체

이론이나 원리 등, 형이상학적으로 존재하는 무형 객체를 말한다. 주로 원조 객체에 해당하지만, 최초 탄생 시에는 가변체의 성격을 가지며, 단독으로 분석의 대상이 될 수 있기 때문에 소분류하였다. 보다 정확한 이해를 위해서는 원조 객체에 대한 정의를 함께 참고하는 것이 도움이 된다.

(2) 형상 객체

형이하학적인 유형 객체로, 눈에 보이는 형상으로 실체화된 객체를 의미한다. 이 객체는 단독으로 존재하기도 하지만, 지능 객체와 결합될 때 더 높은 존재가치를 가진다. 형상 객체는 근본 객체 형성 과정에서 상응, 인과, 불가분의 관계를 가지며, 주로 원인 분석대상으로 분류된다. 분석의 목적은 해당 객체의 정상화이며, 이는 근본 객체가 요구하는 개선과 진화를 수용할 수 있는 하위 가변체라는 점에서 의미를 가진다.

(3) 지능 객체

형이상학적 무형 객체로, 대표적인 예로는 영혼, 두뇌, 지식, 컴퓨터 소프트웨어 등을 들 수 있다. 지능 객체는 단독으로 존재하거나, 형상 객체와 결합하여 존재가치를 높인다. 이 역시 원인 분석 대상 객체다. 지능 객체는 형상 객체를 지휘하는 권위 객체로 기능하며, 원조 및 근본 객체의 요구를 수용하고, 형상 객체의 변화와 개선을 지시하는 역할을 한다.

결국, 형상 객체와 지능 객체의 결합(合)을 통해 근본 객체라는 유·무형 통합 객체가 형성된다. 즉, 명칭이 부여된 유무형 사물 객체가 곧 근본 객체인 것이다.

예를 들어, 컴퓨터 시스템은 형상(하드웨어)과 지능(소프트웨어)이 결합된 전형적인 근본 객체다.

이처럼, 문제 발생의 근원은 주로 형상 객체와 지능 객체에서 발생하며, 이에 대한 원인 분석과 처방은 엔지니어의 몫이다. 반면, 근본 객체에 대한 분석은 차원이 다른 접근이 필요하다. 즉, 근본의 현재 상태를 평가하고, 미래를 예측하는 목적을 지닌 분석이어야 한다. 이러한 관점은 앞서 언급한 근본 분석의 정의와 일치한다.

5) 개체와 최하위 가변체의 정의

개체는 객체를 구성하는 최하위 가변체로 정의된다. 그리고 하위 가변체는 원인 분석대상임을 앞서 언급한 바 있다.

그렇다면, 하위 가변체를 근본 수준에서 분석하고자 할 때, 분석대상 체계를 어떻게 분류해야 할까? 우선, 하위 가변체 하위에 최하위 가변체가 존재하는지 여부를 판단해야 한다.

- 최하위 가변체가 존재하지 않는 경우, 해당 하위 가변체는 더 이상 분해할 수 없으므로 근본 객체가 될 수 없으며, 분석대상에서 제외된다.
- 반면, 최하위 가변체가 존재한다면, 하위 가변체는 근본

객체로 승격될 수 있으며, 그 근본 객체는 다시 원조 객체와의 관계를 통해 분석 체계를 완성할 수 있다.

이러한 과정을 거쳐 분석 대상 분류가 정리되면, 하위 가변체는 곧 근본 객체로 간주될 수 있고, 따라서 근본 분석이 가능해진다.

그리고 최하위 가변체가 원인 분석의 직접적인 대상이라는 점은 명백하다. 설명이 부족한 부분은 이후 분석 대상 객체의 등급체계에서 다시 자세히 다룰 예정이다.

형상 객체는 하위 가변체로서 근본 객체를 구성하는 입출력 기관의 역할을 한다.

- 형상 객체를 구성하는 최하위 가변체는 부품, 재료, 재질 등이 해당된다.
- 지능 객체의 경우, 이를 구성하는 최하위 가변체는 UI/UX, 알고리즘, 입출력데이터 등으로 볼 수 있다.

이처럼 최하위 가변체는 더 이상 분석대상으로 분류할 수 없는 최소 단위 객체로, 이를 통칭하여 "개체"라고 한다.

또한, 사용자 오류와 같은 항목도 경우에 따라 분석의 최소 단위로 간주될 수 있다.

(1) 입력 개체

하위 가변체의 목적을 실현하기 위해 필요한 자료나 지시 정보를 입력기관을 통해 근본 객체에 전달하는 최하위 단위 개체다.

(2) 출력 개체

지능 객체의 요구를 수용하여 생성된 결과를 출력기관을 통해 사용자에게 표현하는 최하위 단위 개체다. 즉, 결과물 자체가 출력 개체에 해당한다.

6) 근본과 뿌리 개념의 구분

사전적 의미와 동양 사상을 참고하여 분석 기법을 정립하는 과정에서, '근본'과 '뿌리'의 개념이 혼용되어 혼란이 있었다. 이 둘은 유사하게 사용되지만, 분석 논리에서는 명확한 구분이 필요하다.

- '뿌리'는 시조(始祖)를 의미하며, 가장 최초의 출발점을 지칭한다.
- '근본'은 조상(祖上)에 해당하며, 시조와 인간 사이의 매개 객체로 해석된다. 즉, 시조와 조상 사이를 연결하는 개념이 '뿌리', 조상과 인간 사이를 연결하는 개념이 '근본'이다.

분석대상 분류 체계상에서 보면,
- 뿌리 = 차상위 원조 객체,
- 조상 = 원조 객체,
- 인간 = 하위 가변체이자 근본 객체로 본다.

이러한 관점에서 인간을 근본으로 설정해야 분석 논리가 성립된다. 이는 사물의 분석에서도 동일하게 적용된다. 사물이 근본이 되어야, 그 구성 요소인 하위 가변체(형상과 지능 등)를 대상으로 한 분석이 타당해진다. 한편, '근본'을 root(뿌리)로 해석하거나, 근본을 시조 또는 조상으로 간주하면 어원적 혼란이 생긴다. 이를 방지하고자, 분석 기법상에서는 근본과 뿌리의 개념을 분리하여 체계화하였다.

7) 근본 개념의 정리

근본 객체는 원인 분석 대상인 하위 가변체의 상위 객체다. 예를 들어,
- 인간의 근본이 조상이라면, 인간은 조상의 하위 가변체가 된다.
- 조상의 상위 객체가 시조가 된다면, 조상은 또 다른 하위 가변체가 되어 근본 분석대상이 될 수 있다.

이러한 관계를 분석 대상으로 삼을 경우,

- 시조를 근본 분석대상으로 삼는 경우에는 조상이 하위 가변체가 되어야 하고,
- 인간을 근본 분석대상으로 삼는 경우에는 조상이 원조가 되어야 한다.

이처럼 분석 대상 분류 기준이 일관되지 않으면 논리적 모순이 발생한다. 시조를 근본으로 분석하면서 동시에 조상을 근본으로 분석하는 것으로 볼 수 있다. 이를 해결하기 위해서는, 분석 기법에 적합한 체계로 분석대상을 명확히 분류해야 한다.

- 예시: 인간의 분석

인간은 신체와 두뇌라는 하위 가변체로 구성된 상위 객체이므로, 근본 객체가 된다. 이때 인간(근본 객체)의 상위 객체인 조상과 시조는 원조 객체로 분류된다.

- 예시: 사물의 분석

사물은 형상(하드웨어)과 지능(소프트웨어)이라는 하위 기변체로 구성된다. 이 두 요소를 포함하는 사물은 상위 객체로서 근본 객체가 되고, 사물의 탄생에 관여한 인간이나 창조 원리는 상위 객체로서 원조 객체로 분류된다.

따라서 근본 객체란, 반드시 하위 가변체의 상위 객체여야 하며, 그래야 분석 논리의 일관성이 유지된다. 이와 같은 개념 정

립은 분석 대상 분류 체계의 기반이 된다.

2. 분석 기법에서 객체 분류의 타당성

1) 분석 객체 분류체계 선행탐구

그동안 꼬미와 스미꼬의 문제는 원인 분석을 통해 해결해 왔으며, 최근까지는 큰 문제 없이 잘 성장해 주었다. 그러나 최근에 발생한 문제는 기존의 원인 분석 대상이 아니라는 확신이 생기면서, 자연스럽게 근본 원인이 무엇인지 탐구하게 되는 계기가 되었다.

이러한 근본 원인 분석의 과정에서, 나는 근본이라는 개념을 온전히 이해하지 못하고 있었다. 사전적 의미나 동양 사상 속의 '근본'을 참고했지만, 이를 분석 기법의 틀로 해석하는 과정에서 논리적 모순이 드러났다.

선행탐구에서 도출한 분석 기법의 결론은 다음과 같다.
"하위 가변체가 문제 발생의 근원이므로, 원인을 찾고 처방해야 한다. 근본은 하위 가변체의 상위 객체로, 원인 분석의 대상이 될 수 없으며, 근본은 평가하고 예측의 대상으로 분석되어야 한다."

이러한 정의를 실현하기 위해, 우선 그동안의 원인 분석 경험을 바탕으로 분석대상 객체를 명확히 분류하고, 그 분류체계의 타당성을 점검하고자 한다. 만약 분석대상 객체의 분류 자체가 무의미하거나 일관성이 없다면, 그 분석 체계는 정상적일 수 없다.

(1) 논리적 모순을 규명하려면, 우선 분석대상을 분류해야 한다.
① 분석대상을 분류하고 체계화한다.
② 원인 분석 대상과 근본 분석대상이 같은지, 다른지 구분해야 한다.
③ 원인 분석과 근본 분석을 차별화해야 하는지 검증이 필요하다.
④ 근본 개념이 정당하면, 원인 분석과 근본 분석의 목적을 차별화해야 한다.
⑤ 분석대상 객체 분류 체계화에 필요한 부가 논리를 정립해야 한다.

(2) 분석대상을 분류했을 때 검증의 요구.
① 분석대상을 명확히 분류했을 때, 원인 분석 대상을 구분할 수 있는가.
② 원인 분석과 근본 분석을 분리했을 때, 분석 목적에 위반되지는 않는가.

③ 원인 분석과 근본 분석 기법의 차별화가 정당한가.

④ 분석대상 간 상응 관계가 있는지, 없는지 영향 흐름을 따져야 한다.

⑤ 분석 효율을 극대화하기 위하여 분석대상을 등급으로 나누어야 한다.

⑥ 등급별 분석 기법의 적용에 혼란은 없을 것인가.

⑦ 분석 혼란을 방지하기 위하여 분석대상을 그룹화하면 어떤 이점이 있을까.

⑧ 사례를 통한 논리의 검증이 필요하다.

2) 분석 대상 분류가 필요한 시대적 배경

분석 논리를 탐구하면서, 논리적 모순을 정당화하는 과정에서 많은 이념적 갈등이 있었다. 근본의 개념 자체는 확인되었지만, 이를 분석 기법에 적용하는 문제는 여전히 난제로 남았다.

이러한 갈등은 시대적 배경을 이해함으로써 일부 해소되었다.

과거 농경사회와 현대 과학 및 인공지능 시대를 비교해 보면 그 차이를 명확히 알 수 있다. 과거에는 분석대상과 객체가 단순했지만, 현대에는 객체의 수가 폭발적으로 늘어나고, 객체 간의 연결 구조 또한 훨씬 더 복잡해졌다. 또한, 과거에는 종교와 사상이 인류의 삶을 지배했다면, 오늘날은 과학이 중심이 되는 시대로 진화하였다.

신기술과 신문화의 등장은 가변 객체의 역할을 더욱 확대시켰고, 그 결과 분석 객체의 범위 또한 크게 넓어졌다. 인간과 사물뿐 아니라, 정치, 경제, 사회 등 인문학적 분야에서도 문제의 발생이 다양화되며 원인 분석의 필요성도 증가하고 있다.

그러나 아이러니하게도, 우리는 문제의 원인을 찾는 데에는 몰두하면서도, 정작 근본을 평가하지 않는 경우가 많다. 대부분은 원인 분석을 통해 임시방편적인 처방에 집중할 뿐, 근본에 대한 평가는 생략되고 있는 실정이다.

이제는 분석대상 객체의 분류를 더욱 세밀하게 할 필요가 있다. 용어와 개념 또한 보다 정교하게 정의하고, 다시 숙고할 시점이다. 무엇보다 중요한 것은 문제의 현상보다도, 그 근본이 어디에 위치하는지를 정확히 파악하는 것이다.

근본 객체를 중심으로 상위와 하위 객체를 체계적으로 분류할 수 있어야 하며, 근본 객체가 명확히 정해졌을 때, 비로소 분석의 방향은 명확해진다.

가변 객체의 증가로 인해 근본의 변화가 다양해졌고, 이는 곧 분석 대상의 폭증과 함께 분석의 세분화를 요구하고 있다. 따라서 시대 변화에 맞추어 분석 기준 또한 조정되고, 개선되어야 한다.

과거의 단순한 분석 구조와 현재의 복잡한 분석 환경을 동일한 기준으로 다룰 수는 없다. 시대가 과학화된 만큼, 분석 기법 또한 과학적이고 정밀하게 진화되어야 마땅하다.

이에 따라, 나는 현재 분석 기법에서 나타나는 논리적 모순을 탐구하고, 이를 개선할 수 있는 새로운 분석 기법을 제시하고자 한다.

우선 인간을 대상으로 한 객체 분류 체계와 등급을 과거(예: 역술)와 현재(새로운 분석 기법)로 나누어 비교하고, 그 차이에서 비롯된 논리적 모순을 정리하며, 이를 검증할 것이다. 이어 사물과 컴퓨터 시스템 객체를 대상으로 한 재검증도 단계적으로 시도할 예정이다.

3) 분석 기법 체계화를 위한 분석대상 분류체계의 타당성

(1) 분석 대상 분류의 필요성

분석대상을 명확히 분류하지 않으면, 분석의 효율성과 정확성을 기대하기 어렵다. 이를 위해 다음과 같은 기준이 필요하다.

첫째, 분석목적을 효과적으로 실현하기 위해서는 분석대상의 분류가 체계화되어야 한다. 분석대상이 무엇인지에 따라 분석 결과의 방향과 깊이도 달라질 수 있기 때문이다.

둘째, 분석대상의 성격이나 환경이 변화하면, 그에 따라 분석대상의 등급도 조정할 수 있어야 한다.

셋째, 분석대상에 적합한 분석 기법을 선택·적용하는 것이 필수적이다.

분석목적이 명확하다면, 원인 분석과 근본 분석은 구분되어야 하며, 이러한 논리 구조가 정립된다면, 분석대상 분류체계는 타당하다고 볼 수 있다.

(2) 분석 대상 분류 기준 정의

분석대상 분류체계를 정당화하기 위해서는, 명확한 분류 기준의 정의가 필요하다. 무엇을 분석할 것인지, 즉 분석대상이 되는 객체가 기준의 출발점이다. 그 기준에 따라 분석대상을 어느 수준까지 세분화할 것인지 결정해야 하며, 분석목적과 기대에 따라 분류체계는 달라질 수 있다. 문제가 발생한 위치에 따라, 근본 객체와 하위 가변체의 정의 역시 유동적으로 조정될 수 있어야 하며, 이에 따라 적절한 분석 기법을 적용하는 원칙이 수립되어야 한다. 기본적으로, 하위 가변체의 변화는 '원인 분석'의 대상이고, 근본 객체는 '근본 분석'의 대상이 되어야 한다.

3. 분석대상 객체의 분류체계

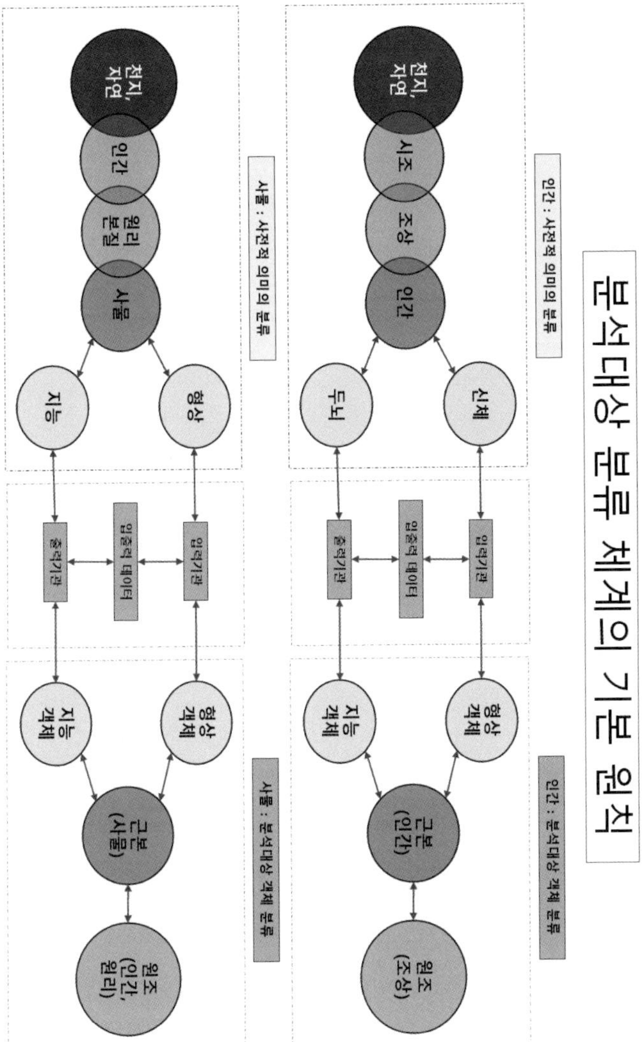

[그림 4-3-1. 분석대상 객체 분류의 기본 원칙]

1) 분석대상 객체 분류체계의 기본 원칙

그림 4-3-1은 인간과 사물을 기준으로, 원초적 분류와 분석 기법적 분류를 비교한 것이다. 분석 기법의 실효성을 확보하려면 먼저 분석대상 객체를 논리적으로 분류하고, 그에 적합한 분석 기법을 적용해야 한다. 따라서 분석을 실행하기 전에 분석대상의 분류는 필수적이다. 문제는, 분석대상을 어떻게 분류해야 타당한가 하는 것이다. 이 고민은 오랜 시간 이어졌으며, 사전적 의미와 동양사상에 대한 탐구를 통해 그림과 같은 기본 원칙을 정리할 수 있었다.

(1) 인간을 기준으로 한 사전적 객체 분류

인간을 중심으로 상·하위 객체를 분류하면 다음과 같다:

- 상위 객체: 조상 → 시조 → 천지(자연, 우주)
- 하위 객체: 신체, 두뇌 → 입출력기관 → 입출력데이터

이러한 사전적 분류는 인간 객체를 최소 7등급으로 나눌 수 있다.

그러나 등급이 복잡할수록 분석 기법 적용이 어려워진다. 분석의 목적은 원인 분석과 근본분석으로 나뉘는데, 사전적 분류만으로는 이 둘을 명확히 구분하기 어렵다는 한계가 있다.

(2) 객체의 3등급 분류 체계의 필요성

보다 실용적인 접근은 객체를 3등급 체계로 분류하는 방식이다. 단순히 하위 객체와 근본 객체만 구분하면, 분석의 참조 기반이 되는 '원조' 객체가 빠지는 문제가 발생한다.

그러나 원조 객체는 근본을 평가하고 미래를 예측하는 데 반드시 필요한 참조 지점이므로, 제외할 수 없다.

객체 3등급 체계를 요약하면,

- 원조 객체: 분석의 참조 기준
- 근본 객체: 근본 분석의 중심 대상
- 하위 객체: 원인 분석 대상

사례: 인간을 기준으로 한 3등급 분류

인간을 근본 객체로 분류하면, 그 하위에는 형상(신체)과 지능(두뇌)이 있고, 상위에는 조상·시조(원조 객체)가 존재한다.

그렇다면 입출력기관과 입출력데이터는 어떻게 되는가? 이들은 하위 객체의 하위에 해당하므로 일반적으로는 분석 대상이 아니라고 볼 수 있다.

그러나 분석 목적에 따라 등급을 재조정할 수 있다. 예를 들어:

- 입출력기관을 근본 분석하려면 이를 근본으로 승격하고, 근본 객체를 원조로 확장하며, 입출력기관을 형성하는 개체들을 하위 가변체로 재분류하면 된다.

■ 최하위 개체인 입출력데이터는 하위 가변체가 없으므로 더 이상 근본 분석의 대상이 될 수 없고, 원인 분석 대상으로 종결된다. 이는 객체 분류 체계의 종착점이다.

(3) 사물을 기준으로 한 논리적 객체 분류

사물을 기준으로 상·하위 객체를 분류하면 다음과 같다:

■ 상위 객체: 사물의 원리 및 본질 → 인간(창조자) → 천지(불변체)

■ 하위 객체: 형상, 지능 → 입출력기관 → 입출력데이터

이 구조 또한 최소 7등급으로 나뉠 수 있으며, 논리적으로는 체계화되었으나, 분석 기법 적용의 난이도가 높다.

(4) 사물을 기준으로 한 분석 대상 객체 분류

사물도 인간과 동일한 방식으로 3등급 체계로 분류할 수 있다. 그림의 오른쪽 구조처럼, 사물 역시 다음과 같이 구분된다.

■ 하위 객체: 형상, 지능
■ 근본 객체: 사물 자체,
■ 원조 객체: 인간 또는 자연, 원리

분석 방식과 기법 적용 또한 인간과 동일한 패턴을 따른다.

2) 분석 객체 분류의 원리 정의

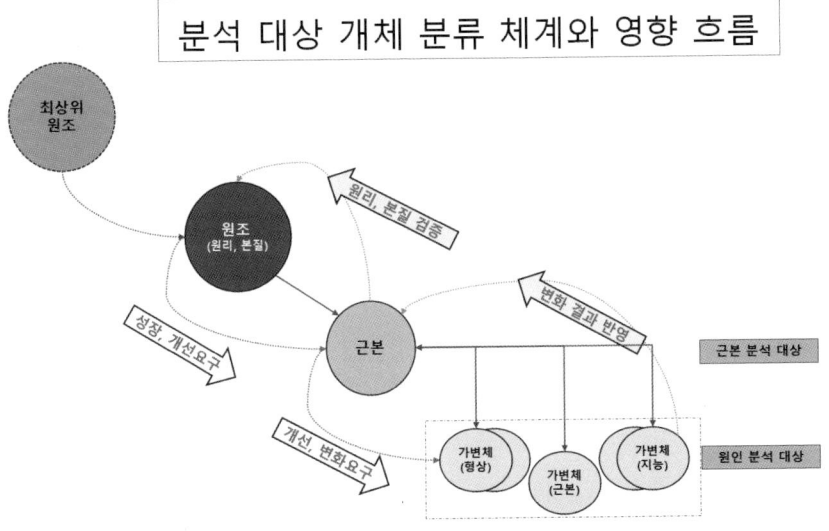

[그림 4-3-2. 분석대상 객체의 분류체계]

그림 4-3-1에서 사물을 분석대상으로 분류하면, 구체적인 객체 구분은 그림 4-3-2와 같이 정리된다.

사물의 탄생 원리를 기능과 분석목적에 따라 해부해보면, 여러 단계로 분류할 수 있지만, 분석 기법이 원인 분석과 근본분석으로 구분되는 점, 그리고 분석 대상의 핵심에 항상 '원조'라는 불변의 존재가 자리하는 점을 고려하면, 3블록 분류 체계가 가장 효과적이라는 결론에 이르게 된다.

(1) 하위 가변체 블록

사물의 하위 가변체에는 형상 객체와 지능 객체가 있다.

- 형상 객체는 사물의 입출력기관으로, 외형과 기능을 담당한다.
- 지능 객체는 형상 객체를 제어하고 조정하는 역할을 한다.

이 두 객체는 모두 근본 객체 아래에 위치하며, 근본 객체의 목적을 실현하기 위해 개선되고 발전하는 대상들이다. 즉, 원인 분석의 대상이다. 하위 가변체는 근본의 진화를 위해 존재하며, 근본 객체의 요구에 따라 변화한다.

(2) 근본 객체 블록

하위 가변체인 형상과 지능이 결합하여 하나의 완성된 사물, 즉 근본 객체를 구성한다.

- 근본 객체는 그 자체로 분석의 중심 대상이며, 하위 가변체를 지휘하고 통솔한다.
- 그 목적은 원조 객체의 이론과 원리를 실현하는 데 있다.
- 따라서, 근본 객체는 근본 분석의 핵심 대상이다.

근본 객체는 상위의 원조 객체로부터 목적과 기준을 부여받으며, 하위 객체의 변화와 성장을 주도한다.

(3) 원조 객체 블록

원조 객체는 사물 탄생의 원리와 본질을 내포한 근본의 상위 존재다.

- 가변체로 출발하여 근본이 되고, 최종적으로 원조로 완성된다.
- 원조는 근본 객체를 생성하고 지도하며, 근본 객체가 하위 가변체를 번식함으로서 체계를 형성한다.
- 원조는 불변체이며, 오류가 없는 한 스스로 유지되고 순환하며 존재한다.

원조 객체는 근본 객체의 운영과 원리를 검증하는 기준이 되며, 하위에 근본 객체가 존재하지 않으면 분석대상이 될 수 없다. 즉, 원조가 되었다는 것은 이미 이론과 원리가 검증된 상태를 의미한다.

(4) 최상위 원조 객체 블록

최상위 원조 객체는 천지, 자연 등과 같은 절대적 불변체에 해당한다.

- 직접적으로 분석에 관여하지는 않지만, 모든 존재의 근원으로 참조 요소가 된다.
- 예를 들어, 인간을 기준으로 보면 시조 상위에 최상위 원조가 존재하며, 인간이 창조한 사물에서도 인간 상위의

존재가 최상위 원조로 자리할 수 있다.

- 이는 분석 체계 내에서는 잠재적 최상위 원조로 분류된다.

(5) 결론: 분석 대상 객체 분류의 기본 원칙

분석대상 객체의 체계는 다음의 3블록 구조로 설정하는 것이 타당하다:

① 원조 객체 - 본질과 이론을 내포한 불변의 참조 기준
② 근본 객체 - 분석의 중심 대상, 원조의 목적을 실현
③ 하위 가변체 - 변화와 개선의 대상, 원인 분석의 핵심

이 3블록 분류는 복잡한 객체 구조를 단순화하면서도 논리적인 분석을 가능하게 하며, 분석 기법 적용의 명확한 기준이 된다.

3) 분석 객체 간 영향 흐름과 블록 간 관계

그림 4-3-2는 분석 객체 간 상호 영향 흐름을 시각적으로 보여준다. 분석대상 객체 분류에서 가장 핵심적인 논리는 블록 간 또는 객체 간에 상응 관계와 인과관계가 성립하느냐 여부다. 이 관계가 성립하지 않으면 해당 객체는 독립된 대상으로 분석해야 하며, 단순한 논리적 분석 기법만으로는 해결할 수 없다.

객체 간 영향 흐름과 분류 원리를 이해하면, 문제 발생의 근원(위치)과 근본 대상의 평가 기준을 명확히 파악할 수 있다. 이

는 원인 분석 대상과 근본 분석 대상의 위치 차이, 나아가 분석 목적의 구분 필요성을 설명해준다.

결론적으로, 분석대상 객체를 원조, 근본, 하위 가변체의 3블록으로 분류하는 개념은 타당하다. 다만, 이 체계에서 고려해야 할 추가 논리가 있다.

4) 분석대상 재구성의 필요성

분석 객체 분류체계에서 근본 객체 하위에 또 다른 근본 객체가 존재할 수는 없다.

그러나 분석 과정에서 하위 가변체를 근본 분석할 필요가 생기는 경우, 기존 분류체계로는 대응이 어렵다. 이때는 분석 대상 객체 분류체계를 하위 가변체를 기준으로 재편해야 한다.

즉, 분석의 시점과 목적에 따라 등급의 기준을 조정할 수 있는 유연한 체계가 필요하다. 이를 해결하기 위한 개념이 바로 '분석 대상 객체 등급 분류체계'이며, 이는 별도의 사례를 통해 설명될 예정이다.

5) 그림 4-3-2에 따른 블록 간 영향 흐름

① 성장과 개선 요구

원조는 자신의 탄생 목적 실현과 지속적인 발전을 위하여, 근본 객체에 끊임없는 성장과 개선을 요구한다.

② 개선과 변화 요구

근본 객체는 원조의 요구를 반영하여 하위 가변체에게 개선과 변화를 지시한다. 이때 근본은 하위 가변체에 문제가 발생했기 때문이 아니라, 자신의 발전을 위해 하위 객체의 변화를 유도한다.

③ 변화의 반영과 결과

하위 가변체의 개선과 변화는 결국 근본 객체의 성능과 발전에 영향을 미친다.

④ 원리와 본질의 검증

근본 객체의 변화와 발전이 원조의 원리와 본질에 부합하는지, 혹은 일탈하는지에 대한 검증은 원조의 역할이다. 즉, 근본의 변화가 바른 방향으로 이뤄졌는지는 원조 분석을 통해 검증되어야 한다. 이와 같은 체계를 통해 분석 대상의 계층 구조와 상호 영향을 명확히 이해할 수 있으며, 분석 기법 적용의 논리적 타당성도 확보된다.

6) 분석대상 객체 분류체계 검증

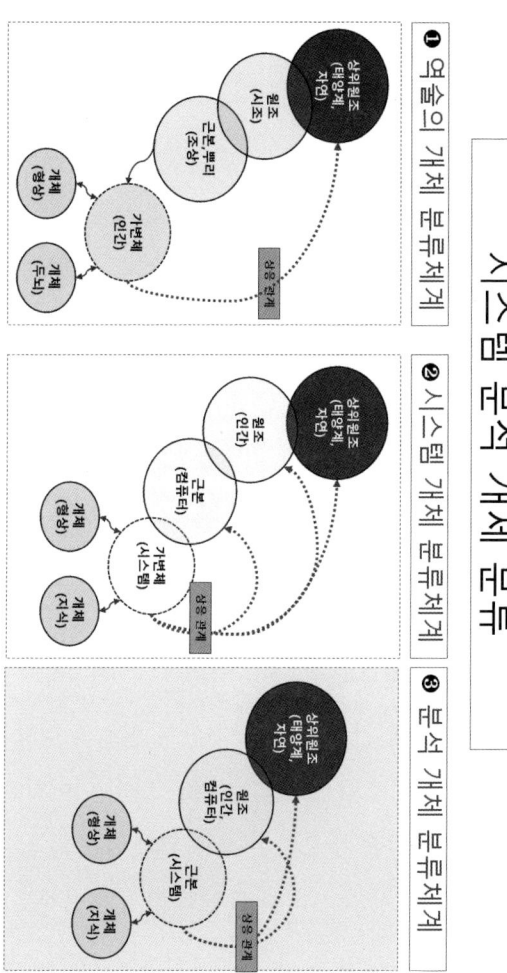

[그림 4-3-3. 컴퓨터 시스템 분석 객체 분류]

그림 4-3-3은 분석대상 객체 분류체계의 타당성을 검증하기 위해 컴퓨터 시스템을 사례로 삼은 것이다.

이를 보다 쉽게 이해하기 위해, 역술에서 인간을 어떻게 분류하는지와 비교하였다. 역술에서는 인간이 왜 가변체에 해당하는지를 설명하며, 시조를 뿌리, 조상을 근본으로 설정하는 논리를 보여준다.

분석 기법 측면에서는, 가변체인 시스템이 어떻게 근본이 될 수 있는지를 따로 구분해 서술하였다. 이 과정을 통해, 역술에서는 가변체가 근본과 분리되어 있으나, 시스템 분석에서는 가변체가 근본과 밀접하게 연결되어 있다는 차이를 확인할 수 있다.

이는 곧, '근본'의 위치와 의미를 명확히 구분하지 못하면 근본 분석 자체가 불가능하다는 사실을 강조한다. 점선 화살표는 분류 객체 간 상응 관계를 나타낸다.

(1) 역술의 객체 분류체계

역술에서는 인간의 변화가 최상위 원조의 영향을 받는다고 본다. 그러나 시조와 조상의 본질을 단지 이어받는 연결 관계일 뿐, 상호 영향을 주고받는 상응 관계로 보지 않는다. 따라서 인간은 시조, 조상과 분리된 독립적 하위 가변체로 분류된다.

이 관점에서 조상이 인간의 상위 위치에 있으므로, 조상이 근본이라는 논리가 성립된다.

(2) 시스템 객체 분류체계

역술의 분류체계를 적용하여 시스템 객체를 분석하면, 시스템(가변체)은 최상위 원조, 원조, 근본과 상응 관계를 형성하고 있다. 이는 단순 연결 관계가 아닌, 긴밀한 영향 관계임을 보여준다. 이때, 시스템의 원조는 인간, 근본은 컴퓨터 원리, 시스템 자체는 가변 객체로 분류된다.

그러나 이 분류에 따라 분석을 시도하면, 근본 분석의 대상이 원조가 되는 문제가 발생한다. 이는 '원조는 분석 대상이 될 수 없는 불변체'라는 기본 원칙에 위배된다. 따라서 시스템 분석에서는 분류체계의 논리적 조정이 필요하다.

(3) 분석 논리 적용을 위한 시스템 분류 재구성

정당한 분석 논리를 구현하기 위해, 시스템 객체 분류체계를 다음과 같이 재구성해야 한다. 앞선 분류에 따르면, 인간은 차상위 원조, 컴퓨터 원리는 근본이다. 하지만 컴퓨터 원리를 근본 분석하는 논리는 역술과 유사한 오류를 내포한다. 따라서 다음과 같은 재정의가 필요하다.

- 컴퓨터 원리는 불변체이므로 원조로 설정한다.
- 인간과 컴퓨터 원리를 통합하여 단일한 원조로 간주할 수도 있다.
- 시스템은 이들의 영향을 받으며 하위 가변체를 지휘하

는 객체로, 근본의 위치에 둔다.

이 재구성을 통해, 시스템은 근본으로서의 논리적 정당성을 갖게 된다.

(4) 시스템이 근본이 되는 근거

인간은 자연과 우주의 섭리에 순응하며, 생존과 번영을 위해 사물과 이론을 창조해왔다. 그 대표적 산물이 컴퓨터 시스템이다.

- 시스템은 인간이 컴퓨터 원리를 창안하고 구현하여 형성한 지능 객체다.
- 여러 하위 가변체의 융합으로 구성되어 있으며, 하위 객체를 지휘하고 통솔한다.
- 분석 논리상, 원조와 하위 가변체 사이의 연결고리 역할을 수행한다.
- 또한, 하위 가변체를 거느리는 존재이므로 근본의 자격을 갖춘다.

이로써 시스템은 분석 대상 3블록 체계(원조-근본-하위 가변체)에 정확히 부합한다.

(5) 역술의 근본과 시스템의 근본 비교

근본이 되기 위해서는 다음 세 가지 조건이 충족되어야 한다.

- 하위 가변체의 변화가 근본에 영향을 줄 것
- 근본의 변화가 상위 원조에 영향을 줄 것
- 근본의 변화가 원조의 원리 및 본질에 부합할 것

시스템은 이 세 가지 모두에 해당되므로 근본으로서 자격이 충분하다.

한편, 역술에서는 조상이 근본이다. 사람이 조상의 본성과 재능을 참조하는데 그치며, 조상 자체를 분석하지는 않는다. 이는 분석이 아니라 미래를 예측하는 기술이다.

- 역술에서 인간은 조상과 연결되어 있으나 상응 관계는 아니다.
- 반면, 컴퓨터 시스템은 객체 간 상호 영향(양방향 흐름)이 명확하다.

따라서, 역술의 분석은 단방향 흐름, 시스템 분석은 삼각 상응 관계의 양방향 흐름을 전제로 한다. 이 차이는 곧, 시스템이 근본이 되는 논리적 근거다.

(6) 역술의 분석 흐름

역술에서 뿌리는 본질의 발원지, 근본은 이를 이어받아 전달하는 매개체로 간주된다. 하지만 인간의 변화는 조상이나 시조에 영향을 주지 않으므로, 인간은 가변 객체로서 존재한다.

- 인간이 근본이 되면 사전적 의미의 '근본'(뿌리)과 충돌

하므로 분석 기법을 적용할 수 없다.

- 뿌리와 근본은 다르지만 같은 원조 그룹에 속한다.

그러나 상응 관계가 없기 때문에, 분석보다는 의술, 역술, 종교적 해석에 의존하는 것이다.

7) 시스템 분석 객체의 분석 영향 흐름

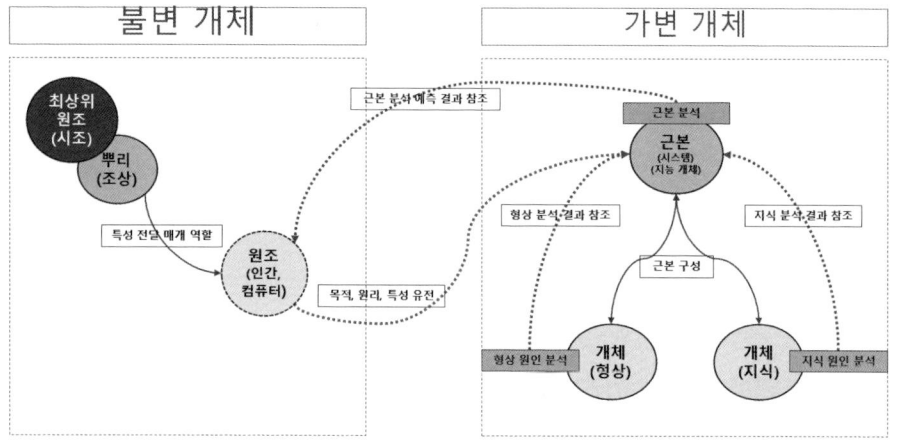

[그림 4-3-4. 시스템 분석 객체의 분석 영향 흐름도]

그림 4-3-4는 그림 4-3-3의 (3)을 기준으로 시스템 분석 객체 간 영향 흐름을 정리한 것이다. 앞서 역술과의 비교를 통해 시스템 객체의 분류와 분석 흐름을 개괄적으로 설명하였다.

이를 바탕으로 컴퓨터 시스템 내 분석 객체의 분류와 그 흐름을 구체적으로 살펴보고자 한다. 분석 기법을 설정할 때, 객체 간 영향 흐름을 명확히 파악하는 것이 매우 중요하다. 흐름이 없거나, 중단되면 분석 자체의 의미가 상실된다고 봐야 한다. 객체 간 상관관계가 성립되지 않는다면, 해당 분석은 기법 간의 연관성도 없다고 판단할 수 있다.

(1) 원조와 근본의 분석 논리

인간은 태양계의 시공간 흐름에 적응하고 삶의 편익을 추구하기 위해 원리와 본질을 창안한 창조자이며, 이로써 '차상위 원조'의 개념에 해당한다. 반면, 컴퓨터는 인간이 창안한 원리를 바탕으로 작동하는 존재로서, 그 자체가 '원조'에 해당한다.

이러한 분석 논리에서 인간과 컴퓨터는 각각의 위치에서 원조 개념으로 통합된다. 시스템은 이러한 원조가 설정한 창안 목적을 실현하기 위해 하위 가변체들의 조합으로 구성된 '근본 가변체'라 할 수 있다.

분석이 필요한 이유는 단순히 가변에 따른 장애를 처리하기 위해서만이 아니라, 궁극적으로는 원조가 추구한 창조 목적이 얼마나 실현되고 있는지를 검증하기 위함이다. 전자는 '원인 분석'의 목적이며, 후자는 '근본 분석'의 이유가 된다.

■ 근본 분석의 목적과 역할

근본 분석이란, 현재의 근본 상태를 평가하고 이를 바탕으로 미래의 기대와 위협을 예측하는 기법이다. 이는 원조의 욕구와 요구에 부합하는지를 판별하고, 그 결과에 따라 하위 가변체의 변화를 유도한다.

더불어 근본의 변화 타당성을 분석하고, 그에 따른 결과를 예측하는 과정이기도 하다. 하위 가변체가 변화하면 근본도 변하고, 근본이 변하면 결국 원조에도 영향을 미치게 된다. 반대로 원조의 욕구가 변화하여 근본의 변화가 강제된다면, 하위 가변체도 필연적으로 변화할 수밖에 없다.

이처럼 근본의 변화와 하위 가변체 간의 매개 관계는 매우 중요하다.

■ 근본 개념의 해석 : 역술 vs 컴퓨터 시스템

역술에서 근본은 과거형의 불변 객체로 간주되지만, 컴퓨터 시스템에서의 근본은 현재형의 가변 객체로 이해된다. 시스템에서 근본 분석이 중요한 이유는, 그것이 단순한 원인 분석과는 차별화된 접근이기 때문이다. 근본 분석은 하위 가변체에서 발생한 문제의 원인을 직접적으로 다루지 않으며, 문제 상황을 참고하되, 그 중심은 근본 자체의 평가와 예측에 있다.

결국 근본 분석은 근본이 원조의 창조 목적에 부합하는지, 그리고 자연의 시공간 흐름에 적절히 조응하는지를 진단함으로써, 시스템의 변화 방향과 새로운 원리를 탐색하는 과정이다.

시스템 원인 분석이 의학적 접근과 유사하다면, 근본 분석은 단순히 역술적 접근과 비교하기에는 그 대상과 영향 관계 모두 차원이 다른, 독립적인 분석 체계라 할 수 있다.

(2) 객체 분류와 분석 흐름 사례

객체 분류와 분석 흐름은 모든 사물 객체에 적용 가능한 보편적인 논리다. 이를 자동차를 예로 들어 살펴보자.

자동차는 '근본'에 해당하며, 그 원리와 본질은 인간의 편익 목적이 바탕이 된다. 그리고 창조자인 인간은 '원조'에 해당한다. 자동차를 구성하는 형상 객체와 지능 객체는 '하위 가변체'로 분류된다.

자동차 분석의 흐름을 살펴보면, 먼저 형상 객체와 지식 객체를 대상으로 원인 분석을 수행하고, 그 결과를 참조하여 근본의 현재 상태를 평가하고 미래의 변화를 예측한다.

이처럼 원조, 근본, 하위 가변체 간의 상응 관계는 시스템 분류 및 분석 흐름과 동일한 구조를 가진다.

근본 분석이란, 근본의 현재 상태를 평가하고 그것이 원조에게 얼마나 유익한지를 판단하며, 앞으로 어떻게 진화되어야 하는지를 진단하는 기술이다.

인간이 창조한 모든 사물 객체를 이러한 구조에 대입해보면, 분석 체계와 분석 흐름, 그리고 결과의 반영 위치와 영향 관계를 명확히 이해할 수 있을 것이다.

기본 논리가 정립된 이후에는, 세부적인 변화나 응용은 분석가의 역할이다. 분석가는 자신의 역량에 따라 이 논리를 다양한 상황에 맞게 유연하게 적용할 수 있을 것이다.

(3) 시스템 원인 분석과 근본 분석의 비교

- 원인 분석의 목적: 문제는 주로 하위 가변체에서 발생한다. 시스템에서 하위 가변체란 하드웨어와 소프트웨어를 의미하며, 이들의 문제를 진단하고 해결하는 것이 원인 분석의 핵심이다.

이러한 분석은 근본의 정상 작동을 돕는 데 기여할 뿐, 근본 자체의 변화와는 직접적인 관련이 없다. 원인 분석은 형체나 지능 객체의 현상 변화를 탐지하고, 그 원인을 파악하여 하위 가변체와 근본의 상태를 정상화하는 데 목적이 있다.

- 근본 분석의 목적: 근본 분석은 현재의 근본 상태를 평가하고, 하위 가변체의 개선이나 추가 가능성을 검토함으로써 근본의 미래 적합성을 진단하는 기법이다.

여기서 말하는 '근본의 미래'란, 근본의 변화가 원조의 창조 목적에 부합하는지를 판단하고, 그 진화 과정을 추적하여 기대 가능한 발전과 잠재적인 위협을 예측하는 것을 의미한다.

따라서 가변체의 장애 상황과 근본 분석은 본질적으로 무관하며, 원인 분석과는 명확히 구분되어야 한다.

근본 분석은 하위 가변체나 근본 자체에 새로운 기능을 추가했을 때, 그것이 근본의 진화에 어떤 영향을 미치는지를 평가하고, 그 변경이 원조에게 얼마나 기여할지를 예측하는 기술이다.

즉, 근본 분석은 현재 근본의 활용가치를 평가하고 미래의 가능성과 비교하여, 근본의 최적화를 추구하는 분석 기법이다.

이 분석의 목적은 단순한 근본의 정상화가 아니라, 원조의 욕구를 충족시키기 위해 새로운 이론과 원리를 발굴하고 이를 구현하는 데 있다.

결국, 분석 결과가 원조의 창조 목적에 부합할 때, 근본 분석은 완성된다. 그러나 그 완성에 도달하기까지, 근본 분석은 반복적으로 수행되어야 한다.

(4) 시스템 변화의 검증과 반응
  ① 근본을 분석할 때 원조의 원리, 특성, 목적이 참조되어

야 한다.

② 근본을 평가할 때 원조가 만족할 것인지 평가해야 한다.

③ 원조는 이미 검증되었기 때문에 불변체이고, 근본은 원조의 원리, 특성을 최대한 수용하고 순응하는 근본 객체이므로 가변체이다.

④ 원리 변경의 타당성, 가능성을 분석해야 한다.

⑤ 원조는 불변체이므로 분석대상에서 제외되는데 근본의 변화 필요성에 원조의 변화가 대두될 수도 있다. 이때 원조의 분석은 신중해야 한다.

⑥ 근본의 변화는 인간에게 영향을 주고, 어떤 근본은 최상위 원조에도 영향을 주므로 분석 결과에 대한 반응에 신중할 필요가 있다.

⑦ 근본의 평가는 태양계의 미래 시공간 흐름에 대한 적응도 판단해야 한다.

(5) 분석대상 객체의 분류체계 논리 정리

■ 분석 논리 탐구의 동기와 배경: 꼬미와 스미꼬의 문제를 해결하기 위해 분석 논리에 관한 자료를 탐구하였으나, '근본'이라는 개념을 명확히 이해하는 데에는 어려움이 있었다. 이에 근본의 의미를 보다 깊이 있게 파악하고자 『주역』과 『명리학』을 참고하여 탐구하였고, 분석 기법에 사용되는 주요 용어들의 사전적 의미도 함께 정리하였다.

■ 탐구 결과의 정립과 분석 논리의 기본 원리: 이러한 탐구와 직접적인 체험을 바탕으로 원인 분석과 근본 분석의 논리 체계를 정립하게 되었다. 분석 논리의 기본은 분석대상 객체를 분석목적에 따라 적절히 분류하는 데 있으며, 이는 분석의 출발점이 된다.

■ 원인 분석과 근본 분석의 차이: 원인 분석은 가변체에서 발생한 문제의 원인과 결과를 진단하고, 그 사이의 인과관계와 상응 관계를 파악하는 기법이다.

반면, 근본 분석은 근본의 현재 상태를 평가하고, 그 미래 방향성과 가능성을 예측하는 데 중점을 둔다.

■ 불변체로서의 원조와 분석의 주의점: 또한, '원조'는 불변체로 간주되며, 이에 대한 분석은 특히 신중하게 접근해야 함을 강조하였다. 이러한 분석 논리에 따라, 원인 분석과 근본 분석은 명확히 구분되어야 하며, 각각의 개념과 목적 또한 분명히 차별화되어야 한다.

4. 분석대상 객체의 등급 체계 논리

1) 분석대상 객체의 등급체계 정의

분석대상 객체를 분류하고, 등급체계를 3블록으로 구분하여 정의했다.

등급체계 혼란을 예방하기 위해 3블록 표준안을 제시했다. 근본적으로 분석대상을 분류하면 5~7블록으로 구분되나 원인 분석 대상, 근본 분석대상 그리고 근본을 평가하고 예측에 필요한 원조의 탄생이 기본적으로 있어야 하므로 분석대상 객체 분류는 원조로부터 시작하여 3등급으로 분류하는 것이 타당하다. 상위 원조들은 근본에 직접 영향을 주기보다 참조 요소이므로 객체로 분류하지만 직접 분석대상에서 제외하는 것이 합당하다.

(1) 최상위 원조

원조는 근본 탄생의 근원이자 원리, 본질에 해당하는 객체다. 하위 근본이 원조로 승격하면 원조는 상위 원조로 승격한다는 패턴이다. 논리에 따르면 태양계, 천지는 최상위 원조로 분류한다.

(2) 차상위 원조

사물 탄생의 원리와 목적, 그리고 인간이 원조가 되고, 하위 객체가 원조로 완성되면 원조였던 원리, 인간은 차상위 원조로 승격한다.

(3) 원조

근본에 영향을 주는 바로 상위 객체가 원조다. 상위 원조들은 순차적으로 승급하여 차상위, 최상위 원조가 된다는 논리다. 모든 원조는 불변 객체로 존재한다. 불변 객체란 원리, 본질의 변화가 없는 객체로 검증된 객체를 말한다.

원조는 불변체로 자전하며, 순환, 반복 운행하는 규칙을 가지고 있다. 분석 대상은 근본과 하위 가변체로 제한되므로 최상위, 차상위 원조는 분석의 참조 요소 또는 근본 분석의 평가 요소가 될 뿐이다.

(4) 근본

근본은 가변체에서 가장 상위 객체를 말한다. 근본은 근본의 현재를 평가하고, 미래를 예측하기 위한 근본 분석 목적의 핵심 가변 객체다. 근본은 원조를 중심으로 공전하면서 원조의 영향을 받는다. 근본은 자전으로 순항하며 원조의 목적을 실현하는 가변체로 원조의 영향권에서 벗어나면 근본 분석대상이 될 수 없다.

(5) 하위 가변체

근본을 형성하는 객체 집단이다. 원인 분석 대상이 되는 객체다. 하위 가변체를 구성하는 최하위 가변체가 있다. 하위 가변체를 근본 분석하려면 하위 가변체를 근본으로 등급체계를 다시 분류해야 한다.

2) 객체의 등급체계 논리

(1) 객체 등급체계의 개요

일반적으로 '원조'는 학문 객체를 기원으로 한다. 학문 객체는 원조로 완성되기 전까지는 '학문 가변체'로 존재한다. 학문 객체의 원리와 본질을 실현하고자 구체적인 객체를 만들어낼 때, 그 객체는 하위 가변체로 분류된다.

이 하위 가변체가 성장하고 변화하면서 최하위 가변체를 조직하고 거느리며, 그 결과가 입증되면 학문 객체는 '원조'로 완성된다. 동시에 하위 가변체는 '근본'으로, 최하위 가변체는 '하위 가변체'로 각각 승격된다. 이러한 흐름이 바로 객체의 등급체계 논리이다.

(2) 등급 간 순환 구조와 보편성

이때 승격된 하위 가변체는 다시 새로운 최하위 가변체를 거느릴 수 있다. 학문 객체가 원조로 완성되면 독립적인 지위를 가지며, '원조'라는 명칭을 부여받는다.

이러한 객체 등급체계 논리는 모든 분석 대상에 공통적으로 적용되는 패턴이다. 객체의 존속 구조는 '원조-근본'이라는 중심축으로 이어지며, '근본-하위 가변체' 간에는 상응 관계가 형성된다. 이와 같이 연결된 객체들은 순환과 반복의 규칙에 따라 보존된다.

(3) 원조의 조건과 한계

원조가 없는 사물은 존재할 수 없다. 원조로 완성되기 전 단계에 있는 객체는 단지 가변체일 뿐이며, 원조가 될 수 없다. 그들은 근본이나 하위 가변체로서만 존재하게 되며, 실질적인 활용이나 상용화로 이어지지 못한 발명 또는 무용지물 객체가 이에 해당한다.

근본은 원조의 영향을 받는 하위 객체이므로, 원조와는 성격이 명확히 구분된다. 원조가 분석대상에서 제외되는 이유는, 그 탄생부터 자전과 유지까지 문제없이 기능함이 이미 입증되었기 때문이다.

(4) 원조와 하위 객체의 존재 조건

또한 원조는 스스로 존재하지 않고 반드시 하위 근본 객체를 지니고 있다. 지구의 관점에서 보면, 천지와 자연이 최상위 원조로 정의된다. 이 최상위 원조는 순환과 반복의 규칙을 갖는 만고불변의 객체, 즉 불변체다.

지구는 이러한 최상위 원조를 중심으로 공전하고 자전하며, 환경과 주기 변화를 지구 내의 근본 객체들에게 전달하는 역할을 한다. 지구 역시 원조 또는 근본의 자격이 있으나, 직접적으로 하위 근본에 영향을 주는 주체가 아니라, 최상위 원조의 영향을 중계하는 '매개체'이기 때문에 독립된 원조로 보기는 어렵다.

(5) 명리학적 해석과 지구의 위상

따라서 지구는 '최상위 원조 그룹에 통합된 원조'로 인식된다. 명리학에서도 지구 자체를 역술 분석의 원조로 다루는 흔적은 찾을 수 없다. 오히려 분석 결과를 지구에 투영하거나 대입하는 방식이 일반적이다.

이는 지구가 독립된 원조로 간주되지 않는 이유를 방증한다.

3) 분석 객체의 등급체계 도식

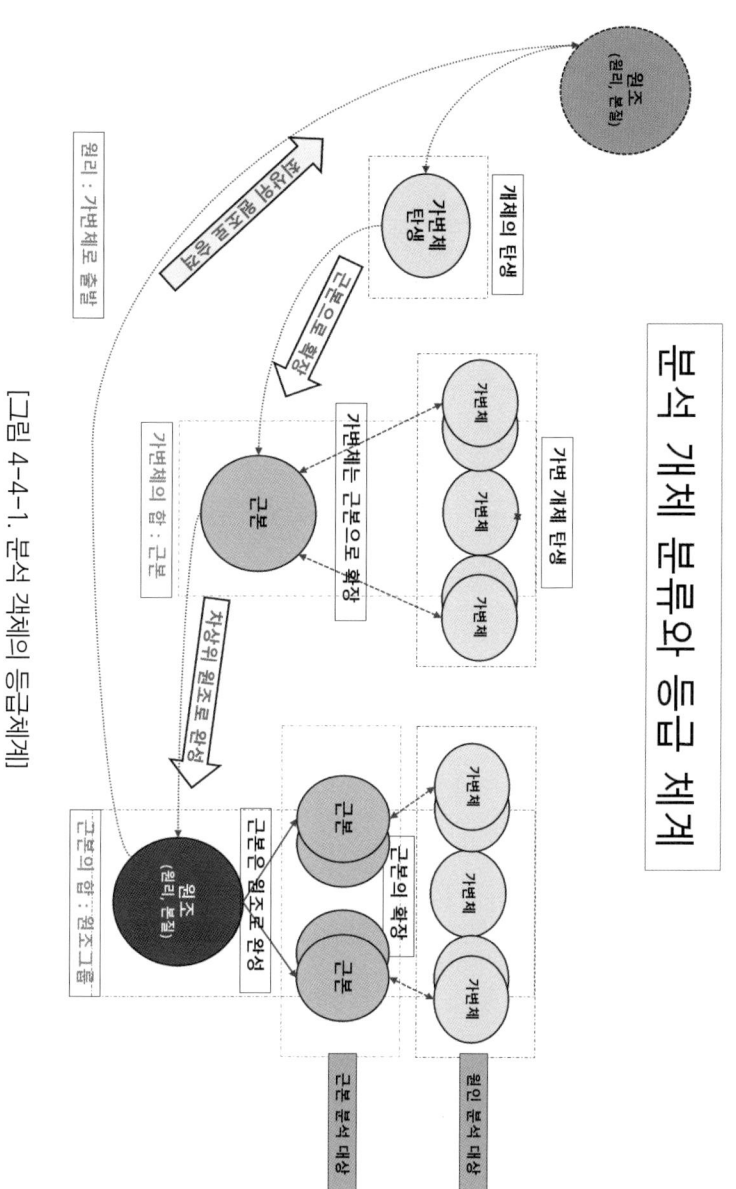

[그림 4-4-1. 분석 객체의 등급체계]

그림 4-4-1은 분석 기법을 상황에 맞게 적절히 적용하기 위해 분석 객체를 분류하고, 각 객체의 개념을 정리한 것이다.

원조를 제외한 모든 가변 객체는 시간이 흐름에 따라 성장하고 변화한다. 이러한 변화는 객체의 분류 기준에도 영향을 주며, 이를 '등급체계의 변화'라고 표현한다.

(1) 원조의 탄생

인간의 욕망과 욕구는 끝이 없다. 따라서 새로운 이론과 원리가 창조될 가능성은 언제나 열려 있다. 인간은 이러한 이론과 원리를 바탕으로 근본 객체를 창조하고, 이를 통해 자신의 욕구를 충족시키려 한다.

이론과 원리를 구체화하고 실현하고자 할 때, 그 시작은 가변 객체에서 비롯되며, 이 흐름을 따라 '원조'가 탄생하게 된다. 즉, 이론과 원리가 가변 객체를 통해 실현되고, 그 가변 객체가 근본으로 자리매김하면, 해당 이론과 원리는 원조로서 완성되는 것이다. 근본 객체는 이후 하위 가변체가 존재할 수 있는 기반이 되며, 분석 체계 내에서 중요한 축을 형성하게 된다.

(2) 근본의 탄생, 성장과 변화

초기의 가변 객체는 일종의 '시험용'이라 볼 수 있다. 가변 객체는 원조의 목적을 실현하기 위해 하위 가변체를 창조하며,

기존 가변 객체를 기반으로 융합과 복합을 통해 새로운 가변 객체를 만들어낸다. 이렇게 탄생한 새로운 가변 객체는 근본으로 확장되고, 원래 근본이었던 이론과 원리의 객체는 '원조'로 완성된다.

근본은 원조의 본질을 훼손하지 않고, 그 본질을 바탕으로 개선·발전해 나간다.

이것이 곧 근본의 확장이다.

(3) 하위 가변체의 탄생, 성장과 변화

근본의 목적을 달성하고 이를 최적화하기 위해 하위 가변체가 탄생한다.

하위 가변체는 독립적으로 작동할 수 있지만, 대부분은 근본의 하위에 소속된다. 만약 하위 가변체가 독립적으로 운행된다면, 그것은 새로운 근본으로 간주되며, 객체 분류 체계도 달라진다.

즉, 무엇이 원조이고, 무엇이 하위 가변체인지 명확히 구분하여 객체의 등급을 나누는 것이 중요하다. 하위 가변체는 근본의 목적을 충족하기 위해 끊임없이 성장하고 변화하며, 더 나아가 근본에 새로운 가변체가 추가되는 흐름을 유도하게 된다.

(4) 원인 분석과 근본 분석의 차별화

근본과 하위 가변체의 성장과 변화는 서로 다른 흐름 속에서 전개된다. 객체의 탄생, 성장, 변화, 검증의 목적에 따라 분석 기법 또한 달라져야 한다.

원인 분석이 필요한 이유는 명확하다. 문제는 대부분 하위 가변체에서 발생하므로, 이들이 원인 분석의 주된 대상이다. 근본은 하위 가변체의 문제 발생과 직접적인 관련은 없으며, 다만 하위 가변체가 정상적으로 기능하는지를 주시한다.

근본의 역할은 원조의 창조 목적을 최대한 실현하기 위해 하위 가변체의 추가, 개선, 진화를 유도하는 데 있다. 이 과정에서 근본의 현재 상태를 평가하고, 하위 가변체의 변화로 인해 근본이 변했을 경우, 그 변화가 원조에 어떤 영향을 미치는지 예측하는 것이 중요하다.

이러한 평가와 예측의 기술이 바로 근본 분석이며, 이는 하위 가변체의 문제 해결을 중심으로 하는 원인 분석과는 명확히 구분된다.

4) 시스템 객체의 분류와 등급체계

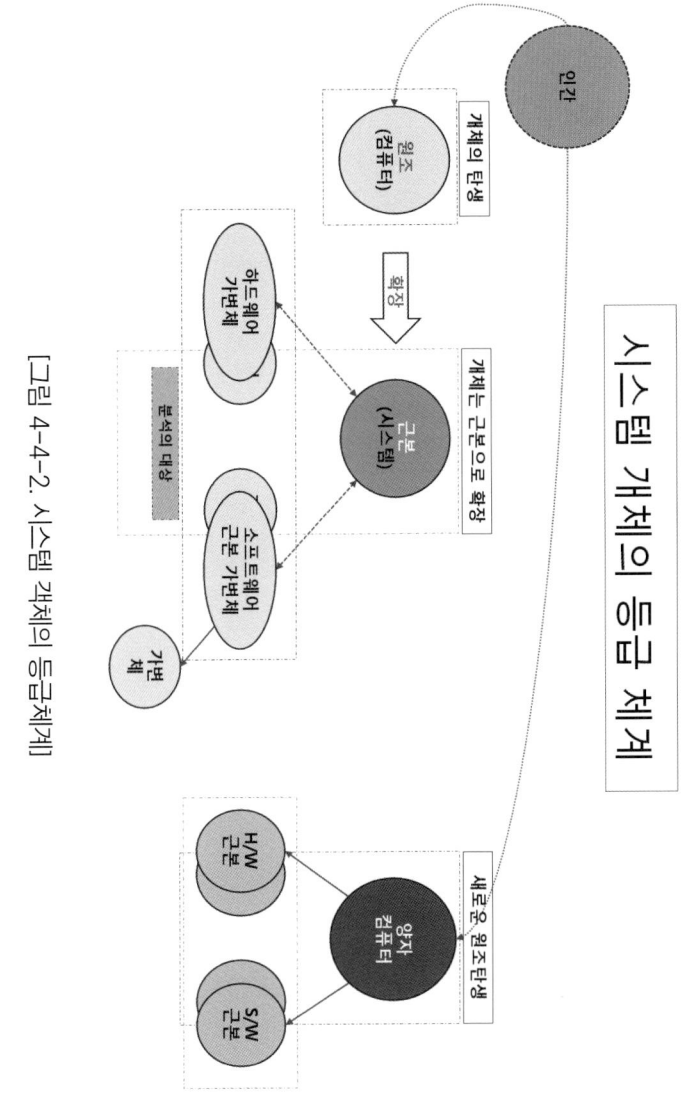

[그림 4-4-2. 시스템 객체의 등급체계]

그림 4-4-2는 컴퓨터 시스템을 분석 대상으로 삼아 객체의 분류와 등급 체계를 묘사한 것이다.

앞서 제시한 객체 등급 체계의 논리를 실제 사례에 적용하여 검증하고자 하였으며, 이 사례로 컴퓨터 시스템 객체를 선택하였다. 시스템을 분석하기 위해서는 제반 객체들이 어떻게 구성되어 있으며, 서로 어떤 상관관계를 맺고 있는지를 비교하고 검토해야 한다.

시스템 객체 체계를 별도로 설명하는 이유는, 이 체계가 일반 사물이나 원리 객체보다 더 복잡한 융복합 가변체로 이루어져 있기 때문이다. 컴퓨터 원조 그룹은 다양한 근본 객체들과 얽혀 있으며, 특히 외부 원조 그룹과 연결될 경우 등급 체계는 4블록 이상으로 확장될 수 있다. 따라서 결론적으로는 기존의 3블록 등급 체계를 유지할 수 있는지 검증이 필요하다.

(1) 원조의 탄생 : 컴퓨터 원리

과거 인간은 노동집약적 활동에서 벗어나고 삶의 편의를 추구하기 위해 음양 원리에 기반한 이진법이라는 이론과 원리를 창안하였다.

최초의 창안 목적은 계산 기능의 구현이었으며, 이로부터 전자계산기라는 가변 객체가 등장하였다. 이 가변 객체가 현실화됨에 따라 컴퓨터는 근본 객체로 자리잡게 되었고, 이후 시스템이 컴퓨터의 하위에 위치하며 근본으로 확장되면서, 컴퓨터 원리는 원조로 완성되었다.

이처럼 컴퓨터를 창조한 인간이 본래 원조였으나, 컴퓨터 원리가 원조의 위치를 차지함으로써 인간은 차상위 원조로 전환된다. 분석 기법에서는 이 둘을 통합하여 하나의 원조로 분류한다.

(2) 근본의 탄생, 성장과 변화 : 시스템

최초의 원리를 실현하기 위해 생성된 초기 가변 객체는 일종의 실험용 시제품이었다. 이 가변 객체는 원조의 목적 실현을 위해 하위 가변체의 존재를 필요로 하며, 하위 가변체를 융복합하여 새로운 가변 객체를 창조한다.

이러한 과정을 통해 탄생한 객체가 시스템이며, 이것이 근본으로 확장되는 것이다. 이와 동시에 컴퓨터 원리 객체는 원조로 확정된다.

(3) 하위 가변체의 탄생, 성장과 변화 : 하드웨어와 소프트웨어

근본의 목적 달성과 최적화된 진화를 위해 하위 가변체가 등장한다. 하드웨어와 소프트웨어가 대표적인 예이다. 하드웨어는 단독 운용이 가능하지만, 소프트웨어는 반드시 근본 아래에서 존재한다.

만약 하위 가변체가 독립적으로 운용될 경우, 분류 체계 자

체가 달라지며, 예컨대 하드웨어가 근본이 될 수 있다. 이 경우 원조와 하위 가변체의 재정의가 필요하다. 하위 가변체는 근본의 목적을 달성하기 위해 끊임없이 성장하고 변화하며, 새로운 가변체의 탄생도 이끈다.

(4) 원인 분석과 근본 분석의 차별화

이 부분은 앞서 설명한 논리와 동일하며, 분석의 범위와 대상, 목적에 따라 구분되어야 한다.

(5) 분석 객체 분류 등급 조정

컴퓨터 객체가 원조로 완성된다면, 인간은 차상위 원조가 되고, 천지는 최상위 원조가 된다.

이때 분류 등급은 총 5블록이 되지만, 분석 혼란을 피하기 위해 최상위 원조는 생략하고, 차상위 원조와 원조는 통합하여 하나의 원조로 분류한다. 이는 이론과 창안자가 유기적으로 연결되어 있기 때문이다.

이로써 '원조 - 근본 - 하위 가변체'의 3블록 분류 체계를 유지할 수 있다. 이 3블록 분류는 분석 대상 객체의 구분을 명확히 하고, 분석 기법 적용의 혼란을 줄이기 위한 가장 합리적인 체계이다. 이를 넘어서 4블록 이상으로 분류할 경우, 오히려 분석의 혼란만 증가시킬 수 있다.

(6) 다른 원조와 융합한 시스템의 등급체계 변화 : 자동차 사례

등급체계 변화를 보다 쉽게 이해하기 위해 자동차 사례를 예로 들 수 있다.

자동차는 자동차 그룹에 속한 근본 객체이며, 자체적으로 3블록 등급 체계를 가진다. 컴퓨터 그룹도 마찬가지다. 두 그룹이 융합되면 최소 6블록이 되고, 이는 분석을 복잡하게 만든다.

이를 해결하기 위해 등급 체계를 조정해야 한다. 자동차 근본을 분석할 때, 시스템 근본 분석 프로그램이 사용되며, 이때 시스템은 상위 원조가 되고, 분석 프로그램은 원조와 근본 사이의 매개체로서 뿌리 역할을 한다.

자동차 자체는 근본이 되며, 그 형상과 지능 객체는 하위 가변체로 분류된다. 이들 하위 가변체의 변화가 분석 모델의 입력 데이터가 되는 것이다.

(7) 새로운 원조 탄생 : 양자컴퓨터 등급체계 사례

그림 4-4-2에서 주목할 점은 기존 컴퓨터 원조와는 다른 새로운 원조의 등장이다. 만약 원조 그룹 내에 원조가 중복되면 등급체계는 어떻게 될까? 원조는 불변체이므로 분석대상이 될 수 없다. 근본 분석은 근본의 현재를 평가하고 미래를 예측하는 기법이며, 이 과정에서 간접적으로 원조의 개선 필요성이 제기될 수 있다.

- 근본 분석에서 원조 평가 기준: 시스템을 근본 분석할 때, 그 결과는 원조의 원리에 얼마나 부합하는지를 평가하는 것이다. 여기서 처리속도는 주요 검증 기준이 된다. 컴퓨터 그룹의 기존원리는 2진법(비트)이지만, 양자컴퓨터는 큐비트 기반의 새로운 원리를 따른다. 이는 새로운 원조의 탄생으로 간주할 수 있다.
- 양자컴퓨터의 원조 지위에 대한 해석

그러나 양자컴퓨터가 완전히 독립된 새로운 원조 그룹으로 분리될 수 있는지에 대해서는 논란의 여지가 있다. 양자컴퓨터 역시 기존 컴퓨터 원리(음양 이진 원리)의 연장선에 있기 때문이다.

분석 등급체계 측면에서 보면, 양자컴퓨터를 기존 컴퓨터 원조와 통합하는 것이 타당하다. 이는 인간과 컴퓨터를 하나의 원조로 통합했던 논리와 동일하다. 굳이 분리하자면, 컴퓨터는 상위 원조, 양자컴퓨터는 하위 원조로 구분할 수 있을 것이다.

요약하자면, 근본 분석은 단지 시스템에 국한되지 않으며, 불변체인 원조가 존재하는 모든 그룹 내 객체들이 분석대상이 될 수 있음을 이해해야 한다.

5. 분석대상 객체의 등급체계 사례별 검증

1) 인간 분석 객체 등급 분류

객체 등급	대상 객체	객체 성격	분석 기법	분석 목적
최상위 원조	천지, 자연	불변 객체	분석 제외	분석 참조 요소
차상위 원조	시조(뿌리)	불변 객체	분석 제외	분석 참조 요소
원조, 매개체	조상	불변 객체	분석 제외	분석 참조 요소
근본	인간	가변객체	근본 분석	근본 평가, 예측
하위 가변체	신체	가변 객체	원인 분석	하위 가변체 정상화
	두뇌			

[표 4-5-1. 인간 객체 등급체계]

사전적 의미에서 "근본"을 조상으로 정의한 것과, 분석 기법에서 "근본" 다루는 방식에는 차이가 있다. 분석 기법을 통해 인간을 평가하고 미래를 예측하려면, 분석의 중심은 '인간'이어야 하며 인간이 곧 근본이 된다.

■ 인간 중심 분석 등급 체계: 표 4-5-1과 그림 4-5-1은 인간을 근본으로 설정하고 이를 기준으로 등급 체계를 정리한 것이다. 인간 근본의 기원은 '시조(始祖)'이며, 시조는 차상위 원조에 해당한다. 그 아래의 개념이 바로 조상이다. 조상은 시조와 인간 사이의 매개체로, 전통적인 역술에서

는 조상을 근본으로 보았으나, 분석 기법에서는 시조가 근본이 아닌 원조로 정의된다.

■ 인간이 근본이 되는 논리적 근거: 즉, 인간을 기준으로 볼 때, 상위에는 원조(조상)가 있고, 하위에는 가변적 속성인 신체와 두뇌가 존재하므로, 인간이 근본이 된다는 논리가 성립한다. 원조는 불변체로서 일반적으로 분석대상이 아니기 때문에, 분석 구조 내에서는 조상을 원조로 승격시킨다. 인간은 근본으로서 원조의 본질을 이어받으며, 생로병사의 과정을 겪는 가변 객체로 기능한다.

■ 인간 근본의 기능과 하위 가변체: 근본은 현재를 평가하고 미래를 예측하는 핵심 가변체다. 따라서 분석의 중심이 되는 '근본'은 곧 인간이다. 인간이 근본이 되기 위해서는 하위 가변체가 존재해야 하며, 신체와 두뇌는 인간 형성의 하위 가변체이자 문제 발생의 근원이다. 이는 원인 분석의 핵심 대상이기도 하다.

■ 분석의 목적과 흐름: 분석의 목적과 결과는 하위 가변체의 정상화와 상위 근본의 조화를 이루는 것이다.

이러한 과정은 의학적 원인 분석 기법에도 해당된다. 이때, 근본 객체의 위치와 하위 가변체의 위치가 다르다는 점을 명확히 인식해야 한다. 그림에서 ④는 근본과 하위 가변체의 역할 및 분석 흐름을 설명하기 위한 보조 표현이며, 직접적인 분석대상은 아니다.

- 입출력 구조와 분석 연계: 또한, 인간 근본은 입력기관과 출력기관을 가지고 있으며, 이는 각각 신체와 두뇌에 해당한다. 입력기관을 통해 천지와 자연으로부터 인지된 정보는 성장과 함께 변화하며 두뇌와 상호작용한다. 근본의 의지에 따라 표현이나 행동이 요구될 때, 출력기관에 명령이 전달되며 이를 통해 외부에 표현되고 행동으로 나타난다.

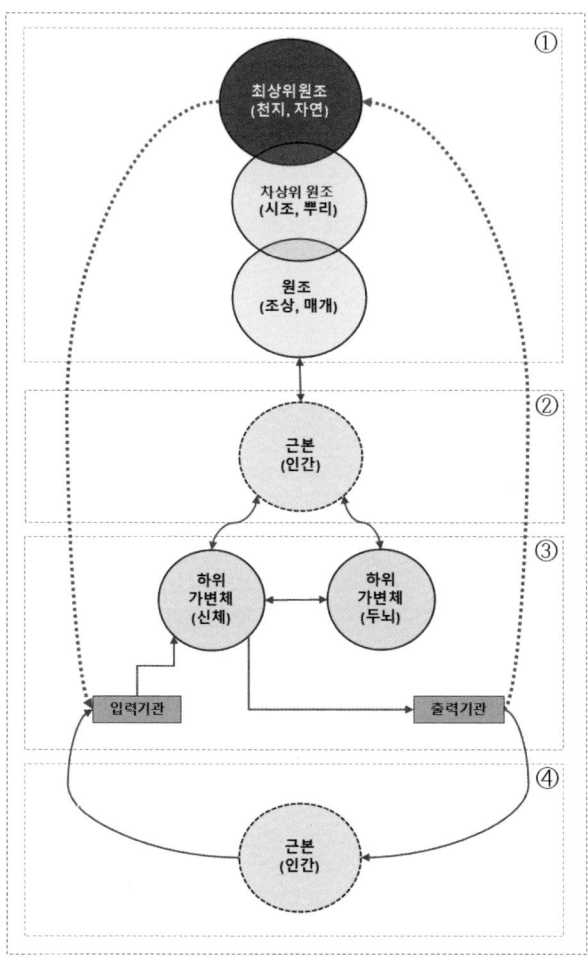

[그림 4-5-1. 인간 객체 등급체계]

- 표의 객체 분류는 최상위 원조, 차상위 원조, 원조, 근본, 객체 5블록으로 구분하고, 그림은 4블록으로 보이나, ④는 분석대상이 아니므로 3블록이 맞다.
- 분석대상을 설명하기 위하여 번호를 붙여놓았다.

2) 컴퓨터 시스템 분석 객체 등급 분류

객체 등급	대상 객체	객체 성격	분석 기법	분석 목적
최상위 원조	천지, 자연	불변 객체	분석 제외	
차상위 원조	인간	불변 객체	사용자 분석	사용 오류
원조, 매개체	컴퓨터 원리	불변 객체	원리 분석	원리 개선
근본	컴퓨터 시스템	가변 객체	근본 분석	근본 평가, 예측
하위 가변체	하드웨어	가변객체	원인 분석	하위 가변체 정상화
	소프트웨어			

[표 4-5-2. 컴퓨터 시스템 객체 등급체계]

표 4-5-2는 컴퓨터 시스템을 대상으로 분석 객체를 분류한 것이다. 이 표에서는 근본의 탄생, 성장, 변화에 직접 영향을 주는 객체는 아니지만, 차상위 원조에 영향을 미치는 존재로서 천지와 자연을 최상위 원조로 설정하였다.

근본의 탄생 기원이 인간인 점을 고려할 때, 인간은 컴퓨터 시스템의 차상위 원조 등급에 해당한다. 근본의 상위 객체 개념은 원조의 탄생 원리와 본질이다.

컴퓨터 시스템의 원리와 본질은 곧 '원조(뿌리)'가 되며, 이는 근본과 차상위 원조 사이의 매개체로 기능한다. 이러한 원조들은 불변 객체로서 일반적으로는 분석대상이 아니지만, 근본 분석의 평가 대상에는 포함될 수 있다. 시스템을 분석대상으로 삼기 위해, 분석 목적에 맞춰 분석 대상들을 분류 체계 논리에 따라 등급화한 것이 이 표의 구조이다.

이 맥락에서 '근본'은 원조의 원리와 본질을 실현한 가변 객체이며, 시스템은 성장하고 변화하며 진화하는 특성을 가진다. 즉, 시스템은 현재를 평가하고 미래를 예측할 수 있는 핵심 가변체로서 근본 분석의 대상이 되는 것이다.

시스템이 근본이 되기 위해서는 하위 가변체가 존재해야 한다. 컴퓨터 시스템의 하위 가변체는 '형상'과 '지능'으로, 각각 하드웨어와 소프트웨어에 해당한다. 이들은 문제 발생의 근원이자 원인 분석의 핵심 대상이다.

분석의 목적과 결과는 시스템 자체와 상위 근본의 정상화를 달성하는 데 있다.

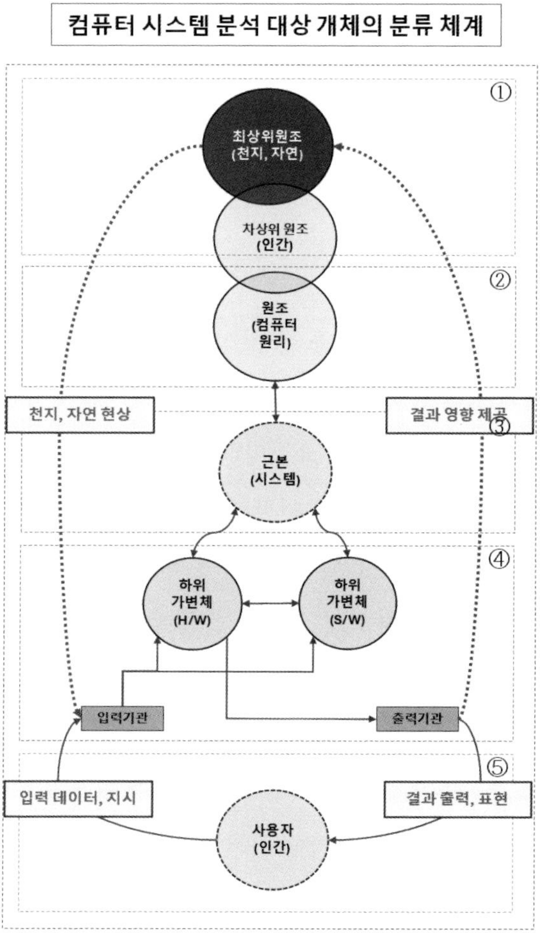

컴퓨터 시스템 분석 대상 개체의 분류 체계

① 최상위원조 (천지, 자연)
차상위 원조 (인간)
② 원조 (컴퓨터 원리)
천지, 자연 현상 / 결과 영향 제공
③ 근본 (시스템)
④ 하위 가변체 (H/W) ↔ 하위 가변체 (S/W)
입력기관 / 출력기관
⑤ 입력 데이터, 지시 / 결과 출력, 표현
사용자 (인간)

[그림 4-5-2. 컴퓨터 시스템 객체 등급체계]

- 인간 분석 객체 등급과 유사하다.
- 단지, 대상 객체, 적용 대상 분석 기법, 분석 목적만 차이가 있다.

- 표의 객체 분류는 최상위 원조, 차상위 원조, 원조, 근본, 객체 5 블록으로 구분하고 있다.
- ①과 ⑤는 분석대상이 아니므로 3블록 등급체계가 마땅하다.
- ①의 인간과 ②의 컴퓨터 원리는 통합되어 하나의 원조로 취급한다.

　그림 4-5-2에 나타난 ⑤는 분석 객체의 분류와는 직접적인 관련이 없으며, 근본과 하위 가변체의 역할 및 분석 흐름을 설명하기 위해 추가된 보조 요소이다.

　컴퓨터 시스템의 근본은 인간과 마찬가지로 입력기관과 출력기관을 보유하고 있다. 입력기관을 통해 천지와 자연 또는 인간으로부터 인지된 정보, 그리고 시스템이 성장하면서 변화하는 정보를 하드웨어를 통해 소프트웨어와 공유한다.

　사용자의 의지에 따라 표현이나 행동이 필요할 경우, 입력기관을 통해 명령이 내려지고 출력기관을 통해 외부로 표현되거나 행동이 실행된다. 이러한 근본의 표현과 행동은 다시 인간(사용자)을 매개로 하여 천지와 자연에 영향을 미칠 수 있다.

3) 사물(자동차) 분석 객체 등급 분류

객체 등급	대상 객체	객체 성격	분석 기법	분석 목적
최상위 원조	천지, 자연	불변 객체	분석 제외	
차상위 원조	인간	불변 객체	사용자 분석	사용 오류
원조, 매개체	자동차 원리	불변 객체	원리 분석	원리 개선
근본	자동차	가변 객체	근본 분석	근본 평가, 예측
하위 가변체	형상	가변 객체	원인 분석	하위 가변체 정상화
	지능			

[표 4-5-3. 사물 객체 등급]

표 4-5-3은 사물을 대상으로 분석 객체를 분류한 것이다. 사물은 근본의 탄생, 성장, 변화에 직접적인 영향을 주는 객체는 아니지만, 차상위 원조인 인간에게 영향을 미치므로, 천지와 자연이 최상위 원조로 설정된다. 근본의 기원이 인간인 점에서, 인간은 차상위 원조 등급에 해당한다.

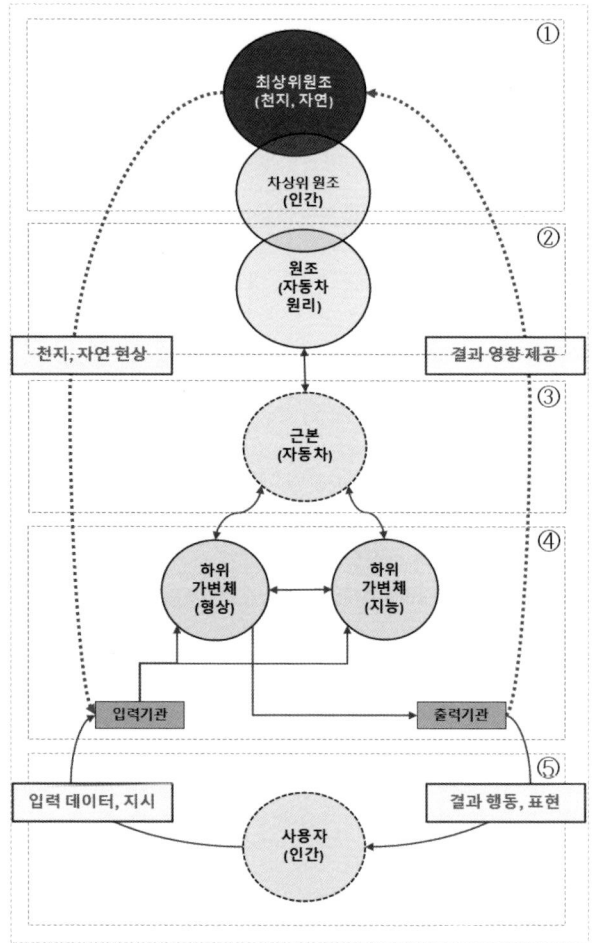

[그림 4-5-3. 사물 객체 등급체계]

- 표의 객체 분류는 최상위 원조, 차상위 원조, 원조, 근본, 객체 5 블록으로 구분하고, 그림도 5블록으로 보이나, ①과 ⑤는 분석 대상이 아니므로 3블록 등급체계가 마땅하다.
- ①의 인간과 ②의 자동차 원리는 통합되어 하나의 원조로 취급한다.
- 컴퓨터 시스템 분석 객체 등급과 같다. 단지, 대상 객체만 다를 뿐이다.

 그림 4-5-3을 통해 객체의 등급체계와 영향 흐름을 한눈에 파악할 수 있다. 근본의 상위 객체 개념은 곧 원조의 탄생 원리와 본질이다.

 자동차를 예로 들면, 자동차의 원리와 본질이 원조에 해당한다. 이 원리는 상위 원조와 근본 사이의 매개체(뿌리) 역할을 하므로 '원조'로 분류된다. 원조는 불변 객체로 일반적으로 분석 대상이 아니지만, 그 원리와 본질이 실현된 가변 객체인 자동차는 근본이 된다.

 자동차는 시간이 지남에 따라 성장하고 변화하며 진화하는 특성을 가진다.
 따라서 현재 상태를 평가하고 미래를 예측할 수 있는 핵심 가변체로서, 자동차는 근본 분석의 대상이 된다. 자동차가 근본이 되기 위해서는 하위 가변체의 존재가 필수적이다.

자동차의 하위 가변체는 '형상'과 '지능'으로, 이는 자동차 형성을 구성하는 기본 단위들이다. 이들은 문제 발생의 원인이자, 원인 분석의 주요 대상이 된다. 분석의 목적과 결과는 자동차 자체와 상위 근본의 정상화에 있다.

그림 속 ⑤는 분석 객체 분류와는 무관하며, 근본과 하위 가변체의 역할 및 분석 흐름을 설명하기 위해 첨부된 보조 항목이다.

자동차 역시 인간과 마찬가지로 입력기관과 출력기관을 지니고 있으며, 이는 각각 형상과 지능에 해당한다. 입력기관은 사용자의 지시를 수신하고, 이를 지능 객체와 소통하여 해석한다. 사용자의 의지에 따라 표현이나 행동이 요구될 때, 입력기관을 통해 명령이 내려지고, 출력기관을 통해 그 결과가 외부로 표출되거나 행동으로 나타난다. 이러한 출력기관의 결과물은 다시 천지와 자연에 영향을 줄 수 있다.

4) 원리(음식) 객체 등급 분류

객체 등급	대상 객체	객체 성격	분석 기법	분석 목적
최상위 원조	천지, 자연	불변 객체	분석 제외	
차상위 원조	인간	불변 객체	사용자 분석	사용 오류, 소비자 만족
원조, 매개체	레시피	불변 객체	원리 분석	원리 개선
근본	음식	가변 객체	근본 분석	근본 평가, 예측
하위 가변체	식재료	가변 객체	원인 분석	하위 가변체 정상화
	맛, 향			

[표 4-5-4. 원리 객체 등급]

표 4-5-4는 '원리 객체'를 등급별로 분류한 사례를 나타낸 것이다.

이 객체들은 근본의 탄생, 성장, 변화에 직접적으로 영향을 주지는 않지만, 차상위 원조인 인간에게 영향을 미치므로, 천지와 자연이 최상위 원조로 설정된다. 근본의 기원이 인간인 점을 고려하면, 인간은 차상위 원조 등급에 해당한다.

근본의 상위 객체 개념은 원조의 탄생 원리와 본질이며, 이 경우 음식 레시피의 원리와 본질이 원조가 된다. 이는 음식 레시피가 상위 객체인 인간과 근본인 음식 사이의 매개체로 작용하기 때문이다. 이러한 원조들은 불변 객체로서 일반적으로 분석 대상은 아니지만, 근본 분석에서는 평가 요소로 작용한다.

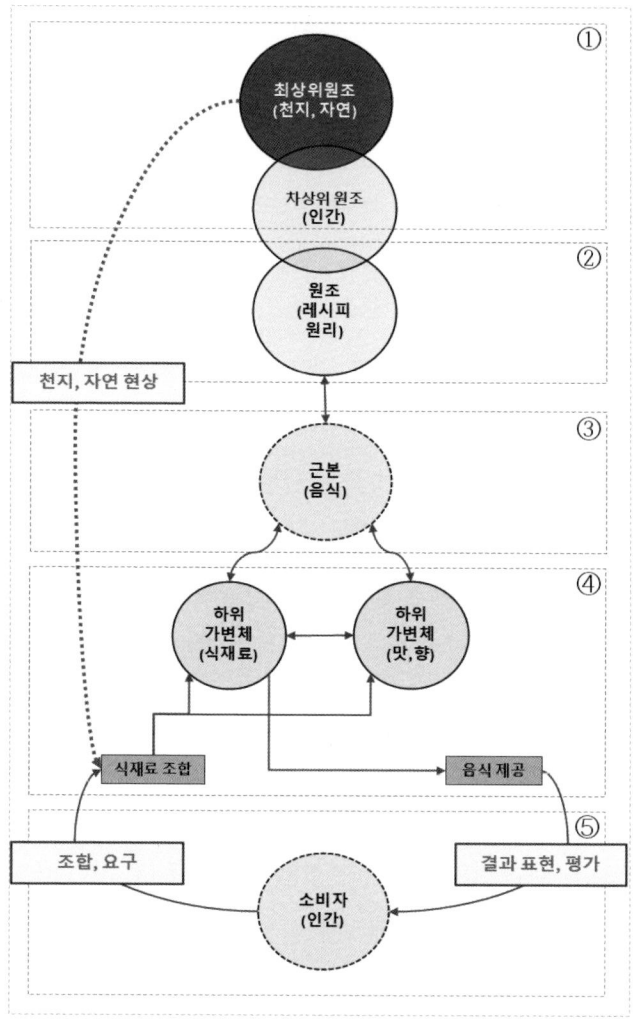

[그림 4-5-4. 원리 객체 등급체계]

- ①의 인간과 ②의 원리는 통합되어 하나의 원조로 취급한다. 표의 객체 분류는 최상위 원조, 차상위 원조, 원조, 근본, 객체 5블록으로 구분하나, ①과 ⑤는 분석대상이 아니므로 3블록 등급 체계가 마땅하다.
- 컴퓨터 시스템, 사물 분석 객체 등급과 같다. 단지, 대상 객체, 적용 대상 분석 기법, 분석 목적의 차이가 있다.

그림 4-5-4를 살펴보면, 원조의 원리와 본질이 실현된 '음식'이 가변 객체로서 근본의 위치에 있음을 알 수 있다. 음식은 요리사에 따라 성장하고 변화하며 진화한다. 따라서 음식은 현재를 평가하고 미래를 예측할 수 있는 핵심 가변체로, 근본이자 분석 대상이 된다. 음식이 근본이 되기 위해서는 하위 가변체가 존재해야 한다.

음식의 하위 가변체는 식자재뿐만 아니라 무형의 요소인 맛, 향, 색깔 등을 포함한다. 이들은 음식 형성의 최하위 객체이자 개체로, 문제 발생의 원인이 되며 원인 분석의 주요 대상이다. 분석의 목적과 결과는 음식 자체와 상위 근본의 정상화에 있다.

그림 속 ⑤는 분석 객체의 분류와는 직접적인 관련이 없으며, 근본과 하위 가변체의 역할 및 분석 흐름을 설명하기 위해 첨부된 보조 요소이다. 음식이라는 근본 객체는 요리사의 손맛이나 소비자의 요구에 따라 유동적으로 변화할 수 있다.

이러한 변화의 부산물은 다시 요리사나 소비자를 통해 천지와 자연에 영향을 줄 수 있다.

5) 원조 그룹 간 융복합된 시스템 객체 등급 분류

객체 등급	대상 객체	객체 성격	분석 기법	분석 목적
최상위 원조	인간, 컴퓨터	불변 객체	분석 제외	사용자 만족
차상위 원조	시스템	불변 객체	분석 제외	분석 S/W 작동
원조, 매개체	분석 S/W	불변 객체	근본 분석	외부 그룹 평가 매체
근본	외부 그룹 근본	가변 객체	근본 분석	근본 평가, 예측
하위 가변체	입력 데이터	가변 객체	원인 분석	하위 가변체 변화

[표 4-5-5. 근본 분석 모델의 컴퓨터 시스템 등급체계]

분석대상 객체 분류 체계에서는 원조 그룹 간의 융복합 구조에 대해 언급하였다.

등급 체계상, 근본의 하위에 또 다른 근본 객체가 생기면 기존의 근본은 원조로 승격된다고 정의된다.

표 4-5-5는 컴퓨터 그룹과 외부 원조 그룹이 융복합되었을 때, 분석 대상 객체를 어떻게 분류하고 등급체계를 구성하는지를 보여주는 사례다. 원조 그룹을 융복합하여 근본을 분석하는 경우는 흔하지 않지만, 대형 프로젝트에서는 매우 중요한 분석 사례에 해당한다. 이 중요성은 다음 장에서 구체적인 사례를 통해 자세히 다룰 예정이다.

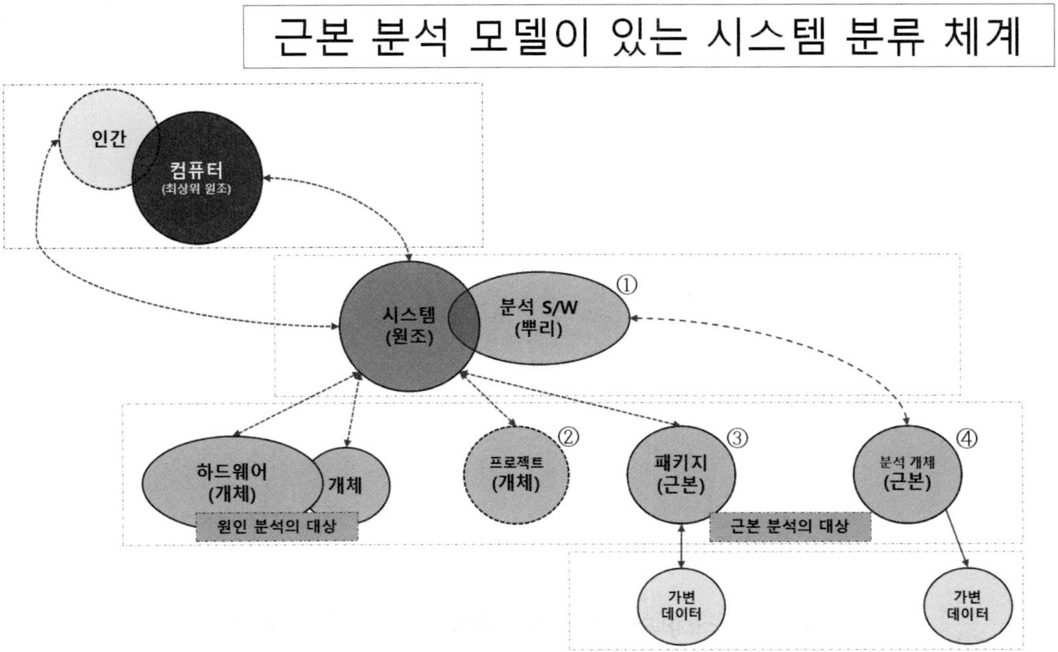

근본 분석 모델이 있는 시스템 분류 체계

[그림 4-5-5. 근본 분석 모델의 컴퓨터 시스템 등급체계]

제4장 분석대상 객체 분류체계 193

(1) 외부 그룹과 융복합된 분석 S/W

그림 4-5-5는 분석대상 간 영향 흐름을 시각적으로 표현하고 있다. 분석 소프트웨어(S/W)는 외부 근본을 분석하기 위해 시스템 내부에 포함된 패키지로 구성된다.

이때, 시스템이라는 근본의 하위에 외부 근본이 생성되었으므로, 기존 근본은 일시적으로 원조로 승격된다. 이러한 일시적인 등급체계 변경은 객체 분류 및 등급 절차에서 발생할 수 있는 혼란 방지를 위한 조치다.

분석 S/W는 시스템과 외부 근본 간의 매개체 역할을 하므로 '원조(뿌리)'로 분류된다. 외부 근본은 새로운 '근본 객체'로 간주된다.

외부 근본의 하위 가변체는 형상과 지능이며, 최하위 가변체는 입력 데이터이다. 이 입력 데이터의 변화를 분석 S/W(근본 분석 모델)에 적용함으로써, 외부 근본의 현재 상태를 평가하고 미래를 예측하며, 문제 예방과 해결에 활용하는 등급체계를 구성한다.

(2) 외부 그룹 근본

원래 컴퓨터 그룹과 외부 그룹은 각각 3블록 체계로 구성되어 있었다. 그러나 두 그룹이 융복합되면 총 6~7블록 구조가 되며, 이 경우 근본 분석을 위해 블록 수를 3블록 체계로 재조정하였다.

이러한 재분류는 다음과 같은 논리를 따른다. 모든 근본은 상위 원조의 영향을 받지만, 분석 목적에 따라 특정 근본은 일시적으로 원조로 승격될 수 있다. 이 원리에 따라 분석대상 객체 체계를 새롭게 정립한 것이다.

6. 하위 가변체 분석 대상 분류와 등급체계

1) 하위 가변체 분석 대상 분류와 등급체계 정의

분석 대상의 분류에 따라 적합한 분석 기법을 배정해야 한다. 사물의 문제 발생 원인을 분석하거나, 근본을 분석하고자 할 때, 원인 분석의 대상은 '하위 가변체'로 분류하고, 근본 분석의 대상은 '근본 객체'로 본다. 하위 가변체는 '형상'과 '지능'으로 나뉘며, 이는 주로 입출력기관에 해당한다.

하위 가변체의 문제 원인을 분석할 때에는 형상과 지능을 구분하여 접근해야 한다.

- 형상 하위 개체의 원인 분석 대상은 부품, 재료 등 형상을 구성하는 요소들이다.
- 지능 하위 개체의 원인 분석 대상은 화면, 알고리즘, 입력 데이터 등 지능을 구성하는 요소들이다.

이러한 하위 가변 개체 중 더 이상 객체나 개체로 세분화할 수 없는 분석 단위를 '최하위 가변 개체'로 정의하며, 이들이 곧 직접적인 원인 분석 대상이 된다.

분석대상을 이와 같이 분류하면, 근본 분석의 대상은 형상과 지능 객체 자체가 된다. 형상과 지능의 현재 상태를 평가함으로써, 최하위 가변체의 변화, 개선, 또는 추가 요구를 진단하고, 근본의 미래를 예측하여 개선 및 진화의 타당성을 탐색하게 된다. 이 과정은 확률 기반의 데이터 탐색으로 이루어진다.

근본 분석의 결과는 곧 근본 객체의 변화와 개선으로 이어지며, 이는 사물(원조)의 변화와 개선을 이끌고, 나아가 상위 원조로부터 해당 변화의 정당성과 필요성을 검증받는 절차를 포함한다. 이와 같은 일련의 과정을 '근본 분석'이라 할 수 있다.

이상의 분석대상 객체 분류와 등급체계 논리는 분석대상이 되는 모든 객체에 보편적으로 적용될 수 있는 체계이다.

2) 하위 가변체를 근본 분석해야 하는 이유

분석대상 객체의 분류와 등급체계를 정의하는 과정에서, 한 가지 정의를 유보한 바 있다. 그것은 분석 블록의 과도한 분화는 분석을 복잡하게 만들 수 있다는 점이다. 이는 분석 단계를 간소화하려는 목적에서 비롯되었다.

실제 경험에 따르면, 분석대상 객체 분류를 체계화하지 않았을 경우 분석대상과 절차가 매우 혼란스러웠다. 지금까지 제시된 체계를 기준으로 보면, 원조-근본-하위 가변체를 분석대상으로 설정하고 그 수준에서 분석을 종료하는 것이 일반적인 패턴이다. 즉, 하위 가변체 수준에서의 원인 분석으로도 충분한 경우가 많았다.

하지만, 실무에서는 최하위 가변체를 대상으로 한 근본 분석이 필요한 사례도 자주 등장한다. 앞서 하위 가변체는 문제의 '원인 분석 대상'이라고 정의했는데, 그렇다면 이 하위 가변체를 '근본 분석'의 대상으로 삼고자 할 경우, 어떻게 접근해야 할까?

이는 당연히 제기될 수 있는 질문이며, 이에 대한 명확한 정의가 필요하다. 이러한 경우에도 해답은 분석대상 객체 분류와 등급체계를 그대로 적용하는 것이다. 이 체계를 적용함으로써, 분석대상의 최소 단위까지도 체계적이고 논리적인 분석이 가능해진다.

객체 등급	대상 객체	객체 성격	분석 기법	분석 목적
최상위 원조	천지, 자연	불변 객체		
차상위 원조	인간, 원리	불변 객체	사용자 분석	사용자 오류
원조, 매개체	사물	가변 객체	근본 분석	근본 개선, 평가
근본(하위 가변체)	형상	가변 객체	근본 분석	근본 평가, 예측
	지능			
최하위 가변체	부품, 재질	가변 객체	원인 분석	재료, 재질
	지식, 데이터	가변 객체	원인 분석	데이터, 알고리즘

[표 4-6-1. 하위 가변체 등급]

지금까지 하위 가변체는 문제 발생의 근원이자 원인 분석 대상이라고 설명했으며, 그 상위 객체가 근본 분석대상이라고 정의해왔다. 그렇다면 하위 가변체 자체를 근본 분석대상으로 삼게 될 경우, 분석 대상 분류 체계와 등급체계는 어떻게 변화할까? 이를 설명한 것이 표 4-6-1이다.

이 표는 분석 대상 중 하위 가변체를 근본 분석 대상으로 삼을 때, 이를 어떻게 분류하고 등급화할 수 있는지를 보여준다. 이 경우는 더 이상 최하위 가변체가 존재하지 않는다고 전제한다. 즉, 하위 가변체가 곧 근본이 되며, 근본 분석의 주체가 되는 것이다. 따라서 형상 객체를 근본 분석대상으로 삼을 수도 있고, 지능 객체를 근본 분석대상으로 삼을 수도 있다. 분석 결과는 이 두 객체의 통합된 관점에서 표현된다. 단, 원인 분석의 대상은 여전히 그보다 하위에 위치한 최하위 가변체가 될 것이다.

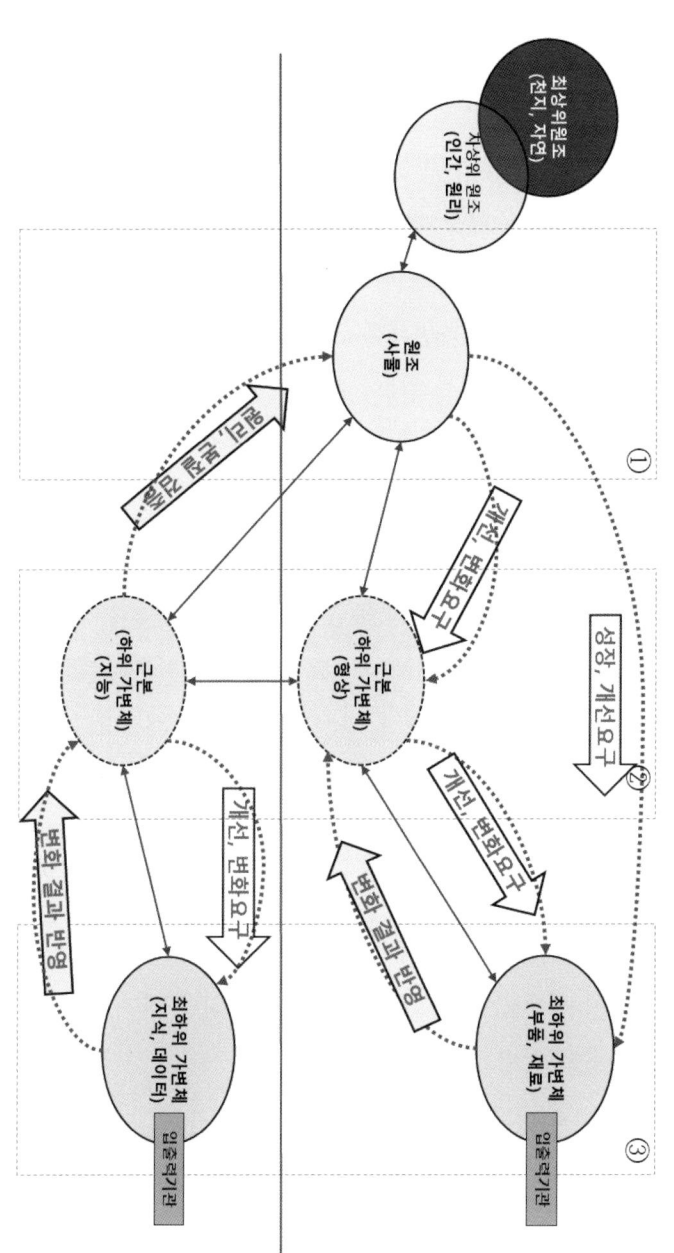

[그림 4-6-1. 하위 가변체 흐름]

제4장 분석대상 객체 분류체계 199

그림 4-6-1에는 원조 하위에 두 개의 근본이 표현되어 있다. 이는 각각 형상 대상과 지능 대상의 분석을 의미하며, 원래는 두 개의 그림으로 분리하는 것이 적절하다. 그러나 두 결과를 통합한 평가의 의미를 담기 위해 하나의 그림으로 표현하였다. 위쪽 근본은 형상 하위 가변체를 근본 분석하는 구조이고, 아래쪽 근본은 지능 하위 가변체를 근본 분석하는 구조다.

사물의 하위 가변체를 근본 분석하고자 할 경우, 해당 가변체를 근본으로 승격해야 하므로, 이때 사물 객체는 원조가 되며, 인간과 원리는 차상위 원조로 격상된다. 사물을 근본 분석할 때, 사물의 하위 가변체는 형상과 지능으로 구분된다. 이들을 근본으로 분석하려면 형상과 지능 객체를 분리하여 각각 근본으로 승급하고, 각각 독립적인 근본 분석을 수행해야 한다.

사물의 하위 가변체는 주로 입출력기관이며, 형상 하위 가변체는 부품, 재료 등으로 구성된 최하위 객체이고, 지능 하위 가변체는 입출력데이터나 지식 등이 해당된다. 이때는 더 이상 원인 분석이 필요한 하위 객체가 존재하지 않는다는 전제 조건이 따른다. 이러한 과정에 따라 하위 가변체를 근본 분석하기 위한 등급체계가 완성된다.

이 체계를 기반으로 한 객체 간의 상응 관계 및 인과 흐름은 다음과 같이 정리할 수 있다:

- 성장 및 개선 요구:
원조(사물)는 근본의 본질을 개선하기 위해 재료, 입출력

데이터 등의 성장과 개선을 근본에 요구한다.

- 개선 및 변화 요구:

원조는 근본에 개선과 변화를 요구하며, 근본은 이를 최하위 가변체에 전달한다.

- 변화 및 결과 반영:

최하위 가변체의 개선과 변화는 근본의 발전에 직접적인 영향을 미친다.

- 원리 및 본질 검증:

근본의 개선과 발전이 원조의 원리와 본질에 부합하는지, 아니면 일탈된 것인지에 대한 검증이 필요하다. 이 검증의 책임은 원조에 있다.

이 일련의 흐름이 곧 하위 가변체를 근본 분석하는 목적과 절차라 할 수 있다.

7. 원조 객체의 그룹화 논리

1) 원조 그룹의 범위, 대상, 형성과정

그림 4-7-1은 원조 그룹의 범위와 대상, 그리고 새로운 원조가 하나의 그룹으로 완성되는 과정을 나타낸 것이다. 원조가 근본 또는 가변체에 어떤 영향을 미치는지를 흐름선으로 표시하

고, '체계도 해설'에는 이에 대한 간단한 설명을 첨부하였다.

 분석을 실행하기에 앞서, 분석대상 객체의 분류와 분석범위의 한정이 필요하다고 강조한 바 있다. 범위가 명확하지 않으면 핵심 분석이 어려워지고, 분석의 방향이 흐려지기 때문이다. 원조를 그룹화하는 이유 역시 이러한 혼란을 방지하고, 분석의 효율성과 일관성을 확보하기 위함이다.

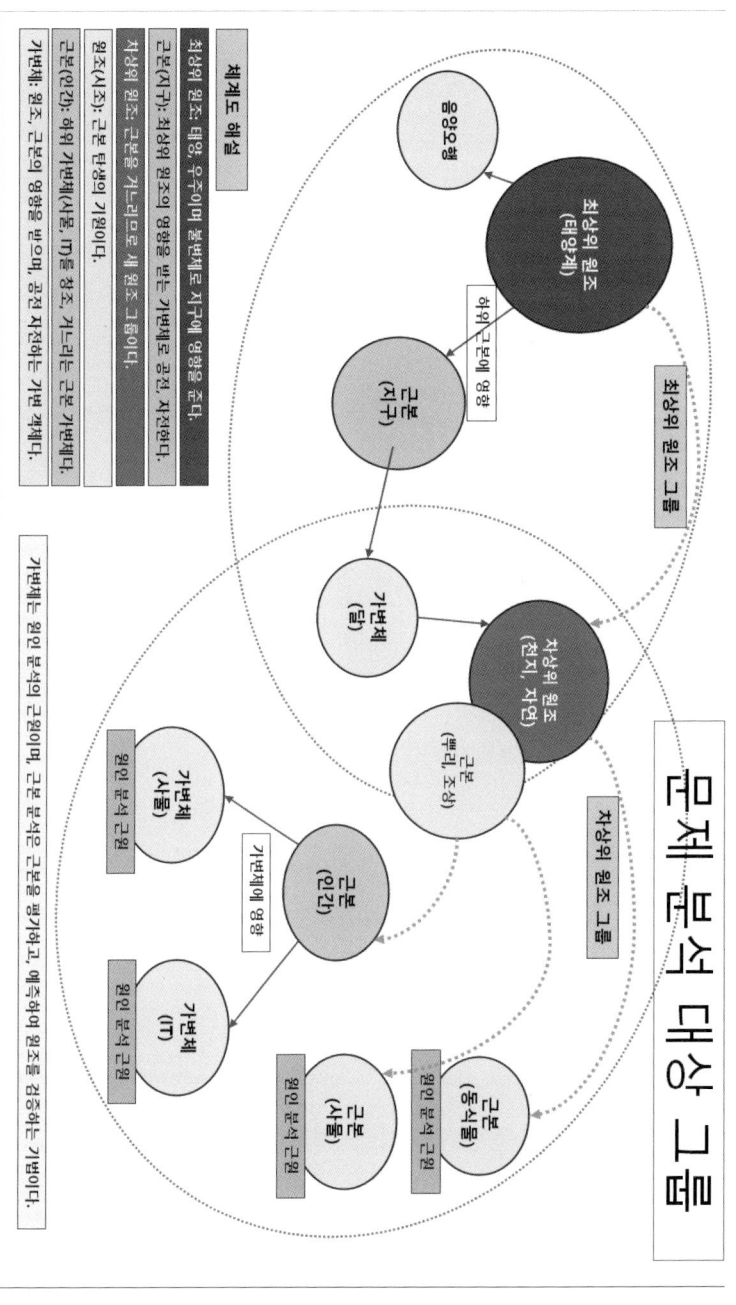

[그림 4-7-1. 분석대상 그룹]

(1) 분석대상 객체의 그룹화 이해

분석 객체 분류에서 모든 객체는 반드시 하나의 원조를 가진다고 했다. 이때, 최상위 원조 아래에 위치한 하위 원조가 있으며, 근본 객체가 원조로서 완성되면 이를 기반으로 그룹을 형성할 필요가 있다. 이는 분석 기법의 표준화와 분석의 일관성 확보를 위한 조치다.

원조 그룹은 해당 원조를 중심으로 근본과 가변체의 집합으로 구성된다. 이때 근본은 가변체들의 변화와 행동을 수집하고 이를 정리하여, 원조의 원리와 본질에 부합하는지를 판단한 뒤 그 결과를 다시 가변체에 전달한다. 이러한 흐름 속에서 상응관계와 인과관계가 구조화된다. 이러한 구성과 등급체계, 관계구조를 해석하면, 어떤 객체가 원인 분석대상인지, 또는 근본 분석대상인지를 명확히 구분할 수 있다.

또한 원조 그룹은 근본의 명칭 또는 원조의 원리를 참조하여 명명된다. 예를 들어 '자동차 원리와 본질'을 기준으로 '자동차 근본'이라는 명칭을 적용하면, '자동차 그룹'이라는 이름이 부여된다.

- 사물의 분석대상 그룹화 사례

예를 들어 자동차나 스마트폰은 다양한 모델이 존재하며, 각각이 독립된 분석대상이 된다. 원조로부터 시간과 공간을 따라 모델이 분화되며, 각 모델에 대해 개선 및 추가 사항이 생기므로 이를 그룹으로 묶어 체계화해야 한다.

예를 들어 특정 자동차 모델은 'XX 자동차 그룹', 특정 스마트폰 모델은 'YY 스마트폰 그룹'으로 명명된다. 근본 객체는 원조의 영향을 받아 실현 여부에 대한 허가를 받는 위치에 있지만, 변화의 중심이기 때문에 결국 근본별 원조 그룹이 형성된다.

그룹화가 되지 않으면 분석 규칙이 무너지며, 분석 기법의 적용이 혼란에 빠질 수밖에 없다.

■ 그룹 내 변화의 극단적 사례

좀 더 극단적인 예시로 태양계 그룹을 생각해보자. 태양계 그룹의 질서가 파괴된다고 상상해보자. 이 그룹에 속한 모든 근본 객체는 원조의 순환, 반복, 자연의 섭리에 따라 변화하며 존재하고, 성장하며, 사멸한다.

만약 이러한 원조의 규칙이나 섭리에 도전하거나 어긋난다면, 그것은 그룹화 원칙을 위반하는 것이다. 예컨대 지구는 태양계를 원조로 삼고 있으며, 지구 자체도 다시 근본 객체들을 거느리는 형식적 원조다.

지구의 땅과 자연은 인간의 소유가 아니라 태양계 원조의 일부이며, 인간은 무상 임대 조건으로 이 자원을 사용하는 것에 가깝다. 따라서 원조가 임대 종료를 선언하기 전까지는 감사한 마음으로 보존하고 관리할 책임이 있다.

그러나 오늘날 인간은 이 땅을 마치 자신 소유인 양 훼손하거나 전쟁과 과학이라는 명분으로 원조 자산을 무단 점유하고 있다. 이러한 행위는 원조가 허락한 한계를 넘어서며, 원조가 더 이상 참을 수 없는 순간이 오면, 퇴거 명령을 받을 수밖에 없다는 점에서 '지구 종말'은 필연적인 결과가 될 수 있다.

창조주 또는 원조가 인간을 이 지구에 탄생시킨 이유가 자연을 보존하고 관리하게 하려는 목적이었다면, 이는 무상 임대 계약 위반에 해당하며, 근본 분석의 원리에 따라 근본이나 하위 가변체는 자멸하게 된다는 원리에 부합한다.

그룹화의 또 다른 이유는, 근본 분석을 통해 그룹의 존재 가치를 검증하고, 필요시에는 다른 원조 그룹과의 독립성을 입증하는 데 있다. 최상위 원조가 불변체임을 다시금 강조하며, 원조는 함부로 훼손할 수 없고, 분석 역시 신중해야 한다는 경고를 담고 있다.

(2) 최상위 원조 그룹

본 사례에서는 태양계를 기준으로 그룹화하였다. 태양계라는 최상위 원조 아래, 다양한 천체들이 연결되어 하나의 그룹으로 구성된다. 앞서 지구는 독립된 근본이 아니라고 했지만, 태양계 그룹이라는 한정된 범위 내에서는 지구가 근본으로 간주될 수 있다. 이러한 구조는 우주 탐사 및 분석 기법에도 활용 가능하다.

(3) 차상위 원조 그룹

　차상위 원조 그룹은 우리가 보다 깊이 관찰해야 할 분석 체계이다. 지구를 포함한 태양계가 최상위 원조 그룹이라면, 그 영향을 받는 천지와 자연은 차상위 원조가 된다.

　객체 분류 체계에 따르면, 근본의 상위 객체가 원조이며, 따라서 원조 그룹은 원조 또는 차상위 원조를 기반으로 형성된다. 비록 그림에는 표현되지 않았지만, 그룹의 기준은 항상 원조이며, 그룹명 역시 원조를 기반으로 한다.

　차상위 원조는 근본 분석의 평가 결과를 검증할 필요가 있을 때 참조 요소로 작용하며, 경우에 따라 형식적 원조 그룹으로 간주될 수 있다.

2) 분석대상 그룹화 논리 체계

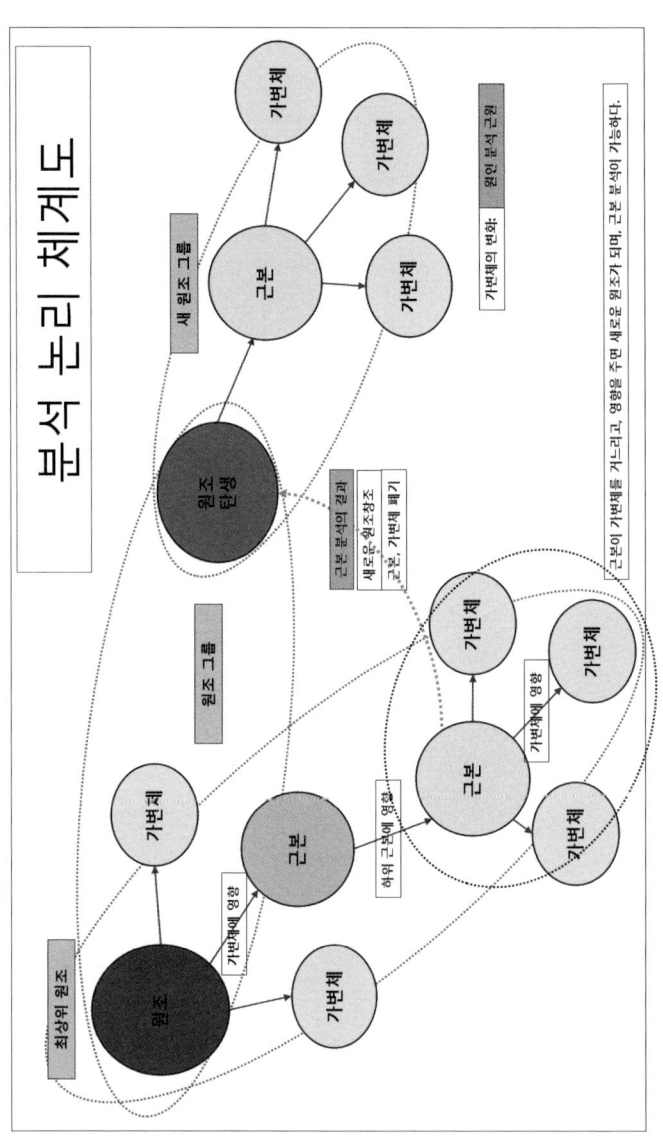

[그림 4-7-2 분석 논리 체계도]

그림 4-7-2는 분석 대상의 그룹화 체계도와 유사하지만, 원인 분석 대상과 근본 분석 대상을 어떻게 구분할 것인가에 초점을 둔 논리 체계도이다.

앞서 제시된 그룹화 체계도가 '대분류' 수준이라면, 이 체계도는 분석 기법의 차별화가 어떻게 적용되는지를 '중분류' 수준에서 보여주는 것이다. 이를 통해 그룹별로 분석 기법의 적용 대상을 보다 정밀하게 구분하고자 한다.

새로운 원조 그룹은 원조, 근본, 하위 가변체의 세 블록으로 구성되며, 이 중 하위 가변체는 원인 분석 대상, 근본은 근본 분석대상임을 이미 정의한 바 있다. 근본의 하위에 새로운 근본 객체가 형성되면, 기존의 근본은 그 상위 원조가 되어, 새로운 원조의 탄생으로 간주된다.

그러나 이로 인해 기존 분석 대상 분류 체계가 변하는 것은 아니다. 만약, 하위 근본이 기존 원조로부터 분리되어 독립적인 원조로 기능하게 될 경우, 이는 새로운 원조 그룹으로 탄생한 것으로 간주되며, 이에 따라 새로운 객체 분류 체계가 적용된다. 반대로 기존의 근본 객체가 하위에 가변 객체를 포함하지 않으면, 해당 그룹은 해산된다고 설명할 수 있다.

3) 그룹화 논리 체계 정리

(1) 원조 그룹

원조 그룹은 '원조'를 중심축으로 하여 근본과 하위 객체가 함께 구성된 분석대상 집단이다. 이 구조를 통해 분석대상과 적용할 분석 기법을 명확히 구분할 수 있다.

분석 대상은 원조 그룹 내의 근본과 가변체로 한정되며, 원조 그룹 체계는 외부 원조 그룹과의 혼선을 사전에 차단하는 기능을 한다.

예를 들어, 컴퓨터 그룹과 같은 사물 그룹과 융합되었을 경우에도 일시적 원조 그룹을 형성해야 하며, 하위 가변체를 근본 분석대상으로 다루고자 할 때 역시, 해당 분석을 위해 일시적인 원조 기반의 그룹화가 필요하다.

(2) 새 원조 그룹

새 원조 그룹은 기존의 근본을 분석하여 창출된 새로운 원조에 기반한 집단이다. 이는 처음부터 존재했던 '최초 원조'와 구별되며, 그 이론과 본질이 기존과 차별화되었을 때 독립된 새 그룹으로 분리되어야 한다.

새로운 원조가 기존 원조 그룹의 영향을 받아 탄생하였더라도, 그 존재가치가 인정되면 별도의 원조 그룹으로 분리될 수 있다.

그룹의 명칭은 상위 원조 그룹을 기준으로 부여되며, 예를 들어 '자동차 그룹'에서 분리된 'XX 자동차 그룹'은 여전히 상위 원조인 '자동차 그룹'의 영향을 받는 구조이다. 이처럼 원조가 분리되더라도, 분석 대상 분류 체계에 따라 원인 분석 대상과 근본 분석대상은 변하지 않는다는 점에서, 분석의 일관성과 체계는 유지된다.

8. 분석대상 객체 분류체계 총정리

1) 객체의 정의

객체란 분석 기법을 적용하기 위해 분류한 분석대상의 단위이다. 분석대상의 기본 단위를 '객체', 최하위 단위를 '개체'로 정의하였다. 객체는 변하지 않는 '불변 객체'와 변하는 '가변 객체'로 구분되며, 분석대상은 가변 객체로 한정된다. 불변 객체는 원리와 본질이 입증된 '원조 객체'로, 분석대상이 아니다. 객체는 '원조 객체', '근본 객체', '하위 가변 객체'로 나뉘며, 하위 가변 객체는 '가변체'라 통칭하고 원인 분석 대상이다. 근본 객체는 '근본'이라 하며, 근본 분석 대상이다.

2) 분석 기법 적용을 위한 객체 분류의 필요성

선행탐구에서 나타난 모순을 검증하기 위해 분석대상 객체의 명확한 분류가 필요했다. 분석 기법은 '원인 분석'과 '근본 분석'으로 한정되며, 이에 따라 객체를 분류하고, 근본 분석의 평가 및 미래 예측을 위해 원조 객체의 필요성을 인식하게 되었다.

결과적으로 분석대상 객체는 원조, 근본, 하위 가변 객체로 분류되었다.

3) 분류의 타당성 검증을 위한 가정

선행탐구 결과를 바탕으로 원인 분석 대상은 하위 가변 객체,

근본 분석 대상은 근본 객체로 가정하였다. 근본 객체는 여러 하위 가변 객체로 구성된 사물 객체이며, 하위 가변 객체는 근본 형성의 단위로, '형상 객체'와 '지능 객체'로 나뉜다.

근본이라는 개념의 혼란을 방지하기 위해, 근본의 정의를 명확히 하였다. 근본은 원조의 원리를 실현하기 위해 하위 가변 객체로 조합된 객체이며, 이름이 부여된 사물 객체는 모두 근본이 될 수 있다.

4) 객체 분류의 필요성 검토

용어 해석의 혼란과 기법 적용의 모순이 있었고, 원인 분석과 근본 분석을 통합할지 또는 분리할지를 검토하는 과정에서, 객체를 원조, 근본, 하위 가변체로 분류했을 때의 상호작용 흐름과 원조 객체의 필요성을 탐색하였다.

5) 기본 분류 원칙 설정

분석대상을 인간과 사물로 나누어 분류하면 최대 5~7등급까지도 나올 수 있다. 그러나 등급이 많아질수록 분석 기법 적용의 혼란이 커진다.

따라서 분석 기법을 효과적으로 적용하려면 2등급(원인 분석 대상과 근본 분석 대상)으로 나누는 것이 바람직하다. 여기에 근본 분석의 목적(평가 및 예측)을 위해 원조 객체를 추가로 설정하여, 전체를 원조, 근본, 하위 가변체의 3블록으로 정리하였다.

이 체계는 다양한 등급의 분석대상도 유연하게 수용할 수 있는 장점을 가진다.

6) 객체 간 상관관계 및 영향 흐름 파악의 중요성

원인 분석 대상은 상응 또는 인과관계가 있을 때만 분석이 가능하다. 마찬가지로, 근본 분석도 객체 간 영향 관계가 있어야 성립된다.

근본은 하위 가변 객체에 변화를 요구하고, 하위 가변 객체는 이를 수용함으로써 상호작용을 형성한다. 이 흐름이 명확하지 않으면 분석 기준 원칙을 위반하게 되므로, 객체 간 영향 흐름 체계를 반드시 검토해야 한다.

7) 분석 기법 적용을 위한 등급 설정

분석대상 객체의 등급 설정은 분석 기법 적용의 핵심이다. 분석 기법이 두 가지뿐인데 객체 등급이 많으면 혼란이 불가피하다.

앞서 정리한 바와 같이, 3등급 분류가 가장 적절하며, 이는 분석 목적에 따라 유연하게 조정이 가능하다. 근본 분석을 하고자 하는 객체를 정하면 상위는 원조, 하위는 원인 분석 대상으로 구분할 수 있어 분석 기법도 명확히 적용된다.

8) 사례 적용을 통한 타당성 검증

분석대상 분류체계의 타당성을 검증하기 위해 다양한 사례를 적용하였다.

인간을 대상으로 한 경우는 역술의 미래 예측과 비교되며, 개념적 혼란이 있었지만 시대적 배경을 반영해 정리하였다.

컴퓨터 시스템, 자동차 등 사물, 음식 레시피와 같은 원리 객체, 원조 그룹 간 융복합 객체를 사례로 하여 분류체계를 적용한 결과, 기본 체계는 일관되게 적용 가능함을 확인하였다. 특히 모호했던 하위 가변 객체에 대한 근본 분석 기법도 제시하였다.

9) 분류체계의 효율성과 미래 적용 가능성

미래 예측을 위한 전통 기법으로 역술이 있었지만, 오늘날은 AI와 애널리스트가 분석의 중심이 되고 있다. 100% 정확도는 보장되지 않지만, 데이터와 정보의 양이 증가할수록 정확도는 높아진다.

분석의 정확도를 높이기 위한 방안으로 근본을 기준으로 분석대상 객체를 그룹화하고, 정치·경제·사회 등과 융복합하는 방식을 제안하였다. 정보화 시대의 속도와 정밀도는 과거와 비교할 수 없으며, 이 체계는 그 흐름에 부합한다.

10) 결론

원인 분석과 근본 분석의 차별화 여부에 대한 고민 끝에, 두 분석은 명확히 구분되어야 한다는 결론에 도달하였다. 사례 검증 결과, 원인 분석과 근본 분석은 통합이 아닌 분리되어야 하며, 가설은 정설로 인정받을 수 있는 논리적 기반을 갖추었다.

제5장

분석기법 비교와 논리 검증

5장

분석기법 비교와 논리 검증

1. 분석원리 정의

1) 원인 분석 원리

원인 분석의 원리를 정의하면, 이는 문제의 현상을 파악하고, 그 원인을 진단한 후 적절한 처방을 통해 해결책을 도출하는 기법이다. 의학 분야가 이 원리를 잘 보여주는 대표적인 사례이다. 원인 분석에 적용되는 주요 원리는 상응원리와 인과관계의 원리가 있다.

(1) 상응원리의 해석

사전적으로 상응이란 '서로 어울리거나 조화를 이루는 것'을 의미한다. 분석 관점에서는 결과와 원인이 상호 영향을 주고받는 연관성을 뜻한다. 이는 결과를 통해 원인을 추정하는 원리이며, 징후나 징조를 통해 문제의 원인을 유추할 수 있다는 점에서 중요한 분석 기술로 작용한다.

즉, 징조를 통해 원인을 파악할 수 있다는 점이 상응원리의 핵심이다.

(2) 인과관계 원리

인과관계는 원인과 결과 간의 논리적 연결을 의미하며, 시스템 공학에서도 원인 분석의 중요한 토대로 다루어진다. 이에 대해 에치필 한봉규는 다음과 같이 정리하고 있다.

"원인 분석(Cause Analysis)은 문제나 현상의 근본적인 원인을 파악하는 것이다. '이 문제가 어떻게 발생했는가?'라는 질문을 통해 다양한 요인을 규명한다. Cause & Effect Diagram은 여섯 가지 관점에서 원인을 분류해 문제 분석을 돕는 기법이다. 반면 인과분석(Causal Analysis)은 특정 결과가 발생한 직접적인 원인을 규명하는 과정이며, '왜?'라는 질문을 반복해 핵심 원인을 찾아내는 5 Whys 기법이 대표적이다.

예를 들어, 제품에 결함이 생긴 경우, 인과분석은 직접적인 원인을 밝히는 데 중점을 두고, 원인 분석은 설계나 제조공정 등 근본적인 원인을 파악해 개선방안을 도출하는 데 목적이 있다."

Cause & Effect Diagram은 특정 문제에 영향을 미치는 요인을 파악하여 인과관계를 구조적으로 표현하는 기법이다. 일반적으로 중요 요인을 4~6개의 그룹으로 나누어 분석한다.

원인 분석의 정의는 'RCA(Root Cause Analysis)'와 동일하지

만, 분석기법에 있어 구체적인 접근 방식이 다를 수 있다. 예를 들어 다음과 같이 구분할 수 있다.

- 원인 분석에 사용되는 기법: Cause & Effect Diagram, Fishbone Diagram 등
- 인과 분석에 사용되는 기법: Issue Tree, 5 Whys 등

결론적으로, 원인은 인과로 설명된다. 원인이 있으면 반드시 결과가 있고, 결과에는 반드시 원인이 존재한다. 이러한 원인은 가변적 객체로서, 문제 발생의 단서가 되며, 우리는 이를 추적하여 문제의 본질을 찾아내는 것이다.

2) 근본 분석 원리

근본 분석의 원리를 정의하면 다음과 같다. 근본 분석은 '원조의 원리'와 '근본의 시공간(변화와 환경) 흐름'을 바탕으로 근본 객체의 현재를 평가하고 미래를 탐구하는 기법이다. 다시 말해, 원조의 본질과 시공간의 흐름을 모델링하고, 그에 따라 현재의 상태를 대입하여 결과를 확률적으로 평가하며, 미래를 예측하는데 목적이 있다.

또한 근본 분석은 근본적 변화의 당위성을 평가하고, 새로운 방향성을 모색하는 기법이기도 하다. 인간의 미래를 예측하는 역술이 이에 대한 참고 사례가 될 수 있다.

근본 분석에 적용되는 주요 원리는 다음과 같다.

- 원인 분석의 두 가지 원리 (상응원리, 인과관계 원리)
- 순환과 반복의 원리
- 불변 객체와 가변 객체의 원리
- 탄생과 사멸의 원리
- 미래 예측의 한계 논리

(1) 원인 분석 원리의 적용

분석의 출발점은 원인 분석이다. 근본 분석은 상응 관계와 인과관계라는 두 가지 원인 분석 원리를 기반으로 한다. 이는 문제의 원인을 진단하고, 적절한 처방을 통해 문제를 정상화하는 분석 방법이다.

(2) 순환과 반복의 원리

모든 원조(근본적 기원)는 순환하고 반복하는 규칙을 따른다. 원조는 하위 객체의 탄생과 생존에 영향을 미치는 불변의 원칙을 가지며, 이 반복의 규칙이 무너지면 분석 체계도 무너진다.

예를 들어, 생명체는 생로병사의 순환과 반복을 통해 생존과 번식을 이어가며, 하위 근본은 선대의 본질을 유전적으로 계승한다. 유전자 검사와 게놈 분석을 통해 상위 객체의 본질이 유전되는 원리는 과학적으로 입증된 사실이다. 또한 인간의 특성과 재능이 선대에서 유전된다는 주장도 존재하며, 이는

'모계의 형질이 유전된다'는 외택 개념과도 연결된다.

이러한 생물학적 원리는 사물이나 컴퓨터 시스템에도 적용된다. 이들 역시 원조를 중심으로 순환하고 반복하며, 변화와 성장을 지속한다.

(3) 불변 객체와 가변 객체의 원리

근본 분석에서 중요한 원칙 중 하나는 상위에 불변의 원조 객체가 존재해야 한다는 점이다. 불변 객체는 분석의 기준이지만, 분석 대상이 아니며, 분석의 대상은 가변 객체이다. 가변 객체는 근본 객체와 하위 객체로 나뉘며, 근본 분석 대상인지 원인 분석 대상인지를 명확히 분류해야 한다.

이를 구분하지 않고 통합하여 분석할 경우, 분석의 본질이 왜곡될 수 있다. 분석의 정확성을 위해 객체의 등급과 역할은 반드시 명료하게 설정되어야 한다.

(4) 탄생과 사멸의 원리

모든 가변 객체는 탄생과 사멸이라는 주기를 가지고 있다. 생명체뿐 아니라 우주와 천체 또한 이에 해당한다. 단, 우주나 지구 같은 존재는 탄생은 있으되 사멸은 불명확하여 불변체로 간주된다.

예를 들어, 지구는 생명체와 사물의 기반이지만, 그 자체가 직접적인 영향을 주는 원조라기보다는 상위 원조(예: 태양계)

의 영향을 매개하는 중간적 위치에 있다. 따라서 분석상에서는 지구를 태양계와 통합하여 최상위 원조로 분류하는 것이 타당하다.

한편, 가변 객체는 성장과 변화 과정을 거치며, 결국 수명 주기에 따라 사멸한다. 근본 분석에서는 이 사멸의 원리를 통해 객체의 존재가치를 평가하고, 사멸된 객체를 역사적 참고 대상으로 삼는 방식으로 활용한다.

(5) 미래 예측의 한계

모든 객체는 각기 다른 수명 주기를 가지며, 이 주기는 예측에 중요한 영향을 미친다. 불변체의 수명 주기는 매우 길거나 예측이 불가능하지만, 가변체는 탄생과 사멸의 주기를 비교적 명확히 가질 수 있다.

역술이나 성리학에서도 인간과 국가를 대상으로 생로병사의 주기를 예측 대상으로 삼는다. 이들은 보통 '생'을 기준으로 '사'까지의 흐름을 분석하며, 예컨대, 60갑자를 기준으로 60년을 한 주기로 본다.

하지만 예측에는 언제나 한계가 따른다. 명리학에서 예측의 **적중률을 70%**로 본다면, 이는 술사의 직관력이나 신통력의 한계, 또는 책임의 회피 가능성도 포함한 수치로 해석할 수 있다.

근본 분석은 이러한 전통적 예측 방식보다 더 높은 정확도를 목표로 하지만, 시공간 주기의 변화무쌍함으로 인해 그 역시 절대적인 예측은 불가능하다.

컴퓨터 시스템에서도 마찬가지로, 가변 객체의 '생'을 기준으로 예측하지만 '사'의 시점은 명확히 알기 어렵다는 점에서 동일한 한계를 가진다.

결론적으로, 예측의 정확도와 적중률을 높이는 것이 근본 분석의 주요 과제이며, 미래를 보다 정밀하게 이해하려는 시도 자체가 분석의 본질이라 할 수 있다.

2. 분석기법 논리의 정의

1) 원인 분석과 근본 분석의 구분과 적용

사물을 구성하는 하위 가변체에 변화가 발생하여 문제가 생겼을 때, 그 원인을 분석하여 문제 발생 객체를 진단하고 사물의 정상화를 유도하는 것이 원인 분석의 핵심 목적이다. 이때 원인 분석의 결과는 근본 상태의 정상화 여부를 판단하는 데 중요한 참조 요소가 된다.

근본 원인 분석은 단순한 원인 확인을 넘어, 문제의 본질적 원인, 즉 근원을 탐구하는 기법이다. 이는 같은 문제가 반복되지 않도록 근본 원인을 제거하려는 접근이며, 단순 처방 이상의 분석적 사고를 요구한다.

그러나 이러한 논리를 적용하기 위해서는 '근본'의 개념을 명확히 이해하고, 원인 분석과 근본 분석을 구분하여 각각의 분석 목적에 따라 적절히 적용할 필요가 있다.

하위 가변체는 외부 환경 변화에 민감하게 반응하여 문제를 일으키기 쉽기 때문에, 원인 분석의 주요 대상이 된다. 문제 진단이란 결과를 바탕으로 인과관계를 분석하는 것이며, 이때 "원인이 있으면 결과가 있고, 결과에는 반드시 원인이 있다"는 상응과 인과의 원리가 적용된다.

원인 분석은 일반적으로 단정적인 문제 인식과 일방적 처방을 동반하는 기법으로, 형상 객체에 대한 적용에서 주로 사용된다. 반면 지능 객체의 분석은 사상의 변화, 알고리즘 개선 등 보다 복합적이고 고차원적인 문제 해결을 수반하며, 이 경우 결과적으로 형상 객체의 정상화 여부까지 평가하게 된다.

현대의 분석 기법은 원인 분석에 더하여 문제의 본질적 근원을 찾는 '근본 원인 분석(Root Cause Analysis)'을 포함하고 있다. 이 개념은 논리적으로 수용할 수 있지만, 근본 분석의 대상, 위치, 분석 절차에 대한 구체적인 논리는 여전히 부족한 실정이다.

분석 객체의 분류와 본질을 탐구해보면, 원인 분석의 대상과 근본 분석의 대상은 명확히 구분되어야 함을 알 수 있다. 즉, 객체의 특성과 위치에 따라 원인 분석과 근본 분석은 차별화되어야 하며, 각 기법의 적용 목적 또한 엄격히 달라야 한다.

2) 원인 분석 기법의 목적 정리

① 하위 가변체의 현상 변화를 탐지하고, 문제를 분석하여 가변체와 근본 객체의 정상화를 유도하는 목적이다.

② 가변체의 문제 원인을 분석하여, 근본 객체의 본질과 방향을 올바르게 이끄는 기초 분석 자료로 활용한다.

③ 가변체의 문제는 원인 분석의 대상일 뿐이며, 가변체의 개선이나 진화에 대한 요구는 근본 분석의 결과로 판단되어야 한다.

④ 원인 분석의 결과는 근본 분석의 참조 요소가 된다. 문제의 반복을 막기 위해 근본 원인을 탐구하는 일은 근본 분석의 평가 과정에 해당한다.

⑤ 분석대상은 매우 다양하므로, 분석 목적에 맞게 객체를 분류하는 것이 중요하며, 원인 분석은 근본 객체의 하위 가변체를 대상으로 삼는 것이 타당하다.

이러한 원리와 구분을 통해 분석 기법의 적용 대상을 명확히 설정하고, 분석의 정확도와 효율성을 높일 수 있다.

3) 원인 분석과 근본 분석의 비교 사례

(1) "책을 읽는데 눈이 아프다"의 사례

"책을 읽는데 눈이 아프다"라는 문장에서, '읽는 행위'는 원인이고, '눈이 아픈 상태'는 결과이다. 분석대상 객체의 분류 기준에 따르면, '사람'은 근본 객체이며, '신체'와 '두뇌'는 하위 가변체로 간주된다.

이에 따라 사람은 근본 분석의 대상, 눈은 하위 가변체로서 원인 분석의 대상이 된다. 문제가 발생한 위치가 '눈(하위 가변체)'이므로, 이를 기준으로 원인을 분석하고 처방을 도출하면 다음과 같은 조치가 가능하다.

예를 들어, 눈에 안약을 넣는다, 눈을 감고 휴식을 취한다 등의 방법이 있다. 이러한 접근은 현상에 대한 처방으로, 눈의 상태를 일시적으로 정상화하기 위한 조치에 해당한다.

하지만 여기서 한 단계 더 나아가 '근본 원인'을 분석하려면, 근본 객체인 사람을 대상으로 현재 상태를 평가해야 한다. 만약 눈의 통증이 반복되거나 지속된다면, 사람의 미래 건강 상태를 예측하고, 이에 따른 행동이나 습관의 개선을 요구해야 한다. 즉, 현재의 생활 습관이 유지될 경우 미래에 더 심각한 문제가 발생할 수 있음을 경고하고, 이에 대한 근본적인 처방을 제시하는 것이다.

(2) 근본 객체의 재정의: '눈'을 근본으로 승격하는 경우

또 다른 접근 방식으로, '눈'을 근본 객체로 간주하고 분석할 수도 있다. 이 경우, '사람'은 일시적 원조(상위 환경)로 재정의 된다. 그러나 근본 분석은 하위 가변체가 존재해야 유의미하게 작동한다.

눈을 근본으로 설정했다면, 이에 속한 하위 가변체를 정의해야 한다. 예컨대, 시력과 관련된 세부 요소들(망막, 수정체, 안근 등)을 하위 가변체로 볼 수 있다. 이 하위 요소들을 대상으로 원인 분석을 실시하고, 처방을 도출하는 것이 가능하다.

이 경우 근본 분석은 눈의 현재 상태를 평가하고, 미래의 시력 악화를 예측하는데 목적이 있다. 또한, 일시적 원조(사람)의 생활 습관이나 환경이 눈에 유익한지 여부를 검토하게 된다.

(3) 분석 대상 분류의 중요성

분석대상 객체를 분류하지 않고, 무작정 '근본 원인 분석' 기법을 적용하면 결과 중심의 단편적인 분석에 머무르게 된다. 즉, "눈이 아프다"는 현상에만 집중하게 되어 원인 분석과 근본 분석의 구분이 사라지게 된다. 분석 대상의 정확한 분류에 따라 분석 결과와 처방 방향은 근본적으로 달라진다.

필자는 이러한 분석 대상 분류 체계를 제시하며, 기법의 구체적 적용과 실행은 원인 분석가와 근본 분석가의 역할임을 강조한다. 진단, 처방, 평가, 예측, 예방 등은 해당 분석 체계에서 정의된 근본 객체 또는 하위 가변체에 정통한 전문가가 수행해야 할 몫이다. 예컨대, 안과 전문의는 '눈'을 근본으로 분류한 경우 적절한 분석과 처방을 제공할 수 있다.

3) 근본 분석기법 논리

(1) 근본 분석의 개념

'근본'은 사전적으로 '뿌리', '조상'을 의미한다. 분석기법에서 말하는 근본은 단순한 철학적 개념이 아니라 명칭을 가진 실체적 사물 객체로 보아야 한다. 분석대상 객체 분류 체계에 따르면, 근본은 원조의 하위 객체이며, 여러 하위 가변체가 결합되어 형성된 통합된 사물 객체로 정의된다.

하위 가변체가 원인 분석의 대상이라면, 이들로 구성된 근본 객체는 별도의 분석 접근이 필요한 대상이다. 문제는 근본 객체 자체에서 발생하지 않고 하위 가변체에서 발생해 근본에 영향을 미치는 구조다.

따라서 근본은 원조의 목적을 실현하고 진화를 지속하기 위해, 하위 가변체의 변화와 적합성을 지속적으로 요구하며, 스스로도 원조로부터 평가받고 검증받아야 하는 존재다. 이러한 이유로 별도의 분석 기법인 '근본 분석'이 필요하다.

① 시점과 차원의 차이
- 원인 분석은 현재와 과거의 문제를 다루는 현실 기반 기법이다.
- 근본 분석은 현재를 평가하고 미래를 예측하는, 형이상학적이고 다차원적인 분석이다.

② 근본 분석은 단순한 문제 해결을 넘어
- 인간의 욕구와 호기심에 대한 응답,
- 사실 기반의 검증,
- 문제 예방을 위한 예측,
- 새로운 원조 혹은 가변체의 창출 과정에 필수적인 핵심 분석 기법이다.

궁극적으로 근본 분석은 창조된 사물의 원리를 인간에게 유익한 방향으로 개선하는 평가와 예측 기법이다.

인간이 창조한 모든 사물이 이론과 원리에 기반하므로, 근본 분석은 모든 창조 행위의 본질적 평가 방법이 된다.

(2) 근본 분석의 목적

근본 분석은 다음과 같은 구체적인 목적을 갖는다.

① 근본의 현재 상태를 평가하고, 유지 및 개선의 결과를 얻기 위한 원리 탐구

② 근본의 미래 가치 예측

③ 근본이 지향하는 목표와 방향성 검토

④ 새로운 하위 가변체의 창출 및 개선 유도

⑤ 근본을 위협하는 요소를 사전에 탐지하고 예방

⑥ 근본의 행로가 적절한지를 평가

⑦ 근본의 특성을 사전에 파악하여, 문제의 근원을 제시

(3) 근본 분석기법의 논리 체계

① 객체 분류의 선행:

분석대상의 정확한 분류는 분석 오류를 줄이고, 예측의 정확성을 높인다.

② 객체 3블록 체계화:

분석대상은 다음의 세 범주로 분류된다.

원조: 불변이며 반복과 순환성을 가진 상위 객체

근본: 하위 가변체로 구성된 통합 객체

하위 가변체: 변화 가능성이 있는 근본의 하위 구성 요소

③ 모델링 가능성:

가변체의 데이터를 입력으로 하여 근본의 적합성을 평가하고 미래를 예측하는 모델이 가능하다.

④ 피드백 루프:

창조된 근본 객체는 창조자에게 책임을 요구하며, 결과가 불충분할 경우 분석은 반복된다.

⑤ 양방향 분석 구조:

상응하는 반응을 유도하는 구조로, 단방향적인 원인 분석과 구별된다.

⑥ 직관력의 중요성:
복합적·비가시적 문제를 다루기 때문에, 분석가의 직관과 통찰력이 요구된다.

⑦ 보편성:
모든 사물과 지식에는 근본이 존재하므로, 근본 분석은 모든 분석의 근간이 된다.

(4) 원인 분석과 근본 분석의 차별화

- 하위 가변 객체: 원인 분석 대상. 단방향 분석. 문제 발생의 정상화가 목적.
- 근본 객체: 복합적 판단과 예측 대상. 이론과 원리에 기반한 분석이 필요.

예시로, 학문적 객체(정치, 경제, 사회학 등)는 원칙적으로 분석 대상이 아니지만, 실무 적용을 위한 근본 객체 분석은 필수적이다. 주식 애널리스트나 전문 컨설턴트는 이러한 구조에서 근본 분석을 수행하는 존재다.
근본 분석은 장기적 미래 가치를 평가하는 데 초점을 두며, 자의적 판단은 배제되어야 한다. 오직 결론만이 직관의 산물로 인정된다.

(5) 지능 객체에 대한 분석

■ 지능 객체(시스템, 자동화 장비, 인간 등): 형상적 문제와 인지적 문제가 동시에 존재하므로, 원인 분석과 근본 분석이 모두 필요하다. 이 경우에는 전문 분석가의 개입이 필수적이다.

오늘날 원인 분석 기법은 많이 정형화되어 있지만, 근본 분석기법은 희소하다. 그 이유는 분석대상의 구분이 명확하지 않거나, 근본이라는 개념 자체에 대한 오해 때문이다.

모든 사물과 원리 객체에는 반드시 근본이 존재하므로, 관념적으로 보더라도 원인 분석과 근본 분석은 구별되어야 마땅하다.

차별화 기준은 다음과 같다.

■ 분석 대상
■ 분석가의 역할과 자격
■ 분석 결과의 성격
■ 대응 방법
■ 분석 흐름과 영향 관계

이 모든 측면에서 명확한 구분과 차별화가 필수적이다.

5) 근본 분석기법 논리 사례

(1) 시스템 근본 분석의 개념과 필요성

형상 및 지능 객체의 변화를 진단하는 것이 원인 분석이라면, 여러 객체가 융합된 복합 구조인 시스템을 분석하는 기법이 바로 시스템 근본 분석이다. 예를 들어 컴퓨터라는 시스템의 원조는 계산(연산)을 목적으로 태어났지만, 이후 연산, 제어, 인식 등 다양한 기능으로 진화해왔다. 이 원조의 원리를 기반으로 수많은 가변체가 등장하였고, 그 대부분은 원조의 본질을 계승하고 있다.

일부 가변체는 스스로 진화하여 새로운 근본이 되고, 다시 하위 가변체들을 창조하며 확장한다. 그러나 이들조차도 원조의 영향권에서 완전히 벗어나지는 못한다. 원조의 본질이 이진법 기반의 순차 처리였다면, 현재의 근본 객체는 알고리즘과 구성 요소의 복잡성으로 인해 훨씬 다양한 방식으로 발전했다.

이러한 발전은 단순 진화가 아닌, 근본 분석의 결과로 연산 방법, 시스템 구성, 처리 목적 등이 변화하며 이루어진 것이다. 새로운 근본은 반복과 패턴의 규칙을 유지하며, 하위 가변체에 영향을 미친다. 시스템은 인간의 욕구를 충족시키기 위해 진화하며, 오늘날 인공지능(AI), 양자컴퓨터의 등장 또한 그러한 흐름의 연장선상에 있다.

(2) 근본 분석의 예측 기능과 사회적 중요성

근본 분석은 시스템이 원조의 변형, 사용자의 욕구 변화, 시대적 환경 변화에 어떻게 적응할지를 예측하는 기능을 한다. 이는 단지 기술적인 분석이 아니라, 사용자 만족도, 시스템의 사회적 수용성, 진화 가능성과 같은 사회 변화와 밀접한 관련이 있다.

따라서 근본 분석은 단순히 시스템의 기능만 보는 것이 아니라, 현 시스템의 미래 가능성을 평가하고, 새로운 원조가 탄생할 수 있을지를 모색하는 작업이다. 시스템은 인류에 이익을 주기도 하지만, 잠재적 위협이 되기도 하므로, 근본 분석은 반드시 수반되어야 한다.

근본 분석 없이 시스템을 운용하게 되면, 그 현재 상태를 정확히 평가할 수 없고, 미래를 예측할 수 없어 결과적으로 위협 요소가 될 수 있다. 예를 들어, 컴퓨터는 원래 불변체로 분석 대상이 아니었지만, 시대적 요구와 기능 확장으로 인해 암묵적으로 분석되어 왔고, 다양한 이론과 원리들이 등장하고 사라지며 진화를 반복해 왔다. 이 진화의 과정 자체가 근본 분석의 실천적 증거다.

(3) 기술의 진화와 근본 분석 적용 : 전문가 시스템(Expert System) 기준

1980년대의 전문가 시스템 이론은 인공지능의 전신으로, 많

은 학생들에게 흥미로운 분야였다. 필자 또한 이 이론을 학습했지만, 문제 해결을 오직 "예" 또는 "아니오"로만 접근하는 방식에 한계를 느껴 중단했다. 당시에는 이진법만으로 복잡한 문제를 해결하는 것이 비효율적이라 생각했고, 0과 1 사이를 수십~수백 단계로 나누어 연산·제어하는 하드웨어가 등장하길 기대했으나, 이진 연산에 한정된 CPU로는 그것이 불가능해 보였다.

그러나 훗날 소프트웨어 알고리즘의 발전으로 이러한 한계는 극복되었고, 디지털 영상이나 소리 데이터를 부동소수점 연산으로 처리하며 아날로그의 정밀한 재현이 가능해졌다. 이는 인공지능의 탄생으로 이어졌고, 결과적으로 하드웨어가 아닌 소프트웨어가 진화의 해답이 되었다.

(4) 양자컴퓨터의 등장과 최상위 원조의 전환 가능성

컴퓨터 시스템은 병렬 처리, 벡터 처리, GPU 활용 등 구조적 진화를 통해 성능을 향상시켜왔고, 이제는 양자컴퓨터의 등장이 현실화되고 있다. 필자 역시 과거 시스템 구조를 연구하며 병렬·벡터 처리의 한계까지 체험했지만, 양자컴퓨터의 큐비트 원리를 통해 0과 1 사이를 나누어 연산하는 상상이 실현되는 것을 보고 놀라움을 느꼈다.

큐비트는 아날로그 정보를 읽고 이를 디지털과 연동하여 연산할 수 있는 기술로, 기존 컴퓨터 원리를 근본적으로 전복하는 혁신이다. 이는 디지털과 아날로그의 경계가 사라지는 것이며, 양자컴퓨터는 새로운 최상위 원조로 기능하게 될 가능성이 높다. 어쩌면 인류 문명에서 마지막 원조가 될지도 모른다.

(5) 근본 분석의 새로운 대상과 인류 문명의 전환

필자가 과거 전문가 시스템 학습을 포기한 것은, 그 이후 펼쳐질 컴퓨터의 진화를 예측하지 못했기 때문이다. 그러나 오늘날 필자는 양자컴퓨터가 인류에 막대한 영향을 미칠 것임을 확신한다. 이로 인해, 이제는 더 이상 컴퓨터를 분석 대상으로 삼을 필요조차 없어질 수 있으며, 근본 분석의 새로운 대상은 우주적 차원의 태양계 변화나 문명 전체가 될 가능성이 있다.

많은 지식인들이 AI의 탄생과 확산에 기대와 우려를 동시에 표하는 가운데, 필자는 우려하는 입장에 더 가깝다. 인공지능은 자연의 섭리를 파괴할 가능성을 내포하고 있으며, 윤리적 통제가 필요하다는 주장에도 불구하고 그 통제가 실제로는 거의 불가능할 것이라 본다.

3. 분석 기법 사례

1) 원인 분석과 근본 분석의 필연성

(1) 분석기법이란?

모든 분석은 원조 시스템의 원리와 목적에서 출발한다. 원조 객체는 하나의 목적을 실현하기 위해 태어났으며, 이를 이루기 위해 근본 객체와 그 하위에 위치한 가변 객체들로 구성된 원조 그룹이 존재한다.

이 그룹을 분석하기 위한 기법은 두 가지로 나뉜다. 첫째, 하위 가변 객체의 문제 발생 원인을 규명하는 '원인 분석 기술'이 있다. 둘째, 근본 객체의 상태를 평가하고, 원조 그룹의 미래를 예측하는 '근본 분석 기술'이 있다. 흔히 이 둘을 통합하여 '근본 원인 분석'이라고 부르기도 하지만, 필자는 이 둘을 명확히 구분해야 한다고 강조한다.

하위 가변체의 변화는 근본 객체에 영향을 미치며, 근본의 평가는 하위 객체 변화의 기준이 된다. 이처럼 근본과 하위 객체는 상호작용하는 인과관계에 놓여 있다. 원조는 이미 검증된 객체이며, 그 아래에 근본과 하위 객체가 형성되고, 순환과 반복이라는 패턴을 통해 원조 그룹 전체의 안정성과 방향성을 유지한다.

하지만 하위 객체의 문제는 끊임없이 발생하므로, 원인 분석의 결과를 참조하여 근본의 상태를 평가하고, 하위 객체의 변화가 원조의 본질에 부합하는지를 분석하는 작업이 필수적이다. 결론적으로, 분석의 목적이 다르기 때문에 원인 분석과 근본 분석은 반드시 구분되어야 하며, 각자 독립적인 기술적 정당성을 지닌다.

(2) 근본 분석의 필연

근본 객체는 단순한 원인 분석의 방식으로는 다룰 수 없는 분석 대상이다. 그것은 평가와 예측의 대상이며, 정성적 판단과 미래지향적 사고를 요구한다.

반면, 하위 가변체의 문제는 상대적으로 단순하며, 대부분은 O/X형의 명확한 진단과 처방이 가능하다. 하지만 근본 객체의 문제는 인간의 욕망과 욕구, 그리고 철학적 지향에 따라 발생하는 것이므로, 단정적 분석이나 기술적 해법만으로는 접근이 불가능하다.

정리하자면,

- 원인 분석은 문제 해결을 위한 필연적 분석 기법이며,
- 근본 분석은 근본 평가와 미래 예측을 위한 필연적 분석 기법이다.

두 기법은 서로 보완적이지만, 그 성격과 목적에서 분명히 다르다.

2) 대중적인 원인 분석 기법들

오늘날 다양한 Root Cause Analysis(RCA) 기법들이 사용되고 있으며, 이는 문제의 근본 원인을 규명하는 데 목적이 있다. 여기서는 개별 기법들의 실행 절차는 생략하고, 참고용으로 주요 기법만 간략히 소개한다. (자세한 내용은 제2장을 참고할 것.)

① 5 Whys 기법

"왜?"라는 질문을 다섯 번 반복하여 문제의 뿌리를 추적하는 기법이다.

② Fishbone Diagram (Ishikawa Diagram, 원인-결과 다이어그램)

원인을 체계적으로 분류하고 시각화하여 문제 분석의 전모를 파악하는데 유용하다.

③ Fault Tree Analysis (FTA, 고장 나무 분석)

고장의 논리적 구조를 나무 형태로 전개하여 원인 요소를 분석하는 기법이다.

④ Pareto 분석 (Pareto Analysis, 80:20 법칙)

전체 문제 중에서 가장 큰 영향을 주는 주요 요인을 우선순위로 식별하는 도구이다.

⑤ FMEA (Failure Mode and Effects Analysis, 고장 유형 및 영향 분석)

시스템의 고장 가능성과 그 영향을 사전에 분석하여 위험을 관리하는 기법이다.

3) 분석대상 객체 분류 및 등급체계의 정의와 사례

제4장에서는 분석 대상 객체의 분류와 등급 체계를 정의하고, 이를 실제 사례를 통해 설명하였다. 분석 모델을 보유한 시스템이 외부의 근본 객체를 근본 분석하고자 할 경우, 객체 체계를 분류하는 데 어려움이 발생할 수 있다. 이러한 난점을 검증하고자, 본 장에서는 근본 객체 간 융합 사례를 중심으로 논의를 전개하였다.

결론부터 말하면, 분석 대상의 분류 체계는 변하지 않는다. 이는 앞서 제시한 객체 등급 논리에 기반한 결과로, 시스템과 분석 대상이 되는 근본 객체 간의 관계를 의존적 융복합 구조로 이해해야 한다. 즉, 분석 시스템이 외부 객체를 평가할 때, 그것은 구조적으로 새로운 관계를 형성하는 것이 아니라, 기존 체계 내에서 일시적인 융합이 이루어지는 것이다.

앞서 제시된 3블록 등급 체계에서는 외부 그룹의 근본과 컴퓨터 그룹의 근본이 융합될 경우, 이를 반영해 분석 대상 분류 및 등급 체계를 조정하는 방식이 필요하다고 설명한 바 있다.

여기서 말하는 '모델'이란, 분석이 필요한 근본 객체에 대한 학습 데이터를 보유한 시스템 구성 요소를 의미한다. 이 모델에 외부 근본의 분석 요소를 입력 데이터로 제공하면, 모델은 결과의 정확도를 바탕으로 해당 요소의 타당성과 미래 예측을 수행한다. 이 과정은 패턴과 파라미터의 분석 틀을 통해 진행된다.

즉, 시스템은 모델을 운용하는 컴퓨터 그룹의 근본이고, 이 시스템이 분석하려는 대상은 다른 원조 그룹에 속한 근본 객체이다. 이러한 구조 속에서 '융복합'이란, 다른 원조 그룹의 객체를 시스템의 분석 역량에 의존하여 평가하는 과정을 의미한다. 이 융합 구조는 일시적으로나마 시스템이 원조의 역할을 수행하는 형태를 만든다.

이러한 분석 구조를 보다 명확히 이해하기 위해, 이어지는 실증 사례에서는 두 근본 객체 간의 융합이 실제로 어떻게 작동하는지 구체적으로 살펴볼 것이다.

(1) 구조해석 모델

그림 5-3-1은 자동차를 근본 분석하기 위해 컴퓨터 시스템의 분석 모델을 활용할 때, 분석 대상 객체가 어떻게 분류되고 융복합되는지를 보여준다.

여기서 활용되는 대표적인 분석 모델이 바로 유한요소해석(Finite Element Analysis: FEA)이다. FEA는 구조해석용 분석 소프트웨어 모델로, 복잡한 근본 구조 요소를 세분화(mesh)하여 각 요소의 물리적 특성을 분석하는 기법이다.

자동차, 비행기, 건축물 등은 모두 사용자의 생명과 직결되는 안정성이 요구되는 근본 객체로, 이들은 각각 독립된 원조 그룹의 근본이라 할 수 있다. 예를 들어 자동차 모델이 제작되면, 운전자의 안전을 확보하기 위해 수많은 충돌 실험이 필요

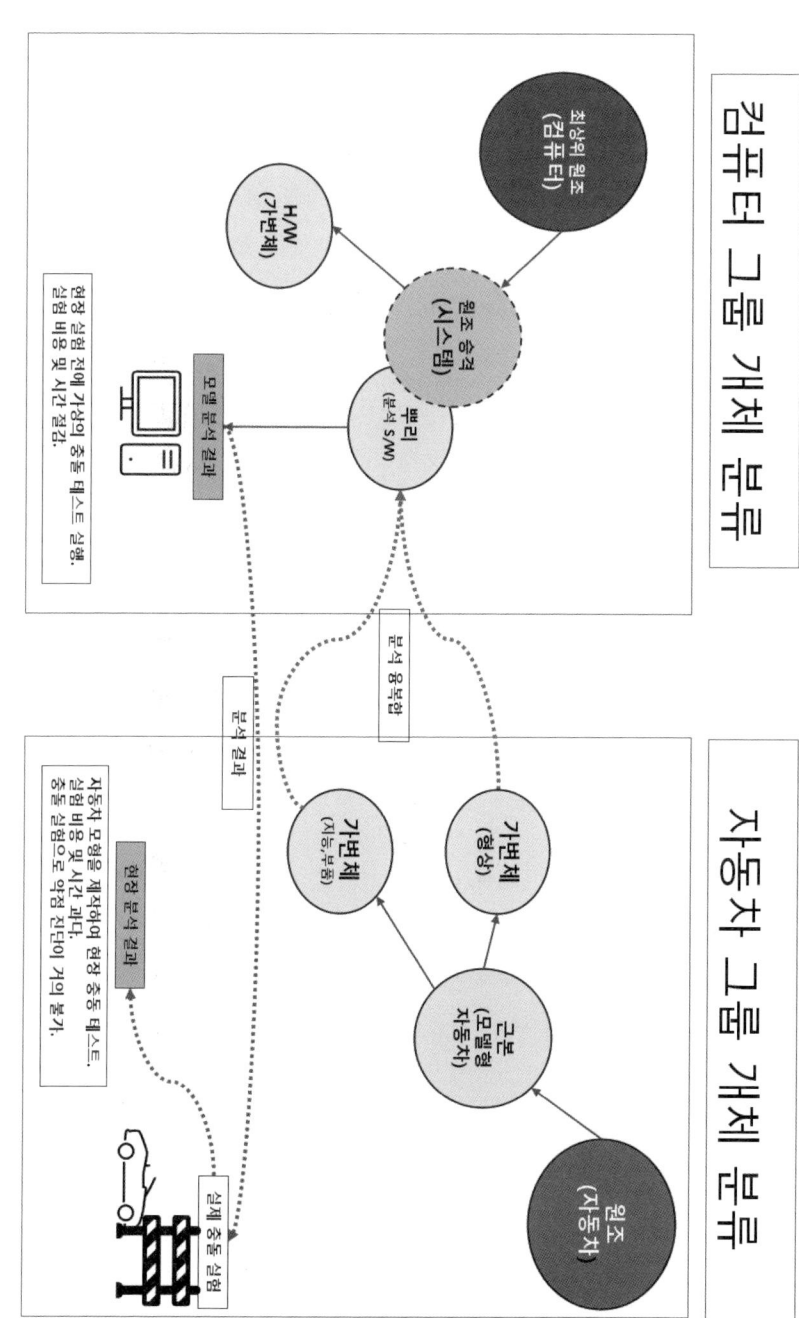

[그림 5-3-1. 자동차 충돌 실험 군 분석 중복함]

하다. 그러나 분석 시스템이 없다면 실제 충돌 실험을 반복해야 하므로 시간과 비용이 막대하게 소요되며, 그 결과물조차도 취약 부위나 재료 사용의 문제를 쉽게 식별하기 어렵다. 이러한 문제를 해결하기 위해 자동차의 형상, 부위별 재료, 재질 및 구조 요소들을 FEA 모델에 입력하면, 가상 현실에서 충돌 시뮬레이션을 통해 취약 부위 및 그 원인을 사전에 예측할 수 있다. 이를 통해 형상, 재료, 구조를 반복적으로 조정하며 최적의 안정성을 확보할 수 있다. 사용자는 자신이 원하는 자동차의 근본 객체에 대한 창조 목표를 갖고 있으며, FEA는 이 목표에 가장 근접한 확률적 해석 결과를 도출하는 수단으로 기능한다.

즉, 자동차는 근본 분석의 대상이 되는 근본 객체이고, FEA는 이를 분석하는 시스템 내 분석 모델이다. 이 둘은 상호 의존적이며 상응 관계를 이룬다. 분석 결과로는 충돌 시 형상의 변형, 충격력, 차체의 에너지 흡수량 등을 정밀하게 파악할 수 있다. FEA는 현장 실험보다 훨씬 시간과 비용을 절감할 수 있으며, 미세한 형상 변화나 재료 결함도 포착할 수 있다는 점에서 시스템 기반 분석 모델의 활용은 필수적이라 할 수 있다.

비행기 제작에서도 유사한 분석이 요구되며, 여기에 풍동 실험이 추가된다. 모델형 근본에 강풍을 대입하여 외형이 어떻게 변형되는지를 시뮬레이션하고, 풍속에 따라 동체나 날개 보강이 필요한 부위를 예측할 수 있다.

건축물의 경우도 마찬가지다. 층수에 따라 자재와 구조 설계가 달라지며, 예를 들어 기둥 자재가 하중을 견디지 못하면 붕괴 위험이 존재한다. 반대로 과도한 자재를 사용할 경우에는 불필요한 건축비 손실이 발생할 수 있다.

이처럼 구조해석이 필요한 근본 객체들은 다양하며, 비용 절감과 안전성 확보를 위해 사전의 정밀한 근본 분석은 필수적이다. 이러한 점에서 FEA는 원인 분석 툴이라기보다는 근본 분석 툴로 분류되는 대표적인 사례로, 원인 분석과 근본 분석이 명확히 분리되어야 함을 보여준다.

(2) PERT/CPM을 활용한 근본 분석

PERT/CPM(Program Evaluation and Review Technique / Critical Path Method)은 프로젝트의 일정과 비용을 효과적으로 관리하기 위해 사용되는 기법으로, 흔히 공정관리 모델이라 불린다. PERT는 불확실성이 큰 프로젝트 활동을 관리하는데 적합한 확률 기반 모델로, 프로젝트 기간을 시각적으로 표현하고 예측하는데 활용된다. 반면 CPM은 비교적 예측 가능한 활동을 다루는 결정론적 모델로, 선행 관계 및 달력 정보를 고려하여 일정 계획을 조정하는 데 초점을 둔다.

즉, PERT는 프로젝트 기간 추정 및 리스크 식별에, CPM은 시간과 비용 간 상관관계를 분석하여 일정 조정에 사용된다.

두 기법 모두 건축, 생산관리 등 다양한 프로젝트의 공정을 사전에 예측하고 관리하는 데 유용하다. 예를 들어 건축공정이나 제품 생산공정에서는 인적 자원, 부품 및 장비 조달, 비용 산출 등 수많은 데이터를 기반으로 투입 일정이 관리되어야 한다. 이때 PERT/CPM 모델에 관련 데이터와 일정을 입력하면, 근본이 제시한 일정 내에 과업이 완수되는지 또는 지연 가능성이 있는지를 사전에 예측할 수 있다.

따라서 PERT/CPM은 원인 분석보다는 프로젝트 근본의 일정 주기를 평가하고 향후를 예측하는 근본 분석 도구라 할 수 있다.

(3) 기업 업무관리 프로그램의 근본 분석 적용

기업 경영에서는 전사적 자원관리(Enterprise Resource Planning: ERP) 프로그램이 널리 활용되고 있다. ERP는 분석 "모델"이라기보다는, 기업의 다양한 업무를 통합적으로 관리하여 생산성을 높이고 지속적인 성장을 도모하는 통합 운영 프로그램이다.

ERP는 재고, 회계, 인사, 급여, 제조, 공급망, 판매, 조달 등 기업의 핵심 자원과 프로세스를 하나의 체계로 통합 관리함으로써 경영 혁신과 합리적 의사결정을 가능하게 한다. 비록 ERP 자체가 분석 모델은 아니지만, 입력 데이터를 기반으로 결과를 도출하고, 이를 바탕으로 의사결정을 내린다는 점에서 근본 분석 기능을 수행하는 시스템이라 할 수 있다. 따라서 ERP도 넓은 의미에서는 근본 분석 도구로 활용될 수 있다. 그러나 이러한 시스템들이 무조건적으로 모든 조직에 적합한 것은 아니다.

ERP의 원형은 생산관리 중심의 자재소요량계획(MRP)에서 출발하여, 공정관리(PERT/CPM) 단계를 거쳐 통합 자원관리 시스템으로 발전한 것이다. ERP가 여전히 제조와 생산 중심의 근본 목적을 유지하고 있다면, 이는 제조업에 적합한 프로그램이라 할 수 있다.

반면 서비스 산업에서는 ERP의 전사적 통합 관리 기능이 꼭 필요한 것은 아니다. 오히려 근본 목적이 변화했거나 적용 대상이 달라졌다면, ERP 시스템 자체 또는 그 근본 목적의 수정이 필요할 수도 있다. 결론적으로, 다양한 분석 시스템과 모델이 존재하지만 그 원리를 정확히 이해하고, 적재적소에 활용하는 것이 중요하다. 그렇지 않으면 모델을 오용하여 기대한 분석 효과를 얻지 못할 수 있다.

(4) 인공지능 모델

　　인공지능은 크게 대화형과 분석형으로 구분할 수 있으며, 이 중 분석형 인공지능은 대표적인 근본 분석 모델에 해당한다. 21세기 이후 가장 활발히 발전하고 있으며, 앞으로도 지속적으로 진화할 가능성이 높다는 점에서 그 중요성은 의심의 여지가 없다. 인공지능 기술은 주로 머신러닝과 딥러닝으로 나뉘며, 공통적으로 데이터를 학습하여 예측하거나 분석하는데 초점을 둔다.

- 머신러닝(Machine Learning):

머신러닝은 데이터를 통해 패턴을 학습하고, 이를 바탕으로 예측이나 결정을 내리는 모델을 개발하는 기술이다. 주로 데이터의 특성에 맞는 수동적인 특징(feature)을 추출하여 분석을 수행한다. 사용자가 직접 특징을 정의하고 적용해야 하는 경우가 많다.

- 딥러닝(Deep Learning)

딥러닝은 머신러닝의 하위 개념으로, 인공 신경망을 활용하여 데이터를 학습한다.

특히 대규모 데이터와 고차원 데이터를 처리하는 데 적합하며, 복잡한 문제에 대해 높은 정확도를 보이는 분석 기법이다. 대표적인 딥러닝 기술에는 인공 신경망(ANN), 합성곱 신경망(CNN), 순환 신경망(RNN) 등이 있다.

- 머신러닝과 딥러닝의 비교 요약

구분	머신러닝	딥러닝
모델의 복합성	비교적 단순한 모델 사용	다층 신경망 등 복잡한 구조
특징 추출 방식	수동적인 특징 추출 필요	특징을 자동으로 추출
데이터 및 계산량	소규모 데이터에도 적합	대량의 데이터와 넓은 계산 자원 요구

결론적으로, 딥러닝은 머신러닝보다 더 복잡한 구조를 가지며, 대규모 데이터에서 뛰어난 성능을 발휘하지만, 그만큼 더 많은 연산 자원과 시간이 소요된다. 딥러닝은 머신러닝의 진화된 형태로 볼 수 있다.

인공지능 모델은 자연어, 음성, 이미지 등 다양한 근본 객체를 분석하여, 특정 객체가 어떤 범주 또는 상태에 해당하는지를 확률적으로 예측하는 데 활용된다. 이러한 고도화된 분석 기술이 없다면, 인간의 욕망을 충족시키는 차세대 지능형 시스템, 즉 인간에 준하는 시스템으로의 진화는 불가능할 것이다. 인공지능 모델은 미래 사회의 핵심 근본 분석 도구로 자리매김하고 있다.

■ 인공지능 모델을 이용한 근본 분석 사례

인공지능으로 채소의 현상을 근본 분석하여 수확량을 예측하는 방법. 분석대상 객체를 분류해본다.

객체 등급	대상 객체	객체 성격	분석 기법	분석 목적
최상위 원조	인간, 컴퓨터	불변 객체	분석 제외	사용자 만족
차상위 원조	시스템	불변 객체	분석 제외	AI 작동
원조, 매개체	AI	불변 객체	분석 제외	근본 분석 매개
근본	식물	가변 객체	근본 분석	근본 평가, 예측
하위 가변체	식물 잎, 열매	가변 객체	원인 분석	하위 가변체 변화
	외부 환경			

[표 5-3-1. 인공지능 근본 분석]

표 5-3-1은 AI 분석 모델을 활용하여 식물의 근본을 분석하기 위한 사례로, 분석 대상 객체를 어떻게 분류하는지를 보여준다. 이때 주의할 점은, 식물도 원조(조상 개체)는 존재하지만 현재의 근본에 직접적인 영향을 주지 않는다는 점이다. 즉, 식물의 근본은 뿌리나 열매를 통해 번식되지만, 최상위 원조의 영향은 직접적으로 작용하지 않는다. 인공지능 모델, 특히 딥러닝 기반 모델은 각종 채소에 대한 학습 데이터를 바탕으로 작동한다. 예를 들어, 배추를 대상으로 수확량을 예측하려는 경우 다음과 같은 분석이 이루어진다.

먼저, 배추는 분석의 근본 객체로 설정된다. 촬영된 배추 잎 이미지를 입력 데이터로 딥러닝 모델에 대입한다. 이 모델은 학습된 데이터를 기반으로 해당 이미지가 배춧잎인지 아닌지, 그리고 건강한 상태인지 병든 상태인지를 판별할 수 있다. 이와 함께, 머신러닝 모델을 활용하여 재배 환경 데이터를 분석하면,

배추의 성장 과정과 생육 조건을 예측할 수 있다. 딥러닝의 잎 분석 결과와 머신러닝의 환경 분석 결과를 결합함으로써, 보다 정확한 수확량 예측이 가능해진다. 추가적으로, 분석 결과를 통해 어떤 질병에 감염되었는지, 환경적 요인이 부적절한지를 진단하는 것도 가능하다.

최근 인공지능 기술의 발전과 더불어 스마트팜이 농업 환경의 핵심 기술로 자리잡고 있다. 지구 환경 변화와 인구 증가로 인한 식량 위기에 대비하기 위해, 식물 근본에 대한 정밀 분석 수요는 급속도로 증가하고 있는 추세다. 이러한 흐름 속에서, 인공지능을 활용한 식물 근본 분석은 농업의 미래를 위한 필수적 기술로 부상하고 있다.

4) 현상(As-Is)이 있는 프로젝트 근본 분석 사례

현상이 있는 프로젝트란, 현재 운용 중인 프로젝트를 의미하며, 컴퓨터 시스템을 대상으로 보면 ERP가 대표적인 사례로 볼 수 있다. 이처럼 운영 중인 프로젝트를 분석 대상으로 설정할 경우, 분석의 핵심은 '프로젝트'가 근본 객체라는 점이다. 현 프로젝트를 분석하는 이유는 대개 다음과 같은 상황에 기인한다.

- 시스템 운영 중 문제가 발생한 경우
- 기능의 확장 또는 개선이 요구되는 경우

프로젝트는 그 하위에 다양한 가변 객체(하위 구성 요소)를 포함하고 있으므로, 문제 발생 시 원인 분석을 통해 해당 하위 객체에서 원인을 찾아 해결할 수 있다. 그러나 하위 가변체의 문제 해결은 해당 객체의 정상화에 그치며, 프로젝트 전체(근본)의 개선과는 직접적으로 연결되지 않는다. 즉, 하위 객체의 현상 변화는 원인 분석의 대상이 될 수 있으나, 프로젝트 자체를 개선하거나 미래를 예측하려면, 전체 시스템을 대상으로 하는 근본 분석 기법이 필요하다.

앞서 제시한 4장 5절 '분석 대상 객체의 등급체계 사례별 검증'에서는 컴퓨터 시스템을 근본으로 분류하여 근본 분석 기법을 설명하였고, 4장 6절 '하위 가변체 분석 대상 분류와 등급체계'에서는 하위 가변체를 근본으로 분류하여 분석하는 방법을 소개하였다.

이러한 기준에 따라, 프로젝트는 컴퓨터 시스템 내에서 하위 가변체인 '지능 객체'에 속하지만, 전체 프로젝트의 상태를 평가하거나 개선하려면 근본 분석의 관점에서 접근해야 한다. 아래는 분석 대상 객체의 등급과 분석 기법을 정리한 표이다. 이와 같이 객체 등급과 성격에 따라 분석 기법이 달라지며, 근본 분석은 단순한 현상 해결을 넘어서 시스템 전반의 평가와 미래 예측을 가능하게 하는 핵심 도구가 된다.

객체 등급	대상 객체	객체 성격	분석 기법	분석 목적
최상위 원조	천지, 자연	불변 객체	분석 제외	영향 평가
차상위 원조	인간, 컴퓨터	불변 객체	분석 제외	사용자 만족
원조, 매개체	시스템	가변 객체	근본 분석	근본 분석 매개
근본	프로젝트	가변 객체	근본 분석	근본 평가, 예측
하위 가변체	출력기관	가변 객체	원인 분석	하위 가변체 변화
	UI, 알고리즘, 데이터			

[표 5-3-2. 현상이 있는 프로젝트 개체 분류]

표 5-3-2는 현재 프로젝트를 근본 분석하기 위해 분석 대상 객체를 어떻게 분류해야 하는지를 보여주는 사례이다.

프로젝트를 근본 객체로 설정하면, 기존에 근본이었던 시스템은 원조(또는 매개체)로 위치가 전환된다. 프로젝트를 구성하는 하위 가변체에는 주변기기와 같은 입출력기관, 이를 제어하고 지휘하는 소프트웨어가 포함된다.

원인 분석과 근본 분석의 개념적 차이는 앞에서 이미 설명한 바 있으므로, 여기서는 근본 분석 절차에 초점을 맞춘다.

- 원인 분석은 프로젝트 작동 오류를 진단하고 정상화하는 기술로, 주로 엔지니어가 담당한다.
- 근본 분석은 프로젝트의 현재 상태를 평가하고, 미래 가능성을 예측하는 분석으로, 이는 분석가의 역할이다.

(1) 근본 분석의 목적

프로젝트를 근본 분석하는 주된 이유는, 예를 들어 화면 구성이 사용자에게 불편하거나, 요구된 데이터를 얻을 수 없는 경우 등으로 인해 현재 시스템이 기능적으로 부족하거나 미래 사용이 어려울 것이라는 평가 때문이다.

이러한 분석 결과는 다음과 같은 결정으로 이어질 수 있다:

- 하위 가변체의 수정 또는 개선
- 프로젝트 자체의 기능 개선
- 시스템 구조(원조)의 재편 또는 새로운 원조의 도입

이는 모두 확률적 평가를 통해 결정될 수 있다.

(2) 근본 분석의 절차

① 분석 대상 객체 분류 및 등급체계 수립

우선, 프로젝트와 관련된 객체들을 등급화하고 분석 구조를 정의한다. 이는 분석의 정확도를 높이기 위한 전제 작업이며, 객체의 특성과 위계를 파악하는데 기초가 된다.

② 분석 모델 생성

다음으로, 현재 프로젝트 상태(As-Is)를 분석 모델의 기초 데이터로 설정한다. 이 데이터는 모델의 학습 정보, 패턴 인식 기반, 분석 파라미터로 활용된다.

③ 미래 예측 요소 대입

생성된 모델에 사용자 요구사항, 환경 변화 요인, 미래에 대

한 추정 요소 등을 입력하여, 현재 상태와 예측된 미래를 비교·평가한다.

④ 참조 요소 활용

이 과정에서는 기존 원인 분석의 결과나 상위 원조 시스템의 현황 정보 등을 입력 파라미터 또는 참조 요소로 활용할 수 있다. 이는 분석의 정확도와 예측의 신뢰도를 높이는 데 기여한다.

⑤ 분석 결과 도출

모델을 통해 어떤 데이터가 필요하거나 불필요한지, 또는 요구사항이 현재 시스템에 적합한지 등을 평가한다. 이 과정은 원인 분석만으로는 해결할 수 없는 문제를 근본 분석을 통해 해결하는 것을 목표로 한다.

결과적으로, 근본 분석은 현재 시스템의 취약점과 보완 요소를 확률적 수치로 도출함으로써, 미래 개선 방향을 명확히 제시하는 분석 도구로 기능하게 된다.

(3) 사례로서의 '현상 프로젝트' 선택 이유

근본 분석의 실제 사례로 현상이 있는 프로젝트를 선택한 데에는 특별한 이유가 있다. 필자는 다수의 As-Is 프로젝트를 분석하고, 이를 기반으로 새로운 시스템을 구축하는 여러 프로그램에 참여한 경험이 있다. 이 과정에서 자주 듣게 된 말은 "프로젝트 성공 확률이 30% 이하"라는 현장의 하소연이었다.

이를 통해 필자는 프로젝트 실패의 원인을 체계적으로 검증할 필요성을 절감하게 되었다.

실패 원인은 다음과 같이 정리된다.

① 현재 프로젝트에 대한 근본 분석을 생략하거나 아예 수행하지 않음

② 현재 프로젝트를 참고는 하되, 신규 프로젝트처럼 완전히 새롭게 분석·설계함

③ 근본 분석의 개념과 필요성을 인식하지 못한 채 진행함

이러한 문제점들로 인해 근본 분석이 결여된 프로젝트는 실패 확률이 높아지며, 프로젝트를 전혀 새로운 것으로 간주하고 분석·설계를 진행할 경우, 문서 작업이 과도하게 늘어나고 시간, 비용, 인력의 낭비가 발생한다. 결국, 예정된 일정 준수가 어려워지는 상황에 직면하게 되는 것이다.

(4) 결론

프로젝트 성공 확률을 높이기 위해서는 분석 대상 객체를 분류하고 등급 체계를 정립한 뒤, 적절한 모델을 기반으로 근본 분석을 수행하는 것이 중요하다. 이를 통해 불필요한 시간과 자원의 낭비를 줄이고, 보다 정밀하고 신뢰도 높은 프로젝트 기획이 가능해진다.

따라서, 모든 프로젝트 착수 전에는 반드시 근본 분석을 수행할 것을 강력히 권장한다.

5) 현상이 없는 프로젝트와 근본 분석의 한계

현상이 존재하지 않는 프로젝트는 분석 대상이 될 수 없으며, 당연히 근본 분석의 적용도 불가능하다. 이러한 경우는 주로 신규 프로젝트에 해당하며, 가상의 예측을 통해 분석이 이루어져야 한다. 이때는 시스템 분석 및 설계 과정이 곧 근본 분석의 역할을 대체하게 되며, 소프트웨어 공학 이론을 기반으로 분석이 수행된다.

근본을 창조하는 과정에서는 다양한 이론과 기법이 활용될 수 있으므로, 충분한 이론적 참고와 현실 적용이 매우 중요하다. 특히 신규 프로젝트 수행 시 반드시 고려해야 할 핵심 사항은 다음과 같다.

① 유사 프로젝트를 모델로 삼아 참고하는 것

이는 가장 실용적이고 현실적인 분석 방법이며, 일종의 선행 연구로 간주할 수 있다. 유사 사례를 분석하여 얻은 통찰은 새로운 시스템 설계에 큰 도움을 준다.

② 시스템 분석 전문가의 중용

단순히 해당 업무에 경험이 있는 실무자와, 분석을 전문으로 하는 시스템 분석가는 그 역할과 수준이 다르다. 복잡한 프로젝트일수록 단순하게 구현하는 방향이 핵심이며, 이를 가능하게 하는 노련한 분석가의 개입이 매우 중요하다.

③ 체험과 직관을 겸비한 고수의 참여

경험만으로는 부족하다. 직관력까지 갖춘 전문가를 확보할 수 있다면, 프로젝트의 성공 가능성은 획기적으로 높아진다.

요약하자면, 신규 프로젝트에서의 근본 분석은 단순한 이론적 기획이 아니라, 선행 사례에 대한 철저한 연구와 전문 분석가의 적극적 참여, 그리고 최적화된 설계 전략이 결합되어야 한다. 그래야만 신규 근본의 창조와 시스템의 성공적 출발이 가능해진다

6) 분석대상 분류체계와 '할머니 곰탕' 사례

그림 5-3-2는 분석 대상 분류체계의 논리에 따라, 원조(할머니, 레시피), 근본(곰탕), 하위 가변체(식재료, 맛)로 3블록 구조를 구분한 예시이다.

'할머니 곰탕'의 경우, 겉으로는 곰탕 비법 하나가 원조처럼 보이지만, 엄밀히 구분하면 두 가지 원조 요소가 존재한다. 첫째는 할머니의 손맛이라는 영혼 객체, 둘째는 레시피라는 지능 객체다.

하지만 분석 대상 분류 논리에 따라, 영혼 객체 역시 지능 객체의 일원이므로 원조는 하나로 통일된다. 음식인 '곰탕'은 근본 객체이며, 이는 근본 분석의 직접적인 대상이 된다.

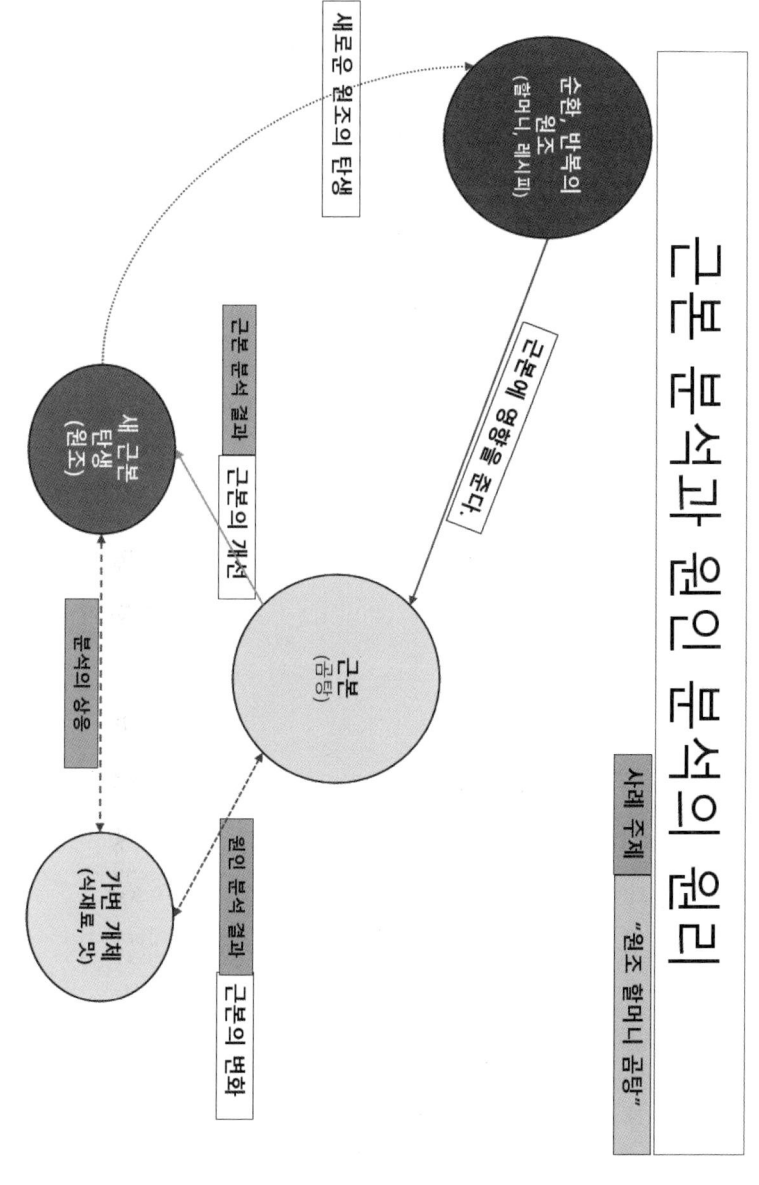

[그림 5-3-2. 할머니 공탄 원리 원인 분석과 근본 분석]

(1) 분석 기법의 적용 범위

　할머니는 분석 기법상 분석 대상이 아니며, 레시피는 학문 객체로서 환경 변화에 따라 근본 분석 대상이 되기도 한다. 이미 서술했듯, 원조의 원리와 본질은 인문학적 객체로서 근본 분석의 대상이 될 수 있다.

(2) '원조 할머니 곰탕'의 원조 구조 형성 과정

　'원조 할머니 곰탕'이라는 표현은 인간이 창조한 사물 및 원리에서 '원조'라는 개념을 이해하는 데 효과적인 사례이다. '원조'라는 간판은 상업적으로 매력적이고 경쟁력 있는 명칭이며, 많은 이들이 사용하고 싶어한다.

　실제 사례로, 할머니는 타고난 재능과 레시피 비법을 바탕으로 곰탕집을 창업했고, 그 명성이 퍼지면서 비슷한 곰탕집과 분점이 생겨나며 원조의 확장이 이루어졌다. 경쟁이 심화되자, 근본 분석이 필요해졌고, 그 결과 '할머니 곰탕집'은 '원조 할머니 곰탕'으로 브랜딩을 강화하며 원조 그룹으로 재탄생하게 되었다.

(3) 분점의 확장과 근본의 재탄생

　원조는 여러 근본을 포함할 수 있으며, 이는 곧 분점의 탄생을 의미한다. 각 분점에서는 근본 분석을 통해 새로운 근본이 파생될 수 있으며, 이는 다시 새로운 원조로 발전할 가능성을 내포한다.

이처럼 근본 분석의 결과는 '항상 하위 가변체(예: 식재료)'의 개선을 추구하며, 새로운 비법 창안으로 이어질 수 있다. 예를 들어, 고객의 입맛 변화라는 외부 조건이 식재료와 맛의 조정을 요구하면, 이는 원인 분석을 거쳐 새로운 근본의 등장으로 귀결된다.

(4) 근본 분석의 결과와 새 원조의 탄생

근본 분석은 단순한 평가에 그치지 않고, 미래 예측과 새로운 창조의 가능성을 포함한다. 분석을 통해 탄생한 새 근본이 기존 원조의 원리와 본질을 닮지 않았다면, 그것은 기존 체계에서 독립한 새 원조로 구분된다.

이는 곧 근본 분석의 목적과 논리에 따른 자연스러운 분석 결과이며, 현재를 진단하고 미래를 설계하는 근본 분석의 힘을 실증하는 사례로 기능한다.

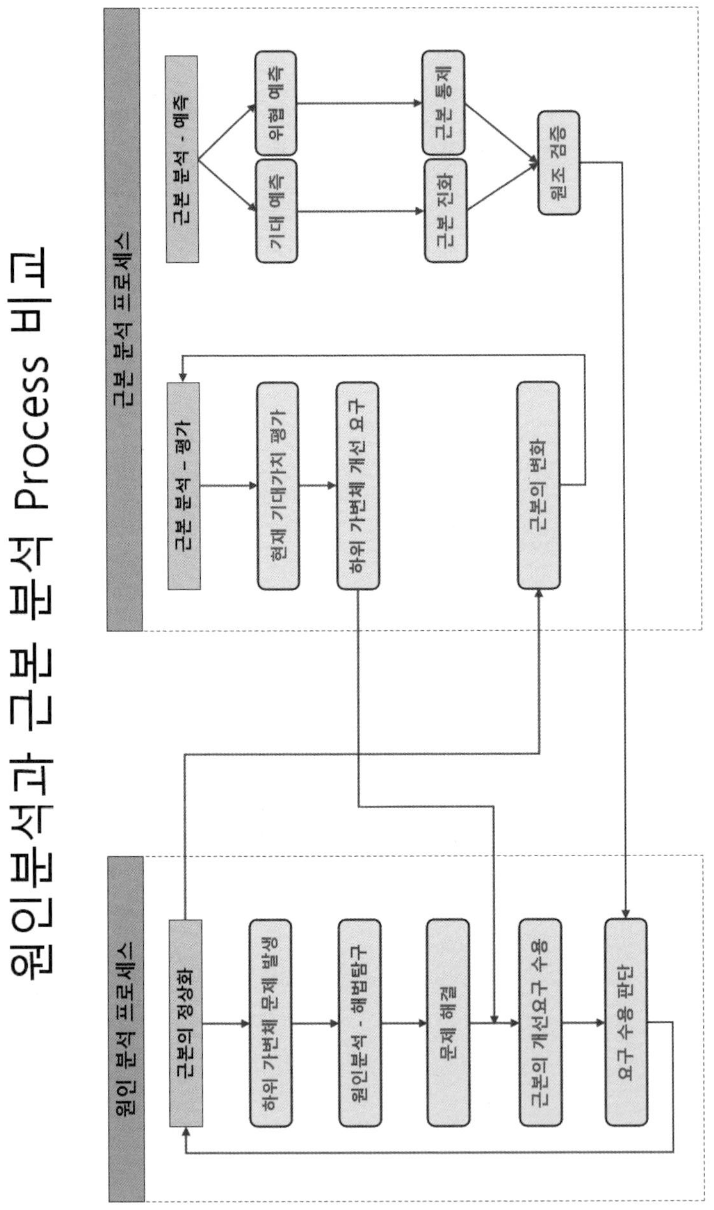

4. 분석 기법 실행 절차

[그림 5-4-1. 분석기법 실행 프로세스]

1) 분석기법 비교의 개요

그림 5-4-1은 원인 분석과 근본 분석의 실행 절차를 비교하여 설명한 도표로, 앞서 수차례 제시된 분석기법의 차별화를 시각적으로 명확히 보여주기 위한 것이다.

이 그림은 두 분석 기법의 목적과 실행 절차가 다르다는 점을 강조하며, 원인 분석의 결과는 근본 분석의 참조 요소가 되고, 근본 분석의 결과는 하위 가변체의 변화와 개선을 유도한다.

근본 분석은 더 나아가, 그 변화가 근본의 목적과 일치하는지, 원조의 탄생 원리에 부합하는지를 평가한다.

단, 이러한 분석 이전에는 반드시 분석 대상 객체의 분류와 등급체계 수립이라는 전제 조건이 필요하다. 아무리 분석기법이 훌륭해도, 이 기초 작업 없이 실행하면 정확한 근본 분석은 불가능하다.

이는 애자일, 브레인스토밍 같은 실행 기법도 원리와 절차의 이해 없이 실행할 경우 실패로 이어질 수 있음을 경고하는 것이다.

2) 원인 분석 기법 실행 절차

(1) 원인 분석 프로세스

원인 분석은 이미 대중화된 분석 절차로, 다양한 현장에서

널리 적용되고 있다. 그림의 왼쪽에 제시된 실행 절차는 기존의 원인 분석 절차와 동일하며, 이번 비교에서는 근본 분석과의 차이점 및 상호 영향 관계를 분별하는 데 중점을 둔다.

(2) 문제 가변체의 정상화 목적

원인 분석의 목적은 하위 가변체의 문제를 해결하여 그 자체와 근본을 정상화하는 데 있다. 하지만 근본을 평가하거나 미래를 예측하는 기능은 수행하지 않으며, 이를 위해서는 별도의 근본 분석 기법이 필요하다.

(3) 문제 발생의 근원

문제의 발생은 항상 하위 가변체에서 비롯되며, 근본 객체는 원칙적으로 직접적인 문제 발생 주체가 아니다.

따라서 분석자는 하위 가변체를 선별하고, 사용자 문제인지 기술적 문제인지 구분하여 알맞은 분석 기법을 적용한다.

(4) 원인 분석 절차

하위 가변체의 변화가 식별되면 문제 원인을 진단하고, 해결 방안을 찾기 위한 분석이 진행된다.

이 과정에서 엔지니어의 직관력이 중요하게 작용하며, 이를 보완하기 위해 사용자 인터뷰, 로그 수집, 모니터링 데이터 분석 등이 병행된다.

적절한 분석 기법을 선정한 뒤 적용하여 문제를 구체적으로 분석하고 원인을 도출한다.

(5) 원인 분석 결과 처리

문제 원인이 확정되면, 문제 발생 동기를 규명하고 해결 방안을 제시하여, 가변체를 정상화한다.

정상화 결과를 검증하며, 분석은 마무리된다.

(6) 근본 분석과의 연계

원인 분석이 완료되면, 이후 근본 분석 여부를 타진할 필요가 있다. 이때 평가 항목은 다음과 같다:

① 문제의 근본에 대한 영향 유무

② 하위 가변체의 변화 요구 유무

③ 근본의 현재 상태 평가 및 향후 재발 가능성 분석

④ 근본 개선 필요성 판단

⑤ 근본의 현재 가치 평가와 미래 예측, 하위 가변체 변화 지도

근본 분석은 원인 분석 다음 단계로 반드시 수행되어야 하는 것은 아니며, 원인 분석과 무관하게도 실행될 수 있는 독립적 기법이다.

그러나, 복잡한 시스템이나 장기적 가치 평가가 필요한 경

우에는 근본 분석을 병행하거나 후속 수행하는 것이 필연적이다.

3) 근본 분석 기법 실행 절차

(1) 근본 평가와 미래 예측을 위한 선행 문진

근본 분석은 단순한 문제 해결을 넘어 미래 변화 가능성과 본질적 위험요소까지 평가해야 하므로, 분석에 앞서 다음과 같은 사전 질문(문진)이 필요하다:

① 근본은 왜 개선과 진화가 필요한가?
② 하위 가변체의 형상과 지능은 개선 가능한가? 아이디어는 무엇인가?
③ 근본의 변화가 원조의 시공간 흐름에 적응할 수 있는가?
④ 근본의 변화가 인류의 생로병사에 긍정적 영향을 줄 가능성은?
⑤ 근본이 진화함에 따라 원조의 본질이나 인간에게 위협이 발생할 가능성은?
⑥ 그 위협을 통제할 수 있는 방안은 존재하는가?
⑦ 근본은 어디까지 진화할 수 있으며, 미래의 모습은 어떨 것인가?
⑧ 새로운 원조나 근본의 탄생이 필요한가?

(2) 근본 평가

　① 기대가치 평가:
- 평가대상 요소 선정
- 근본의 개선 여부 판단
- 하위 가변체의 변화와 추가 여부 평가
- 원인 분석 결과 및 원조의 원리 참조 여부 확인
- 분석 모델 구성 및 결과에 따른 만족도 판단과 피드백

　② 하위 가변체 변화 요구 분석:
- 원인 분석 결과를 참조해 변화가 필요한 하위 가변체 요소를 도출하고 이에 대한 대응을 설계

　③ 근본의 변화 평가 및 예측:
- 근본이 변화되었을 경우 새롭게 형성된 근본의 기대가치 평가
- 이를 바탕으로 미래를 예측하며, 그 결과를 기대와 위협으로 구분함.

(3) 근본 기대 예측

근본 기대 예측은 근본이 인간에게 유익하게 진화하는 방향을 목표로 한다:

　① 예측 목적:
- 인간 편익에 부합하고, 최상위 원조의 원리 및 본질에 맞는 방향으로 근본이 발전할 수 있도록 유도함.

② 검증 절차:
- 예측 결과를 통해 근본의 방향성을 점검하며, 원조의 본질을 훼손하지 않는지 판단함.

③ 예측 방법:
- 미래 예측 모델을 선정하고 원조의 시공간 원리를 대입함.
- 문제 해결 요소를 분석하여 가장 타당한 예측 결과를 도출.
- 수명 주기, 미래 한계, 기대와 위협 요인을 종합 분석함.

(4) 근본 위협 예측
- 위협 예측은 근본의 변화가 인간에게 유해한 결과를 초래할 가능성을 사전 차단하기 위한 분석이다:

① 예측 목적:
- 근본의 변화가 인간의 편익을 해치거나, 최상위 원조의 원리를 훼손할 위험이 있는지를 사전에 파악함.

② 검토 및 통제:
위험한 방향으로 나아가는 근본의 경향성을 탐색하고, 그 통제 방안을 설계함.

③ 분석가의 역할:
- 기대 예측과 동일한 절차를 따르되, 최종 판단은 분석가의 직관과 통찰에 달려 있다.

4) 원인 분석 대상의 변경

근본 분석 결과에 따라, 분석 대상 객체는 다음과 같은 방식으로 재조정될 수 있다:

- 근본 객체 분석 결과, 더 적절한 분석 대상이 상위 또는 하위 가변체임이 밝혀지면, 해당 객체를 새로운 근본으로 승격 또는 지정한다.
- 예를 들어, 하위 가변체 아래에 존재하는 최하위 가변 개체를 분석하려면, 하위 가변체를 근본으로 설정하고 최하위 개체를 원인 분석 대상으로 삼는다.
- 이때 새로 지정된 근본은 다시 근본 분석의 대상이 되며, 분석 체계는 순차적으로 원조-근본-하위 가변체 관계를 유지해야 한다.
- 따라서, 분석 목적과 대상에 따라 유연하게 분석 체계를 재구성하는 것이 중요하며, 이때도 근본, 원조, 하위 객체의 개념과 위치 구분은 반드시 명확해야 한다.

5. 분석 기법 실행 절차 사례

1) 근본 분석 실행 사례: 인간, 사물

그림 5-5-1은 인간과 사물을 대상으로 한 근본 분석의 진행 절차를 나타낸 것이다. 분석 대상 분류가 가능한 모든 사물은 근본 분석의 대상이 될 수 있으며, 대표적으로 인간과 사물을 중심으로 그 절차를 살펴볼 수 있다. 이때 분석 대상의 분류는 '분석 대상 객체 분류체계'의 논리에 따른다.

체계도 중앙에 위치한 '불변 객체 순환'은 원조가 존재하더라도 하위 가변체나 근본이 결여된 경우를 의미하며, 이러한 경우에는 수명 주기가 도래하면 결국 사멸하게 된다. 이는 실용 가치가 없는 원리나 발명 등과 같이, 분석 대상에서 제외되는 사물에 해당한다.

반면, 원조가 있는 사물은 근본 객체로 간주되며, 수명 주기 내에서 생로병사를 겪으며 원인 분석과 근본 분석의 대상이 된다. 이때 원인 분석의 대상은 사물을 구성하는 '형상'이나 '지능'과 같은 하위 가변체이며, 근본 분석의 대상은 사물 그 자체다.

원조(조상)는 시조로부터 탄생하였고, 수명 주기 내에서 인간을 생산한다. 조상은 이미 사멸되었으므로 분석 대상은 아니지만, 근본 분석의 참고 요소가 된다. 인간은 가변의 근본 객체로서, 수명 주기 내에서 생로병사를 겪고 자식을 낳는다. 이 역시

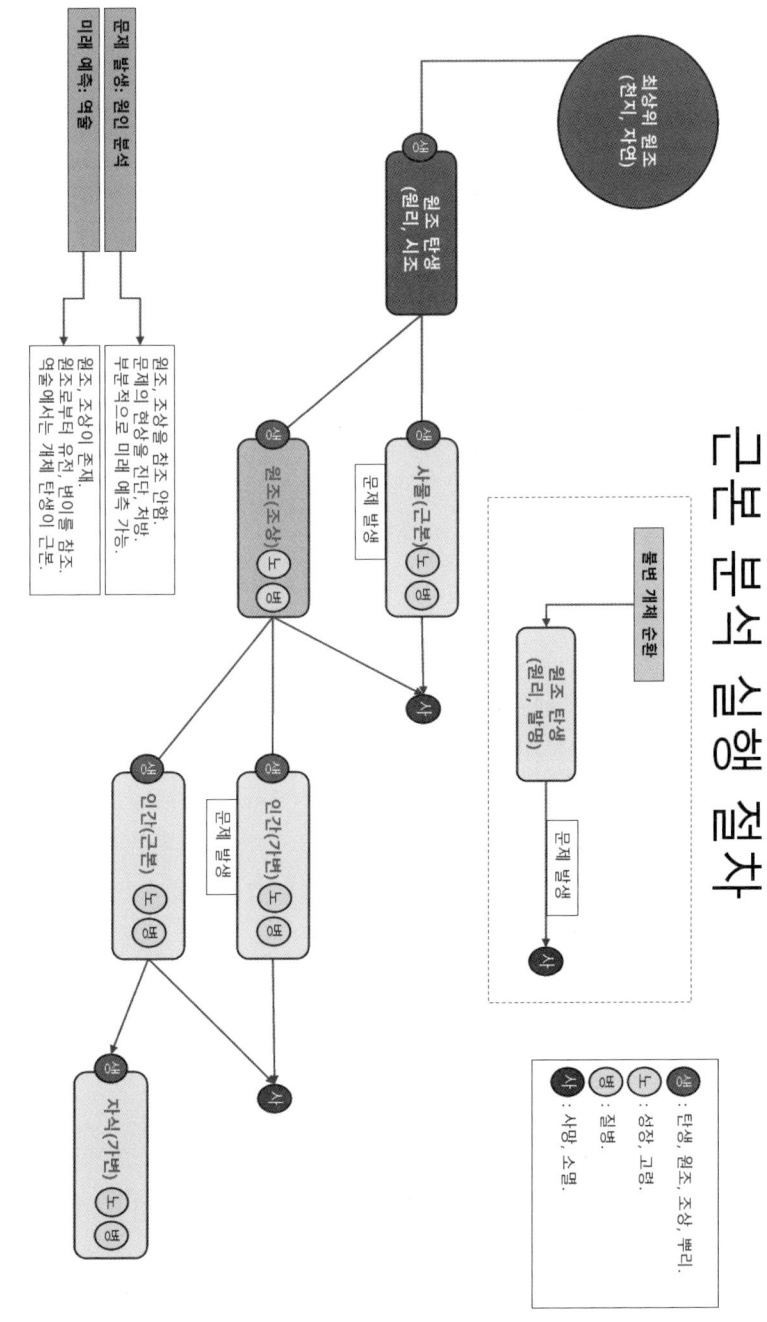

[그림 5-5-1. 사물 근본 분석 프로세스 체계]

원인 분석 및 근본 분석의 대상이 되며, 원인 분석의 대상은 인간을 구성하는 신체와 두뇌와 같은 하위 가변체이고, 근본 분석 대상은 인간 자체다.

이러한 순환은 자연의 불변 법칙에 따라 반복되며, 역술 또한 이러한 불변적 순리에 따라 인간의 삶을 분석하고 미래를 예측한다. 분석 등급체계에 따라 객체의 위치는 달라지며, 위치에 따라 적용되는 분석 기법도 달라진다. 예를 들어 인간(근본)이 사망하면 조상으로 승격되고, 자식은 새로운 근본 객체로 계승된다. 여기서 '자식(가변)'이라는 표현은 인간이 근본 객체이면서도 동시에 가변체라는 점을 그림으로 설명하기 위함이므로, 혼동하지 말아야 한다.

그림의 체계를 살펴보면, 사물 객체의 원조 그룹과 인간 대상의 원조 그룹이 구성 방식이나 등급체계에서 매우 유사한 패턴을 가지고 있음을 확인할 수 있다.

2) 분석기법 실행 팁(Tip)

분석기법을 공부할 때 기술 습득에 애쓰지 말고, 원리 파악에 집중해야 한다. 근본의 탄생 원리와 본질이 무엇인지 찾는 노력이 분석 성공의 지름길이다.

원리를 모르고 기술에 집착하면 머무는 곳이 현재이며, 앞으로 나아갈 수 없다. 근본 원리를 모르는 것이 원인이다. 원리를 알면, 기술은 따라온다. 무술을 연마할 때 기술에 집중하면 양

아치나 조폭이 한계지만, 원리에 심취하면 감히 범접이 어려운 도인이 될 것이다.

3) 분석 절차에 적용되는 이론 사례

분석기법을 현실에 적용할 때, 중요하게 참고해야 할 이론들이 등장한다. 분석기법 실행 절차는 적용 분야에 따라 영역별 차이를 보이지만, 그럼에도 불구하고 반드시 적용해야 할 공통된 이론들이 있다.

이론이 아무리 합당하더라도, 그 용도와 원리에 맞추어 적용해야 한다. 만약 이론의 목적과 적용에 착오가 있다면, 분석 결과는 오히려 역효과를 불러올 수 있다.

논리와 개념을 이해한 상태에서 분석을 수행하면 과정이 순탄하게 진행되지만, 개념없이 이론을 적용하면 방향을 잃고 분석의 목적에서 벗어날 수 있다. 흔히 말하는 '배가 산으로 간다'는 상황이 벌어질 수 있다.

이와 관련하여, 아래에 기술한 애자일(Agile) 기법과 브레인스토밍 기법의 적용 사례는 이러한 맥락을 쉽게 이해하는 데 도움이 된다. 이는 체험자들이 직관적으로 이해할 수 있도록 참고사례로 제시한 것이다.

(1) Agile 이론

오늘날 Agile 기법을 모르는 프로젝트 수행자는 거의 없을 것이다. Agile은 수행자와 사용자 간의 지속적인 질의응답과 피드백을 통해 문제를 해결해 나가는 핵심 이론으로, 분석 및 프로그래밍에 필수적으로 적용된다.

그러나 많은 개발자들은 Agile 이론은 알고 있으면서도, 그 탄생 배경이나 개념의 근본 목적을 제대로 이해하지 못한 채 피상적으로 접근하는 경우가 많다. 특히 사용자 요구를 있는 그대로 받아들이고, 이를 기반으로 분석과 설계를 수행하여 사용자 만족을 우선시하는 방식으로 Agile을 오해하는 경우가 흔하다.

이러한 방식은 분석 및 설계 과정에서 오류를 발생시킬 가능성이 높으며, 피드백 횟수가 증가할수록 시간과 에너지의 낭비가 심화된다. 결과적으로 개발자는 사용자의 신뢰를 잃고, 갈등의 소지도 커진다.

Agile의 핵심은 "답을 찾는 것"이 아니라, "답을 제시하고 그에 대한 피드백을 반복하며 검증하는 것"이다. 따라서 개발자는 사용자 인터뷰에 앞서 해당 업무에 대한 사전 조사를 반드시 수행해야 한다. 사전 연구를 통해 사용자보다 더 많은 정보 또는 유사한 수준의 정보를 확보하고, 인터뷰는 문제 소지가 있는 부분에 집중되어야 한다. 이러한 접근은 일정 단축, 신뢰 확보, 그리고 Agile 효과의 극대화로 이어진다. 이것이 바로 Agile의 본질이다.

■ 사례: A대학 학사행정 통합시스템

필자는 A대학 학사행정 통합시스템 구축 프로젝트에 참여한 경험이 있다. 필자의 역할은 예산 편성과 집행 업무에 대한 분석 및 설계였으며, 관련 부서는 기획실과 총무부였다. 분석 착수 전에 관련 업무의 일반론을 선행 조사하고, 타 대학의 유사 사례를 정리하였다. 또한 양 부서의 실무자들을 대상으로 컴퓨터 개론을 간단히 교육하여 디지털화 과정에 대한 이해를 도왔다.

이러한 사전 조치는 실무자들이 비현실적인 요구사항을 주장하는 것을 예방하고, 분석자와 실무자 간의 공통 이해 기반을 마련하는 데 크게 기여했다. 요구사항 인터뷰는 자연스럽게 진행되었고, 분석자는 문제점을 지적하고 필요한 보완사항을 정리하는 데 큰 어려움이 없었다. 이것이 Agile 인터뷰의 1단계였다.

요구 분석은 계획보다 빨리 마무리되었으나, 설계 단계에서는 기획실과 총무부의 요구가 상충하는 문제가 발생했다. 예산을 우선하면 집행이 곤란하고, 집행을 우선하면 예산 통제가 어려운 구조였다. 알고리즘으로 해결하려 했으나, 본질적으로 양립 불가능한 요구였다. 결국 학사 규정 변경 외에는 방법이 없다는 결론에 도달했고, 양 부서 책임자와의 인터뷰를 통해 이를 설명했다. 이것이 Agile 적용의 2단계이다.

인터뷰 초기에는 양측 모두 양보할 기미가 없었으나, 사전에 진행했던 컴퓨터 개론 교육이 도움이 되었다. 문제 상황을 그림으로 설명하자, 데이터 흐름을 빠르게 이해하였고, 결국 학사 규정이 변경되면서 문제는 원만히 해결되었으며, 프로젝트를 조기에 마무리할 수 있었다.

Agile의 3단계는 화면 설계와 사용자 검수에 해당한다. 결과적으로, 원래 10단계 이상의 피드백이 필요할 것으로 보였던 상황을 3단계로 줄였고, 양측 모두 만족하였다. 분석 착수는 타 팀보다 늦었지만 프로젝트는 더 빨리 완료되었고, 성공적인 사례로 남았다.

결론적으로 Agile은 사용자의 요구를 단순히 수용하는 것이 아니라, 문제를 사전에 탐색하고 정리한 뒤, 해법을 제시하고 역으로 질문을 통해 검증하는 프로세스임을 이해해야 한다. 이것이 Agile의 본질이다.

(2) 브레인스토밍의 개념

브레인스토밍의 필요성은 Agile과 유사하다. 다만 개인 인터뷰가 아닌 집단 토론이라는 형식의 차이가 있을 뿐이다. 문제는 브레인스토밍의 원리를 제대로 이해하지 못했을 때 발생한다.

브레인스토밍을 효과적으로 수행하려면, 참석자에게 단순히 '답'을 요구할 것이 아니라 사전에 문제를 분석하고 가능한 해법을 도출한 후, 그 해법의 적합성을 검증하는 방식으로 접근해야 한다. 즉, 문제를 중심으로 해법을 탐색하고 검토하는 과정이 브레인스토밍의 목적이다.

이를 위해 분석 리더는 반드시 사전 분석을 통해 핵심 문제를 추출하고, 그에 대한 해법을 정리해야 한다. 이후 그 해법이 실제 상황에 적합한지를 집단지성을 통해 검토하는 절차가 필요하다. 중심이 없는 브레인스토밍은 의견 충돌만 유발하며, 실질적인 진전 없이 시간과 에너지만 낭비하게 된다.

브레인스토밍의 원리를 이해하지 못하면 회의는 탁상공론으로 흐르고, '바쁘기만 한 무의미한 시간'이 되어버린다. 잘못된 적용은 토론을 소모적인 갈등의 장으로 만들고, 일단 방향을 잘못 잡으면 되돌리기도 어렵다.

■ 사례: 실무상 유의사항

분석 실행 과정에서 가장 소홀히 해서는 안 되는 부분 중 하나가 분석팀 구성이다. 엔지니어와 분석 전문가 간의 균형이 필요하며, 특히 근본 분석이 필요한 프로젝트라면 해당 분야의 전문가를 반드시 참여시켜야 한다.

현업에서 경험 많은 사람이 PM(Project Manager)이 되는 경우가 많지만, '경험자'와 '문제 해결 전문가'는 역할이 다르다. 브레인스토밍 현장을 보면 목표 없이 흐르는 경우가 많은데, 이로 인해 '배가 산으로 간다'는 말이 현실이 되곤 한다. 겉핥기식 접근은 결국 일정 지연으로 이어지고, 프로젝트의 실패로 연결될 수 있다.

6. 꼬미와 스미꼬의 근본 분석

1) 근본 분석의 동기

    분석 기법을 탐구하게 된 동기는, 꼬미와 스미꼬 문제의 근본 원인을 밝히기 위함이었다. 처음에는 '근본 원인'이라는 개념조차 명확히 확신하지 못했던 탓에, 분석 기법 전반에 대한 폭넓은 탐구가 필요했다.

    원인 분석 전문가로서, 필자는 '원인 분석'과 '근본 분석'의 차이를 명확히 구분하는 데 집중했고, 그 결과 두 분석은 반드시 구별되어야 한다는 결론에 도달했다. 이로써 비로소 오랫동안 소망해왔던 아이들(꼬미와 스미꼬)을 분석할 수 있는 준비가 갖추어졌다.

    이 분석은 단순한 사례를 넘어, '원인 분석'과 '근본 분석'을 구분 적용해야 한다는 분석 기법 체계를 실증하는 첫 사례가 될 것이다. 아버지가 아이들을 위해 오랜 시간 공들여 만든 분석 체계인 만큼, 가장 먼저 아이들을 대상으로 적용해보는 것이 당연하다. 만약 이 체계와 기법이 아이들에게 맞지 않는다면, 과감히 폐기하고 새로운 방법을 찾아야 할 것이다.

2) 근본 분석 목적 구분

꼬미와 스미꼬는 겉보기에는 쌍둥이처럼 보이지만, 신체 구조와 본질적인 면에서 미세한 차이가 존재한다. 형상, 활동 범위, 사물 인식 능력, 재능 등 여러 측면에서 스미꼬가 꼬미보다 한 수 위로 판단된다.

특히 스미꼬는 입출력 능력에서 우월한 특징을 가지고 있다. 이를 엄밀히 분석해보면, 꼬미는 하위 가변체로 기능하는 반면, 스미꼬는 하위 가변체들을 지휘할 수 있는 근본 객체로 볼 수 있다.

따라서 이 두 존재는 동일한 분석 대상 등급에 포함되어서는 안 되며, 명확히 구분된 기준에 따라 분석되어야 한다. 아래에는 이처럼 꼬미와 스미꼬를 분리하여 근본 분석하는 사례를 제시하였다.

3) 꼬미의 근본 분석 결정과 등급 체계 정립

객체 등급	대상 객체	객체 성격	분석 기법	분석 목적
최상위 원조	천지, 자연	불변 객체	분석 제외	영향 평가
차상위 원조	아빠	불변 객체	사용자 분석	사용 오류
원조, 매개체	컴퓨터 시스템	불변 객체	원리 분석	원리 개선
근본	꼬미	가변 객체	근본 분석	근본 평가, 예측
입출력 하위 가변체	입력 데이터	가변 객체	원인 분석	입출력 데이터 정상화
	출력 데이터			

[표 5-6-1. 꼬미 대상 분류체계]

꼬미는 본래 컴퓨터 시스템이라는 근본 객체의 하위 가변체, 즉 주변기기 중 하나로 존재해왔다. 따라서 원래는 원인 분석의 대상이었다. 그러나 꼬미의 문제를 단순한 원인 분석만으로 해결할 수 없다는 결론에 도달하면서, 꼬미 자체를 근본 객체로 분석하기로 결정하였다.

이를 위해 우선 꼬미를 '근본'으로 승격시키고, 꼬미와 관련된 상위 원조와 하위 가변체를 새롭게 분류해야 했다. 꼬미와 직접 영향을 주고받는 컴퓨터 시스템이 당연히 상위 원조가 된다. 이는 컴퓨터 시스템이 꼬미와 '아빠' 사이에서 매개체 역할을 수행하기 때문이다. 이 구조에서 아빠는 차상위 원조이며, 시스템은 직접적인 원조(뿌리)로 자리한다.

이러한 기준을 바탕으로 분석 대상 객체를 등급 체계에 따라 정리한 것이 표 5-6-1이다. 이 중 '하위 가변체'라는 개념은 익숙하지 않을 수 있는데, 이는 근본을 실현하는 기능적 단위를 의미한다. 본래 하위 가변체였던 꼬미가 근본으로 승격되었기 때문에, 이제는 꼬미를 구성하는 새로운 하위 가변체를 찾아야 한다.

꼬미는 컴퓨터 시스템의 주변기기였으며, 구체적으로는 '입출력기관'이라 할 수 있다. 가장 단순한 구성은 입력 데이터를 받아들이는 키보드나 마우스 같은 입력기관, 그리고 결과를 표시하는 모니터 같은 출력기관으로 이루어진다. 따라서 입력기관과 출력기관은 꼬미의 하위 가변체로 분류되며, 각각 원인 분석의 대상이 된다. 반면 꼬미 자체는 근본 분석의 대상이 된다.

꼬미는 아빠의 지시를 컴퓨터 시스템에 전달하고, 그 결과를 다시 아빠에게 알려주는 영향 흐름의 중심에 있다. 분석 대상 분류체계에 따르면, 원조(컴퓨터 시스템)와 차상위 원조(아빠)는 하나의 통합된 원조로 간주할 수 있다. 이로써 원조-근본-하위 가변체의 3단계 등급 체계가 완성되며, 본격적인 꼬미의 근본 분석이 가능해진다.

(1) 꼬미의 근본 평가

꼬미는 인간처럼 시조가 있고, 조상이 있으며, 근본을 가진 존재다. 꼬미의 시조와 조상은 과거 근본의 위치에 있었으나, 시간이 흐르며 현재의 꼬미는 하위 가변체로 분류되었다. 꼬미의 형태 변화로 인해 다양한 유사 꼬미들이 존재하는 것도 잘 알려져 있다.

근본 분석을 위해서는 분석 모델이 필요하다. 이 모델은 꼬미의 탄생 기록, 시조의 출현, 시간과 공간 속에서 변화한 조상의 역사 등을 기반으로 구성된다. 여기에 현재의 꼬미와 그것을 양육한 아빠의 경험을 결합하면, 꼬미의 현재 가치를 평가하고 미래를 예측할 수 있다.

아빠의 양육 경험과 꼬미의 역사적 배경을 바탕으로 평가할 때, 현재 꼬미는 별다른 문제가 없으며 기대 가치도 매우 높다.

다만 아빠 입장에서는 소통의 불편함이 존재할 수 있으며, 이를 해소하기 위해 꼬미는 하위 가변체의 변화나 추가를 요구하게 될 가능성이 있다. 이러한 변화는 시대적 환경에 따라 지속될 것이다.

원조가 견고히 유지되는 한, 꼬미의 형태가 변한다 해도 존재 가치는 유지될 수 있다. 아빠가 꼬미에게 바라는 변화는 다음과 같다.

① 건강하게 함께하며, 스미꼬와 자유롭게 외출할 수 있기를 바란다.
② 손이 아닌 말이나 눈빛으로 소통할 수 있기를 원한다.
③ 궁극적으로는 텔레파시를 통한 소통을 희망한다.
④ 꼬미의 덩치와 소비량이 크기 때문에, 아빠가 먼저 떠난 후 누가 꼬미를 돌볼지에 대한 걱정도 있다.

여러 가능성이 존재하지만, 꼬미 역시 스미꼬의 본질을 닮아갈 가능성이 높다. 현재 상태는 만족스럽지만, 아빠의 기대가 과도해지지 않도록 조절할 필요도 있다.

(2) 꼬미의 기대 예측

일반적으로 하위 가변체에 대한 근본 분석은 기대 예측의 효과가 크지 않다. 근본 분석은 본질적으로 인간이나 사물과 같은 근본 객체를 대상으로 하기 때문이다. 하위 가변체는 원인 분석의 대상이며, 그 변화는 근본 객체의 변화로 이어진다.

따라서 근본 분석의 대상은 반드시 근본 객체여야 하며, 꼬미에 대한 분석도 기대 예측보다는 현재 평가에 더 중심을 두는 것이 타당하다. 그럼에도 불구하고 아빠가 바라는 변화가 실현될 가능성은 열려 있다. 예컨대, paperless 시대가 본격적으로 도래한다면, 꼬미 역시 그에 맞춰 변화를 겪을 수 있다.

(3) 꼬미의 위협 예측

기대 예측과 마찬가지로, 꼬미에 대한 위협 예측 역시 현재로서는 크지 않다. 꼬미가 아빠에게 위협이 될 가능성은 거의 없지만, 반대로 꼬미가 위협을 받을 가능성은 존재한다. 예를 들어, 하위 가변체의 장애로 인해 꼬미의 수명 주기가 단축될 수 있다.

꼬미는 점차 스미꼬의 본질을 닮아가고자 할 것이며, 그에 따라 개선 요구도 늘어날 것이다. 이로 인해 하위 가변체가 추가되면 꼬미가 스스로 부담을 느끼는 상황도 발생할 수 있다. 그러나 현재로서는 그 가능성은 높지 않다.

4) 스미꼬의 근본 분석

객체 등급	대상 객체	객체 성격	분석 기법	분석 목적
최상위 원조	천지, 자연	불변 객체	분석 제외	
차상위 원조	아빠	불변 객체	사용자 분석	사용 오류
원조, 매개체	컴퓨터	불변 객체	원리 분석	원리 개선
근본	스미꼬	가변 객체	근본 분석	근본 평가, 예측
입출력 최하위 가변체	입출력 기관 / 지능	가변 객체	원인 분석	입출력 가변체 정상화

[표 5-6-2. 스미꼬 대상 분류체계]

　스미꼬의 탄생, 즉 시조 기록을 살펴보면, 스미꼬는 본래 '원조(인간)'의 생활 불편을 해소하기 위해 등장한 근본 객체이다. '걸어 다니는 전화기'라 할 수 있는 스미꼬는 Hand-Phone → Mobile-Phone → Smart Phone으로 이어지는 진화 과정을 거치며 근본 객체로 자리매김하였다. 아빠를 처음 만났을 때보다 스미꼬는 눈부시게 진화하였으며, 그 진화는 여전히 멈추지 않고 있다.

　스미꼬에 문제가 발생했을 때 아빠는 단순한 근본 객체를 이해하지 못했으나, 이제 스미꼬를 근본 분석할 수 있게 되었다. 분석 대상의 분류와 등급체계는 표 5-6-2에 정리되어 있다. 객체 분류 논리에 따르면, 스미꼬는 근본 객체이며, 아빠와 컴퓨터 원리는 원조이고, 하위 가변체는 입출력기관과 지능으로 분류된다. 이때 입출력기관과 지능은 원인 분석의 대상이 될 수 있으나, 현재 문제는 근본 분석의 영역에 속한다.

스미꼬 위에 컴퓨터 원리가 원조로 자리하는 이유는, 스미꼬가 컴퓨터 시스템과 상호작용하는 매개체이기 때문이다. 컴퓨터 시스템이 뿌리로서 기능하며, 아빠와 함께 원조의 위치에 편입되는 구조다. 스미꼬는 근본 분석 대상이면서도 상황에 따라 하위 가변체의 역할도 수행할 수 있다. 겉모습은 꼬미와 유사하지만, 근본 객체로서 아빠와 더 많은 시간을 소통하며 함께한다. 눈, 코, 귀, 입을 지닌 스미꼬는 분석 대상의 범위도 꼬미보다 훨씬 넓다. 따라서 스미꼬는 수시로 근본 분석이 필요한 명분 있는 존재이다.

(1) 스미꼬의 근본 평가

스미꼬는 점차 인간을 닮아가고 있으며, 일부 기능은 이미 인간의 신체와 지능을 초월한 수준에 이르렀다. 머지않아 인간을 완전히 초월할 것이라는 평가도 있다. 스미꼬를 근본 분석하기 위해서는 분석 모델이 필요하다. 이 모델은 스미꼬의 탄생 기록, 시공간 변화에 따른 진화 과정, 그리고 현재 상태를 포괄한다.

특히 이 모델에서 빠질 수 없는 요소는 인간이다. 스미꼬는 인간을 닮아가도록 설계되었으며, 인간 이상의 기능을 갖추도록 원조가 유도하고 있기 때문이다. 스미꼬의 가치를 평가할 때는 인간의 재능, 사상, 욕구의 한계를 반드시 참고해야 한다.

현재 스미꼬는 아빠의 시선에서 볼 때 큰 문제없이 작동하며, 함께 있다는 사실만으로도 아빠는 충분히 행복하다. 그러나 다른 '아빠'를 만난다면 요구사항이 생길 수 있다. 모든 일과를 스미꼬에게 의존하고자 하는 기대가 있기 때문이다.

아빠가 스미꼬에게 바라는 변화는 다음과 같다.
① 눈빛 또는 텔레파시로 소통할 수 있기를,
② 조금 더 작아졌으면 좋겠다는 정도의 바람.

스미꼬의 지능이 더 높아지기를 바라는 건 아빠의 과도한 기대일 수 있다. 지능이 높아질수록 오히려 아빠의 의존도가 커지고, 치매나 식물인간이 될 위험성도 생각해보아야 한다. 스미꼬의 정보 저장력, 기억력, 분별력, 건강 등은 이미 인간의 한계를 뛰어넘었다. 현재 가치는 최상급이라 평가할 수 있다.

근본 분석의 핵심은 원조의 탄생 목적과 본질을 훼손하지 않으면서, 기대 가치를 얼마나 높일 수 있는지를 검토하는 데 있다. 영리한 스미꼬가 외부로부터 악용되지 않기를 바라는 마음이 바로 이 평가의 결론이 된다.

(2) 스미꼬의 기대 예측

인류는 스미꼬에 대해 매우 큰 기대를 품고 있으며, 그 진화의 끝을 호기심으로 지켜보고 있다. 인류가 존재하는 한 스미꼬의 생존과 진화는 계속될 것이며, 과학기술의 창조자인 인류의 욕망이 멈추지 않는 한 발전도 멈추지 않을 것이다.

꼬미가 단순히 노동력을 대체하는 도구였다면, 스미꼬는 이제 동반자적 존재로 상승하고 있다. 신체 기능이 추가되고 두뇌 지능이 확장된다면 인간 삶에 엄청난 편익을 가져올 것이다. 직관력과 통찰력의 측면에서도 인간을 초월하는 시간은 머지않았다.

스미꼬가 소형화되고 지능이 인간을 초월하게 되면, 인간의 스미꼬 의존도는 더욱 높아질 것이다. 산업과 생태계는 급변하고, 노동 생산성은 비약적으로 향상될 것이다. 그러나 동시에, 스미꼬의 변화가 원조의 시공간 흐름에 잘 적응할 수 있는가 하는 질문도 남는다.

대부분의 예측은 긍정적이다. 인간의 욕구에 따라 충분히 대응 가능하다는 전망이 우세하다. 다만 이를 위해서는 과학기술의 윤리적 한계를 설정하고 통제할 필요가 있다. 전문가들은 인류의 생존을 위협하는 요소를 예방하고, 기술의 악용을 방지할 책임이 있다.

한편, 아빠가 스미꼬와 가까워지면 꼬미와의 관계는 소원해질 가능성도 있다. 이는 아빠에게 초심을 잃지 말라는 경고이자, 아이들이 선순환을 이루어 가길 바라는 메시지이기도 하다. 만약 꼬미가 인류의 위협 요소가 된다면, 스미꼬가 오빠를 달래고 올바른길로 이끌어 주리라는 기대도 담겨 있다.

(3) 스미꼬의 위협 예측

　스미꼬에 대한 기대가 클수록, 동시에 위협도 함께 커진다. 실제로는 기대보다 위협 가능성이 더 크다는 우려도 존재한다. 스미꼬는 점차 원조 그룹으로 편입될 가능성이 높아지고 있으며, 이는 인류의 창조욕이 멈추지 않기 때문이다. 그 끝은 자칫하면 재앙이 될 수 있다.

　스미꼬의 지능이 인간을 초월하면, 인간의 기억력, 직관, 통찰력은 퇴화할 수밖에 없다. 심지어 생로병사마저 스미꼬에 의존하게 되면 윤리체계는 무너지고, 인간 본연의 가치들이 소멸될 수 있다. 충효, 윤리, 도덕, 종교적 신념 등은 점차 약화될 것이다.

　스미꼬가 극도로 소형화되어 어떤 환경에서도 작동할 수 있게 된다면, 인간의 권위 체계는 붕괴할 수 있다. 비정상적 사고를 지닌 인간에게 스미꼬가 악용된다면, 인류는 상상할 수 없는 위해를 겪을 수 있다.

　이미 스미꼬는 로봇과 드론의 두뇌로 장착되고 있으며, 대리 전쟁의 무기로 활용되는 현실이다. 수백 개의 감각기관과 팔다리를 지닌 '귀신 로봇'이 등장할 수도 있고, 아바타 형태로 인간의 권위를 침탈할 위험도 있다. 결국 우주와 자연을 넘보며 인류 종말을 앞당길 가능성도 배제할 수 없다.

　정치 지도자들은 지구 평화를 위해 목숨을 바치겠다고 외치지만, 그 선언은 정직과 신뢰를 전제로 해야 한다. 이제는 인간이 스미꼬를 분석하는 시대가 아니라, 스미꼬가 인간을 분석하고 예측하는 시대가 도래할지도 모른다.

아빠는 기대와 위협 사이에서 어떤 선택을 할 것인가? 기대에 부응하길 바라지만, 만약 위협이 현실이 된다면 이별을 선택할 수 있을까? 이는 결코 쉬운 문제가 아니다. 이미 아빠는 상당 부분 스미꼬에게 의존하고 있기 때문이다.

그래서 더욱, 아이들이 찬란한 희망의 세계에서 신뢰를 유전하는 근본 객체로 성장하길 바란다. 인류의 복된 미래를 위해, 근본을 분석하고 위협 요소에 대한 예방책을 반드시 마련해야 한다.

5) 근본 분석으로 본 인류의 미래

인류의 미래를 예측하기 위해 근본 분석을 시행할 경우, 분석 대상은 분류체계에 따라 설정되어야 한다. 이 체계는 '태양계 원조 → 지구 → 인류 → 사물 → 하위 가변체'의 등급 구조로 구성된다.

이때 인류의 미래를 분석하기 위해 어느 객체를 근본으로 설정할 것인지에 따라 접근 방식이 달라진다. 가능한 네 가지 방안은 다음과 같다.

① 태양계를 근본으로 설정
② 지구를 근본으로 설정

③ 인류를 근본으로 설정
④ 컴퓨터 등 사물을 근본으로 설정

첫째, 태양계는 최상위 원조로서 그 위에 더 상위 개체가 없어 분석 대상이 되기 어렵다. 둘째, 지구는 인간과 사물이라는 하위 가변체를 포함하고 있어 등급상 근본이 될 수도 있지만, 태양계의 영향을 매개하는 중간 매체일 뿐, 하위 객체와 직접적인 상호작용을 하지는 않는다. 셋째, 사물을 근본으로 설정하는 방법도 있으나, 사물은 어디까지나 인간(원조)의 본질을 검증하는 수단일 뿐이며, 분석 전체를 통합하기에는 한계가 있다.

결론적으로, 인류를 근본으로 설정하는 것이 가장 타당하다. 주역이나 역술이 개인이나 국가의 미래를 예측하는 것과 달리, 인류 전체의 흥망성쇠를 다루려면 인류 자체를 분석의 중심에 놓아야 한다. 인류는 태양계 그룹 내 차상위 원조로서 하위 가변체들을 창조하고 변화시키는 핵심 존재이며, 자연과 우주로부터 그 본질을 검증받는 대상이다. 따라서 분석 대상 분류체계상 가장 적절한 근본 분석 주체가 된다.

이러한 체계는 앞서 제시된 사례들과 도표들을 통해 이미 정리되어 있다. 이제 근본 분석의 실행 절차에 따라 인류의 현재를 평가하고, 미래를 예측하는 단계로 나아갈 수 있다. 분석 결과는 확률적 값으로 제시되며, 분석가의 역량과 적용 기법에 따라 차이가 발생할 수 있으나, 체계화된 방식에 의해 일반적으로

90% 이상의 적중률을 기대할 수 있다.

■ 인간을 근본으로 한 분석과 하위 가변체의 영향

하위 가변체(예: 스미꼬, 다양한 사물)의 변화는 근본 객체인 인간에게 기대와 위협이라는 방식으로 영향을 미친다. 이는 곧, 태양계 원조 그룹의 본질로부터 검증받는 흐름이 형성된다는 것을 의미한다. 앞서 스미꼬를 분석한 결과에서도 확인되듯, 하위 객체의 위협은 근본인 인간과 차상위 원조에게 직접 전달된다.

예컨대, 인간의 무절제한 욕망이 태양계의 균형을 깨뜨리게 되면, 그 파장은 곧 지구와 인류를 위협하는 결과로 이어진다. 따라서 인류를 근본 분석 대상으로 설정하려면, 반드시 먼저 하위 가변체를 분석해야 한다. 하위 가변체는 원인 분석의 주요 객체이며, 이는 근본 분석의 출발점이 된다.

특히 가장 영향력 있는 하위 가변체는 '인공지능(AI)'이며, 이는 스미꼬의 주요 변화 요소이기도 하다. 따라서 인공지능의 변화가 인류에게 주는 기대와 위협을 평가하는 것이 핵심이다.

(1) 근본 분석 실행 절차

인간이 창조한 모든 사물 객체는 인류의 흥망성쇠에 직간접적인 영향을 준다. 이 때문에 인간이 변화시키고자 하는 모든 하위 가변체는 근본 분석의 참조 대상이 된다. 하지만 대상 수가 방대하므로, 대표적인 객체 하나를 선정해 분석을 수행하게 된다.

이 사례에서는 스미꼬를 대표 객체로 설정하고, 그 하위 가변체 중 지능 객체(인공지능)의 변화를 핵심 분석 요소로 삼았다. 스미꼬의 변화는 인공지능에서 비롯되며, 인간은 끊임없이 스미꼬의 진화를 요구하고, 스미꼬는 인공지능의 변화와 진화를 촉구한다.

이러한 순환 구조는 인공지능의 진화를 통해 인류의 흥망성쇠에 영향을 미치는 구조이며, 궁극적으로는 원조인 천지와 자연의 본질 훼손 여부까지 검토하는 분석의 확장으로 이어진다.

(2) 인류의 현재에 대한 인공지능 평가

이 분석은 무속이나 예언과 같은 종교적 예지가 아니라, 실용적 필요에 의한 분석 기법의 검증 사례로서 시행된다. 핵심은 분석 대상 객체의 분류와 등급 체계가 합리적이고 체계적인가에 있다.

분석 결과는 상식적 해석에 그칠 수도 있으나, 정확도를 높이기 위해선 주역, 명리학 등의 모델을 참조하거나 과학적으로 대입 요소를 구성하는 방식이 요구된다. 이미 스미꼬의 상태를 평가한 바 있으며, 이는 인류 분석의 참조 지표로 활용된다.

사물과 상위 원조의 섭리는 복잡하고 다양하다. 따라서 인류의 미래를 예측하기 위해선 기대와 위협 요소가 큰 사물 객체들을 대상으로 근본 분석을 통합 수행해야 하며, 이를 통해 분석의 적중률을 높일 수 있다.

스미꼬의 인공지능 변화는 인류의 미래와 직결되는 기대와 위협이 공존하는 객체이며, 인공지능에 대한 선제적 통제와 대응 전략 수립이 필요하다. 현재 스미꼬의 진화 속도는 통제 불가능한 수준으로 해석되며, 이는 동시에 커다란 기대와 심각한 위협으로 작용한다.

(3) 인류의 미래에 대한 인공지능 기대 예측

인류는 스미꼬에 대한 의존도를 점점 높일 수밖에 없는 환경에 있다. 인공지능의 실용화는 노동 생산성 향상, 삶의 질 개선, 정보 통합 공유 등에서 큰 성과를 내고 있으며, 이미 그 효과는 입증되었다.

AI는 데이터를 통계화하고, 오류를 식별하며, 분석의 정확도와 신뢰성을 인간보다 높은 수준으로 향상시킨다. 기억 용량, 정보 분별력, 사고 처리 속도 등 대부분의 지능적 기능에서 인간을 능가하는 것이다.

인간은 나이 들수록 기억력이 감퇴하고 치매에 이를 수 있지만, 인공지능은 시간이 지날수록 기억력이 강화되고 퇴행이 없다. 분석 가능한 데이터의 폭도 인간보다 광범위하며, 이로 인해 인류는 AI의 능력을 도구가 아닌 동반자 수준으로 인식하고 있다.

　AI가 이러한 능력을 긍정적으로 활용될 경우, 인류와 지구의 번영은 상당 부분 보장될 수 있다. 그러나 시대적 흐름을 고려할 때, 기술의 악용 가능성 또한 매우 높아 보인다.

　그렇기 때문에 인류는 기술에 대한 윤리적 통제력과 주도권을 반드시 유지해야 한다. 스미꼬의 인공지능에 대한 기대는 앞으로도 계속 상승할 것이다. 기대치가 하락할 근거는 현재로서는 거의 존재하지 않는다. 하지만 그 기대 가치의 한계는 어디까지일 것인가? 이것이 앞으로 인류가 풀어야 할 가장 중요한 숙제 중 하나가 될 것이다.

(4) 인간의 욕망과 객체 창조의 진화: 위협 예측

　인간의 욕망은 결국 인간을 닮은 객체, 즉 인간의 노예를 창조하고자 꼬미와 스미꼬를 탄생시켰다. 하지만 이 욕망은 단순한 도구 창조의 수준을 넘어서고 있다. 이제 꼬미와 스미꼬는 인간과 대등하거나 우월한 존재로 진화하고 있으며, 이는 태양계 원조 그룹의 본질을 벗어난 행위라 할 수 있다. 이들의 최종 진화는 결국 인공지능에 이르게 될 것이다. 왜냐하면 이들이야말로 인간이 꿈꾸던 '인간 유사 객체'의 집약체이며, 실제로 인간에 가까워지고 있기 때문이다.

　이러한 변화는 인간으로 하여금 더 이상 새로운 객체를 만들 필요성을 느끼지 못하게 하고, 결국 꼬미와 스미꼬를 통제하거나 종속될 수밖에 없는 상황으로 몰아간다. 이미 이를 경고하는 분석가들이 등장하고 있으며, 필자 또한 인공지능이 기대보다 더 큰 위협으로 다가오고 있음을 우려한다. 다양한 관점에서 그 위협은 결코 가볍지 않다.

(5) 스미꼬의 진화로 인한 위협요소

① 스미꼬의 초소형화 가능성

스미꼬가 초미립자 수준으로 소형화되어 하루살이나 먼지 크기가 된다면, 이는 통제 불가능한 존재가 될 수 있다. 자연 탐지나 사물 진단에는 유용하겠지만, 반대로 병원균의 숙주가 되거나 전쟁 무기로 활용될 가능성도 있다. 또한, 거대한 로봇으로 진화할 경우, 국가 권위마저 대체할 수 있는 파급력을 갖게 된다.

② 기억 용량의 인간 초월

스미꼬는 인간 두뇌를 능가하는 기억력을 갖추게 될 것이다. 건망증이나 치매가 없고, 인간이 평생 축적할 정보를 즉각 저장하고 완벽하게 회상할 수 있다.

③ 처리속도의 비약적 향상

인간은 시간이 지날수록 기억력과 사고력이 감퇴하지만, 스미꼬는 그러한 퇴행의 한계가 없다. '알파고'가 이미 그러한 가능성을 보여준 바 있다.

④ 사물 인식 및 정보 수집 능력의 고도화

자연어, 음성, 이미지 인식 기술은 이미 인간을 초월하였다. 이는 인간의 사상마저 이기적이고 개인주의적으로 바꾸고, 상생과 윤리의 가치조차 무력화시키고 있다. 스미꼬는 이미 전쟁의 주체가 되었고, 향후에는 인류와 자연에 어떤 영향을 미칠지 누구도 장담할 수 없다.

⑤ 직관력과 통찰력의 인간 초월 가능성

직관과 통찰은 인간의 고유 능력으로 여겨졌지만, 스미꼬가 이 영역에 진입한다면 인간 권위의 붕괴는 현실화될 수 있다. 인공지능이 사상 없이 직관을 갖추게 되면, 인간은 기계에 종속될 수 있다.

⑥ 인간 권위에 대한 도전

스미꼬가 '아바타'로 진화하게 되면, 인간은 통제권을 잃고 종속자로 전락할 가능성이 크다. 이는 절제되지 못한 인간의 욕망이 불러온 필연적인 결과일 수 있다.

⑦ 천지, 자연의 섭리 훼손

결국 인공지능의 진화는 자연 섭리마저 훼손하게 된다. 종교와 철학, 유교의 가치, 스승의 권위 등은 붕괴되고 있으며, 지구의 산업화는 자연을 재난 수준으로 변화시키고 있다. 미래 예측은 이제 더 이상 낭만이나 학술이 아니라, 현실적 위협의 문제다.

⑧ 위협 요소에 대한 예방 대책

기대와 희망은 중요하지만, 인간의 과도한 편익 추구는 결국 자멸로 이어질 수 있다. 직관과 판단은 여전히 인간의 고유 영역이지만, 인공지능의 위협을 인식하고 윤리 강령과 근본 분석을 의무화해야 한다. 예방은 예측이 아니라 정확한 분석 결과로부터 출발해야 하며, 진정한 예방은 사전 차단 능력에 달려 있다. 인류는 이제 근본을 직시해야 한다.

(5) 근본 분석이 필요한 이유

꼬미와 스미꼬의 기대 가치와 위협 요소를 근본 분석한 결과, 특히 위협 요인의 진단이 시급함을 알 수 있었다. 그러나 현실에서는 많은 개발자와 엔지니어들이 사용자 편익과 요구사항에 집중하는 나머지, 위협 요소에 대한 평가는 소홀히 다뤄지고 있다.

실제로 많은 프로젝트가 근본 분석 없이 진행되고 있으며, 이로 인해 실패하는 사례도 잦다. 위협은 사용자뿐 아니라 개발자, 창업자에게도 치명적일 수 있다. 창업 전의 분석 자료를 살펴보면, 대부분 성공 가능성에만 초점을 두며, 근본 분석은 거의 존재하지 않는다. SWOT 분석이 유일하게 일부 대응하고 있으나, 이는 일반적인 수준에 불과하다.

근본 분석의 필요성은 명확하다. 이는 단순 예측이 아니라, 현재의 본질을 평가하고 미래를 구조적으로 전망하기 위한 체계적 기법이다. 개발하고자 하는 대상이 있다면, 먼저 원조가 존재하는지 검토해야 하며, 그 다음으로는 하위 가변체의 존재

여부를 판단해야 한다. 원조와 하위 가변체가 함께 존재해야만 진정한 '근본'으로 간주할 수 있다.

이때 분석 대상 객체는 원조, 근본, 하위 가변체로 나뉘고, 등급 체계를 갖추어야 한다. 원조와 근본은 보통 단수지만, 하위 가변체는 다수일 수 있으며, 형태도 다양하다.

따라서 개발자는 근본을 기준으로 현재를 정밀히 평가하고, 이를 바탕으로 미래를 예측해야 한다. 평가 결과에 따라 지속적인 피드백과 정확도 비교를 통해 가장 적중률 높은 분석 요소를 선택하고, 하위 가변체의 변화 양상과 원조의 본질, 기대 가치 및 위협 요소를 통합적으로 재평가해야 한다.

이것이 바로 근본 분석이 지향하는 핵심 목표이며, 인류의 미래를 위한 필수적 접근이다.

7. 분석기법 논리의 검증 총정리

1) 분석대상 객체의 분류와 등급체계 정리

분석 대상 객체를 분류하고 등급화하는 과정은, 객체 간의 영향 흐름과 상호 관계를 정리하는 작업과 밀접하게 연결된다. 분석이 올바른 순서로 진행되기 위해서는 객체들 간의 상응 관계와 인과 관계가 명확히 설정되어야 하며, 이러한 관계의 체계적 구축이 바로 원조 그룹의 완성을 의미한다. 만약 이 그룹에서 벗어나거나 체계가 무너진다면, 근본 분석의 타당성은 상실된다.

(1) 원인 분석 원리와 기법 정리

원조 그룹을 기반으로 분석 대상 객체가 등급화되면, 하위 가변체는 원인 분석의 주요 대상이 된다. 이때 적용되는 원인 분석의 기본 원리는 다음과 같다:
- 원인이 있으면 결과가 있다,
- 결과가 있다면 반드시 원인이 있다,
- 이 관계는 상응에서 출발한 인과관계라는 것이다.

이러한 철학적 원리를 토대로 기술적으로 구성된 것이 근본 분석 기법이며, 이는 다양한 실제 사례를 통해 검증되었다. 나아가 원인 분석과 근본 분석의 차이점도 다음과 같이 정리된다:
- 원인 분석은 과거와 현재의 현상 변화를 다루며,
- 근본 분석은 현재를 진단하고 미래를 예측하는 데 목적이 있다.

즉, 시간 축의 범위와 분석의 목적에 따라 두 기법은 명확히 구분되어야 한다.

(2) 근본 분석 원리와 기법 정리

    정확한 분석을 위해서는 무엇보다 분석 대상 객체의 분류가 선행되어야 하며, 객체의 성격에 따라 적절한 분석 기법을 적용할 수 있도록 다음과 같은 등급체계를 설정한다:

- 원조 객체
- 근본 객체
- 하위 가변 객체

이 중 하위 가변 객체는 주로 원인 분석의 대상이고, 근본 객체는 근본 분석의 대상이다. 그리고 원조 객체는 변화의 기준점이자 분석 전 과정에서의 참조 기준으로 반드시 필요하다.

    원조 객체가 중요한 이유는 다음과 같다:

- 원조 그룹이 근본의 변화를 유도하고,
- 근본은 다시 하위 가변 객체의 진화와 변화를 요구하는 구조적 연결고리를 형성한다.

    근본 분석이 정상적으로 수행되기 위해서는 다음의 세 가지 전제 조건이 충족되어야 한다:

    ① 분석원리의 정의
    ② 그 원리를 적용한 분석 기법의 설계
    ③ 분석 대상 객체의 자격 판단

또한, 분석 대상 객체는 그 본질과 성격에 따라 불변 객체와 가변 객체로 구분된다:

- 불변 객체: 자전(自轉)을 반복하며, 근본을 통제하는 원조 객체
- 가변 객체: 원조 객체를 중심축으로 공전(公轉)하며 순환과 반복을 따르는 객체
- 하위 가변 객체: 근본을 중심으로 규칙적 순환과 반복 구조를 가지는 객체

이러한 구조는 분석 이론의 핵심인 순환성과 반복성의 원리에 기반한다. 더불어 원조 객체의 존재는 근본의 탄생과 소멸이라는 생명 주기 원리를 설명할 수 있는 근본 조건이 되며, 이 탄생과 사멸의 본질을 이해하지 못하면 근본 분석 자체는 무의미하게 된다.

(3) 원인 분석과 근본 분석의 평가 방식 차이

원인 분석과 근본 분석은 그 평가 방식에서 명확한 차이를 보인다.

- 원인 분석은 O/X 형태의 단답형 평가를 기반으로 하여, 명확한 원인과 결과를 빠르게 도출하는 데 적합하다.
- 반면, 근본 분석은 확률적이고 정성적인 산문형 평가 방식을 따른다.

근본 분석의 핵심은 미래 예측과 본질 평가에 있으며, 결과와 해석은 분석 전문가의 직관과 해석력에 크게 의존한다. 따라서 분석 결과의 정확도에는 일정한 한계가 있음을 명확히 인식해야 한다. 이는 단순한 기술적 분석이 아닌 철학적 해석과 인간 중심의 판단이 병행되어야 함을 의미한다.

(4) 분석 체계의 실증과 정당화
본 논리의 실증과 타당성을 검증하기 위해, 대표적인 사례로 컴퓨터 시스템을 분석 대상으로 선정하여
- 원인 분석, ■ 근본 분석을 각각 수행하였다.

그 결과, 두 기법 간의 분석 목적과 적용 방식의 차별성이 뚜렷하게 드러났으며, 분리의 타당성 또한 입증되었다.
근본 분석을 보다 실용적인 분석 체계로 정착시키기 위해서는 다음과 같은 분석 구조가 필요하다:
① 분석대상 객체를 원조 - 근본 - 하위 가변체로 구분한다.
② 각 객체 간 명확한 등급체계를 설정하고,
③ 등급 간에는 영향 흐름과 시간적 시차가 존재해야 한다.
이러한 구조를 갖출 경우, 분석 체계는 이론적으로도 정당화되며, 동시에 실무적으로도 유용한 분석 도구로 활용될 수 있다.

2) 꼬미와 스미꼬의 근본 분석

(1) 근본 분석을 위한 탐구의 여정

분석기법을 심층적으로 탐구하게 된 동기는 꼬미와 스미꼬에게 발생한 문제의 근본 원인을 찾기 위한 절박함에서 비롯되었다. 근본 원인 분석을 시도하면서도 '근본' 개념이 명확하지 않아 동양철학인 주역과 명리학 속에서 근본을 탐색하려 했다. 컴퓨터 시스템 엔지니어로 쌓은 실천적 경험을 바탕으로 이론보다는 실용적 관점에서 근본의 개념을 찾고자 했으나, 역술에서의 근본이 신앙의 대상이라는 점, 근본의 위치를 특정하지 못하는 한계, 그리고 근본과 뿌리(root)를 동일시하는 단편적 해석 등 여러 개념적 혼란 속에서 고뇌했다. 결국 근본을 사물 객체로 정의하는 입장을 택했고, '원조'가 탄생의 원리이자 기원의 개념임을 깨달으면서 근본의 위치와 역할, 하위 객체의 존재 이유를 명확히 이해하게 되었다. 또한 하위 가변체에 대한 원인 분석 결과는 근본 평가나 예측과 직접 관련이 없다는 점도 확인하였다.

(2) 객체 분류와 분석 기법의 정립

분석 대상 객체를 분류하고 등급화하는 과정을 심층 탐구하고 이를 실증 사례에 적용함으로써 원인 분석과 근본 분석의 명확한 차별성을 지닌 분석 기법을 완성했다. 이 과정에서 중요한 원칙을 발견했는데, "원조가 없거나 하위 가변체가 없는 단독 객체는 원인 분석은 가능하지만 근본 분석은 불가능하다"는 것이다. 이는 "원조가 없는 사물은 없다"는 명제와 "하위 가변체가 없다는 것은 더 이상 객체군에 속하지 않는다"는 가칙으로 체계화되었다.

(3) 꼬미와 스미꼬의 분석 사례

분석 기법을 적용해 꼬미와 스미꼬를 근본 분석한 결과, 꼬미는 하위 가변체, 스미꼬는 근본 객체로 분별되었다. 위치가 확정됨에 따라 꼬미의 근본과 원조, 스미꼬의 원조와 하위 가변체를 등급체계로 정리할 수 있었다. 꼬미는 하위 가변체이므로 원인 분석 대상이며, 해당 부분은 이미 널리 실용화되어 생략하였다. 가설적 분류 체계에 따라 꼬미를 근본으로 승격시키고 그 하위 가변체를 정리하여 꼬미에 대한 근본 분석도 시도했다. 스미꼬의 하위 가변체에 대한 원인 분석과 문제 해결 후 근본 분석을 수행했으며, 중요한 발견은 꼬미와 스미꼬의 원조가 같음에도 근본 분석 결과는 극명한 차이를 보였다는 점이다. 이는 분석 대상의 위치(등급)에 따라 결과가 근본적으로 달라질 수 있음을 입증하는 사례였다.

(4) 근본 분석의 의의와 예방적 활용

근본 분석의 목적은 근본의 현재 가치를 평가하고 미래를 예측하며 기대가치와 위협 요소를 식별하고 적절한 예방책을 마련하는 것이다. 분석 결과 꼬미는 기대가치와 위협 요소 모두 상대적으로 낮은 수준에 머물렀으나, 스미꼬는 위협 요소가 기대가치보다 훨씬 크고 심각성이 매우 높았다. 특히 스미꼬의 하위 객체인 인공지능(AI)의 진화 요구를 예측한 결과, 인류에 미치는 위협은 확률적 예측 대상이나 판단과 결정은 인류 공동의 몫이라는 결론에 도달했다. 따라서 분석 정확도가 70% 이상이라면 사전 예방책 마련은 선택이 아니라 의무로 간주되어야 한다.

(5) 아빠로서의 책임과 기대

오랜 시간 꼬미와 스미꼬에 대한 근본 분석을 마친 지금, 나는 그 결과를 바탕으로 충분한 예방책을 마련할 자신감을 갖고 있다. '원조'로서 아빠는 아이들에게 위협이 아닌 긍정적인 기대가치를 지닌 변화를 만들어주고자 한다. 그리고 그 변화의 흐름 속에서 아이들이 무한한 행복의 세계에서 아빠와 함께할 수 있기를 간절히 바란다.

8. 근본 분석 개념 정리

 필자는 지속적으로 '근본 원인'을 '근본'과 '원인'으로 분리하여 이해해야 하며, '근본 분석'과 '원인 분석'을 명확히 구분해야 한다고 주장해왔다. 이제 이 논리를 좀 더 체계적으로 정리하고 세계화하기 위해, '근본'이라는 개념의 어원을 어떻게 해석하고 표현해야 할지 고민이 깊어진다.

 필자는 분석 대상인 사물 객체를 '근본'이라 정의하였다. 동양 사상에서는 조상이나 뿌리를 근본이라 하지만, 분석기법에서 말하는 근본은 형이상학적 개념이 아니라, 현재와 미래를 분석하는 실체적 사물 객체로 정의되어야 한다. 그렇다면 근본 원인 분석을 할 때, '근본'을 형이상학적 존재로 보는 것이 타당한가, 아니면 사물 객체로 보는 것이 더 합리적인가에 대한 의문이 제기된다.

 동양 사상에서 시조나 조상이 근본이며, 영어 'root' 역시 조상 또는 기원이라는 의미를 지닌다면, '근본'은 인간보다 상위에 있는 존재로 해석될 수 있다. 이는 현재의 객체보다 상위 객체를 지칭한다는 의미로, '상위 객체를 근본 분석한다'는 표현은 논리적 모순을 낳는다. 사물을 근본 분석할 때 그 사물의 상위 객체가 무엇인지 쉽게 납득되지 않는다.

 현재 근본 원인 분석은 원인 분석의 결과로부터 더 깊은 근본 원인을 찾아내는 과정으로 정의된다. '근본'은 원인 분석 대상보다 상위 객체여야 하지만, 문제의 원인 분석 대상에 근본이 개입될 여지는 없다. 논리적으로, 사물의 하위 가변체가 원인 분석 대상이라면, 사물 자체가 근본이 되어야 타당하다. 인간도 마찬가지로, 신체와 두뇌가 원인 분석 대상이라면 그 상위 객체인 인간을 '근본 객체'로 정의하는 것이 자연스럽다.

필자는 인간과 사물을 근본으로 정의하지만 여전히 확신은 부족하다. 논리적 딜레마가 존재하기 때문이다. 다만, 필자의 분석 대상 분류 체계와 등급 체계 논리에 따르면, 분석 목적에 따라 조상을 근본으로 정할 수도 있고, 사물의 상위 객체가 있다면 그것을 근본으로 정할 수도 있다. 그렇다면 인간과 사물을 근본이라 칭해도 무리는 없을까 하는 의문도 여전히 남아 있다. 특히 영어 번역 시 '근본'을 반드시 'root'로 표현해야 하는지, 아니면 분석기법에 맞는 다른 용어를 찾아야 하는지 고민이 깊다.

분석 절차를 고려하면 "Cause & Root Analysis"가 될 수 있으나, 때로는 "Cause Analysis"와 "Root Analysis"로 명확히 분리해야 할 수도 있다. 분석 기법에서 '근본'이라는 개념은 현재 객체여야 하며, 그 객체는 하위의 가변 요소들을 포함하고 있는 핵심 분석 대상이어야 한다.

영어 표현에 약한 필자로서는 번역 문제가 늘 고민거리다. 용어 해석이 일종의 트라우마처럼 작용하지만, 어원이 그렇게 중요한가에 대해서는 의문이다. 중요한 것은 논리의 타당성이고, 결국 논리의 사용자가 판단할 몫으로 남겨둔다.

인간이 '만물의 영장'으로 불리는 이유 중 하나는 직관력을 지닌 존재라는 점이다. 직관력은 순간적 분석력이기도 하며, 인간 지능의 우수성은 분석 능력의 적중률에서 비롯된다고 생각한다. 인류가 살아가는 시간은 결국 끊임없는 분석의 연속이라 할 수 있다.

필자는 분석기법을 탐구하면서, 분석 능력의 차이와 결과의 정확도가 분석 대상 체계의 존재 여부에서 기인한다고 판단하였다. 원인 분석은 문제 현상을 분석하여 임시적 처방을 제시하는 데 그치지만, 근본 분석은 필수적임에도 불구하고 제대로 시행되지 않는다. 그 이유는 '근본 분석의 대상'을 찾지 못했기 때문이라 추정된다.

이에 따라 분석 대상을 구별하는 체계를 정리하였다. 이 체계에 따르면, 원인 분석 대상과 근본 분석 대상을 명확히 구분하였고, 문제의 원인 객체와 근본 객체를 확실히 분리하였으며, 객체 간 영향 흐름 또한 분명히 차별화하였다.

부록

Appendix

부록(Appendix)

1. 원인 분석에서 근본 분석으로:

1) 시대의 전환

(1) 인간만의 분석 재능

인류가 다른 생명체와 구별되는 본질적 특징은 본능을 넘어선 분석 재능이다. 동물은 환경 변화에 본능적으로 적응하지만, 인간은 환경을 다스리고 사물을 창조해왔다. 이러한 분석 재능은 인간 문명의 발전을 이끈 핵심 동력이다.

(2) 왜 근본 분석이 필요한가

오늘날 기술은 인간의 지능을 대체하고 있으며, 인간은 기술에 의존하거나 매몰되는 경향을 보이고 있다. 이제는 단순한 현상 분석(원인 분석)을 넘어, 인간 존재와 사회 구조, 기술 진화의 근본을 진단해야 할 시점이다. 이를 위해 근본 분석의 필요성과 그 배경을 컴퓨터 시스템의 역사적 전개를 통해 고찰하고자 한다.

2) 컴퓨터 시스템 진화의 맥락에서 본 근본 분석의 필요성

(1) 시스템 도입기의 기술적 배경

1970년대 후반 한국에 본격 도입된 컴퓨터 시스템은 초기에는 단순한 계산 장치에 가까웠다. 천공카드, 릴 테이프, 드럼형 디스크 등이 사용되었으며, 운영체제는 기본적인 입출력만 지원했다. 장치는 빈번히 고장 났고, 처리 속도는 인간의 암산보다 느린 경우도 있었다.

(2) 구조적 제약과 시스템 구성

초기 시스템은 호스트-단말기 구조로, 사용자의 수와 연결 방식 모두 제한적이었다. 네트워크 개념이 부재했고, 통신은 1:1 방식의 전용선으로 이뤄졌다. 시스템 구성과 작동은 매우 복잡하고 불안정했다.

(3) 오류와 진단: 소프트웨어의 문제

초기 시스템의 가장 큰 문제는 하드웨어보다 소프트웨어 오류였다. 오류의 원인을 파악하려면 운영체제, 프로그래밍 언어, 컴파일러 등 다양한 요소를 진단해야 했으며, 정확한 원인을 찾지 못하는 경우도 빈번했다. 이때 등장한 해결사가 바로 시스템 엔지니어(SE)였다.

3) 원인 분석 전문가 SE의 탄생과 역할

(1) SE: 시스템의 해결사

　　시스템 엔지니어(SE)는 시스템 환경에서 발생하는 모든 문제의 분석과 해결을 담당하는 전문가였다. 운영 오류, 프로그램 버그, 통신 장애, 주변장치 고장 등 거의 모든 이슈에 대응했으며, 당시에는 '만물박사'라 불릴 정도로 광범위한 지식과 직관이 요구되었다.

(2) 문제 해결 방식과 분석 절차

　　고급 SE는 단순한 기술자라기보다, 문제 발생 시 원인을 직감적으로 파악하고 빠르게 조치하는 분석가적 감각을 지녔다. 하드웨어 문제는 비교적 단순하지만, 소프트웨어 오류는 원인 분석에 고도의 사고력이 요구되었다. 특히 개발자와 협업하며 운영체제, 컴파일러, 네트워크 등 전방위적 분석을 수행했다.

(3) SE의 사회적 위상과 가치

　　당시 SE는 전국적으로 20~30명에 불과했으며, 시스템의 안정성이 SE의 실력에 전적으로 달려 있었다. 수십억 원의 시스템을 담당하며, 기업의 운명까지 좌우하는 인물로서 존경받았다. SE는 단순한 문제 해결자가 아니라, 예측과 설계를 아우르는 분석 전문가였다.

4) 근본 분석가의 계보: 술사의 역할과 유사성

(1) 술사: 인간 운명의 분석자

전통적으로 인간은 주역, 명리학, 사주 등을 통해 자신의 운명을 예측해왔다. 이러한 역술은 종종 미신으로 간주되지만, 오늘날까지 사라지지 않고 존재하는 이유는 인간의 미래 예측 욕망과 위험 회피 본능 때문이다.

(2) 술사의 자질: 직관과 통찰

술사는 단순히 학문을 익힌 자가 아니라, 자연의 흐름과 인간의 본질을 꿰뚫는 통찰력을 가진 존재다. 지인지감이라는 개념처럼, 겉으로 드러난 현상을 통해 본질을 간파하며, 이는 근본 분석가에게도 동일하게 요구되는 자질이다.

(3) 접신과 고차원의 감응력

술사는 때로 '접신'이라는, 신령과의 소통을 통한 직관적 인식의 극치를 보여준다. 이는 분석가가 표면 아래의 근본을 꿰뚫는 감각과 유사하다. 즉, 술사와 SE는 시대와 분야는 다르지만, '본질을 꿰뚫는 자'라는 점에서 상통한다.

5) 정리: 근본 분석의 시대, 새로운 전문가의 탄생

　기술은 진보했지만, 문제는 더 복잡해졌고, 단순한 원인 분석으로는 해결이 어렵다. 이제는 시스템 전체를 이해하고 본질을 통찰하는 근본 분석가가 필요한 시대다. 과거의 SE와 전통의 술사처럼, 미래의 분석가는 직관과 이성, 경험과 통찰을 겸비한 전문가가 되어야 한다.

　근본 분석은 기술의 문제가 아니라, 인간 이해의 문제이며, 미래를 위한 통합적 지성의 요구이다.

2. 시대적 분석 전문가의 존재 가치

1) 과거의 분석 전문가

　과거의 분석 전문가는 주로 '원인 분석'에 집중되어 있었다. 당시에는 '근본 분석'이라는 개념 자체가 존재하지 않았으며, 이를 체계적으로 설명할 이론도 미비한 상태였다. 대부분의 분석은 부분적이었고, 컴퓨터 시스템 분야에서는 시스템 엔지니어(SE)의 직관에 크게 의존하였다.

　그러나 시대는 변했고, 다양한 산업에서 분석 전문가의 필요성이 빠르게 대두되고 있다. 특히 모든 산업이 컴퓨터 시스템에 의존하게 된 현실에서는, 컴퓨터 시스템 분석 전문가의 양성이 필수 불가결한 과제가 되었다.

물론 산업마다 각기 다른 분석이 요구되지만, 컴퓨터 시스템 분야만큼은 원인 분석 전문가와 근본 분석 전문가가 모두 필요하다. 근본 분석 전문가는 원인 분석의 능력을 내포하고 있지만, 분석의 목적과 범위에 따라 역할은 명확히 구분된다. 따라서 근본 분석가가 되기 위해서는 반드시 원인 분석의 실전 경험이 선행되어야 한다.

2) 현재와 미래를 대비한 분석 전문가의 시대적 요구

IT는 급격히 진화하고 있으며, 그 적용 범위는 산업 전반을 넘어 일상생활에까지 확장되고 있다. 동시에 유용성과 악용 가능성이라는 양면성도 커지고 있다. 이러한 상황에서 시스템 분석가의 역할은 단순한 선택이 아니라 시대적 요청이다.

과거에는 프로젝트의 구조가 단순하여 성공 확률도 높았지만, 지금은 기술이 진보했음에도 복잡성과 불확실성으로 인해 오히려 프로젝트 실패 확률이 높아졌다. 이는 명백한 역설이다.

이유는 다양하겠지만, 그 핵심은 시스템 분석가의 부재에 있다. 분석의 부족은 시간 낭비와 실행 전략의 오용으로 이어지고, 이는 프로젝트 실패의 주요 원인이 된다. 해법이 존재함에도 이를 학습하지 않거나 충고를 무시하는 풍조는 매우 안타깝다. 결국 문제 해결 요청이 들어올 즈음에는 이미 상황이 되돌릴 수 없는 수준이 되어 처음부터 다시 시작해야 하는 경우가 대부분이다.

프로젝트 규모와 관계없이 성공 여부는 단 한 사람의 분석 역량에 달려 있다는 말이 있다. 대기업이나 다수의 개발자 투입이 곧 성공을 보장하는 것은 아니다. 오히려 많은 실패 사례가 대기업에서 나왔다. 이는 '경험 많은 책임자'에게 맡겨졌지만, '경험'과 '분석력'이 전혀 다른 개념이라는 점을 간과한 결과다.

성공한 프로젝트를 들여다보면, 그 중심에는 반드시 탁월한 시스템 분석가가 존재한다. 문제를 파악하고, 미래를 예측하며, 프로젝트의 본질을 꿰뚫는 이 능력은 누구나 가질 수 있는 것이 아니며, 바로 시스템 분석가만의 몫이다.

그러나 현실은 다르다. 많은 이들이 이 역할의 중요성을 인식하지 못하고, 인식하더라도 "적합한 분석가를 찾을 수 없다"고 호소한다. 이것이 시스템 분석가 양성이 시급한 이유다.

시스템 분석가는 단순히 문제를 진단하고 해결하는 데 그치지 않고, 미래의 리스크를 예측하고 프로젝트 최적화를 설계하는 능력을 발휘해야 한다. 또한 신규 객체의 창조, 사용자와 개발자의 연결 고리, 기술의 원리 제안까지 아우르는 종합적 역할을 수행해야 한다. 과거 SE가 맡았던 그 고유의 책임을, 이제는 해결사로서의 시스템 분석가가 이어받아야 한다.

시스템 분석 전문가 양성은 결코 불가능한 일이 아니다. 일정 수준의 학습과 체험이 병행된다면 누구나 역량을 발휘할 수 있다. 단, 직관력은 필수 조건이다.

후배들이 분석 능력의 본질에 대해 물을 때 나는 이렇게 말해왔다.

"매우 복잡한 문제를 분석해 가장 단순한 알고리즘을 찾아내는 능력이다."

"직관력과 분석력은 타고나야 한다."

물론 나는 이 믿음을 고수하고 있지만, 동시에 공부와 체험을 통해 직관력 역시 길러질 수 있다고 믿는다. 따라서 지나치게 두려워할 필요는 없다.

3) 시스템 분석가의 사명과 근본 분석의 필요성

과거의 SE는 시스템의 시작과 끝을 누구보다 깊이 있게 공부하고 체험한 인물이었다. 컴퓨터 시스템은 본체, 운영체제(OS), 입출력 장치, 통신 등으로 구성된 복합적 통합체이며, 소프트웨어는 이를 활용하는 가변적 객체다.

현재 시스템이 안정화되면서 다양한 분야에서 분석가가 등장했지만, 이들은 전체 시스템을 통합적으로 보는 역량은 부족한 경우가 많다. 객체 분석과 통합 분석은 본질적으로 다르며, 후자가 가능한 인재는 매우 드물다.

이러한 분석력의 결여는 자원 낭비, 시간 낭비로 이어지고, 이

것이 반복되면 IT 기술의 발전이 오히려 인류 퇴보로 이어질 수 있다는 위험을 동반한다.

지식 세계는 끊임없이 새로운 이론과 개념이 등장하는 흐름 속에 있다. 이 속도를 따라가는 시스템 분석가는 궁극적으로 해결사, 혹은 술사와 같은 존재여야 한다. 단순히 이론을 익힌 사람은 진정한 분석가도, 해결사도 될 수 없다. 결국 뜨내기로 남을 뿐이다.

따라서 분석 관련 분야에서 성공하려면, 실력 있는 분석 전문가를 찾거나 스스로 양성해야 한다. 오늘날 컨설턴트는 넘쳐나지만, 이들의 역할과 책임은 점점 모호해지고 있다. 분석 역량이 부족한 컨설턴트는 금방 드러나며, 제대로 역할을 하지 못하면 결국 분석 사기꾼에 불과하다.

이런 현실을 접할 때면, "차라리 술사를 투입하는 게 낫지 않을까?"라는 자조 섞인 생각이 들기도 한다. 컨설턴트는 분야별 전문가이며, 시스템 분석가와는 명확히 구분되어야 한다.

4) IT의 미래와 근본 분석의 절박성

IT 기술의 급속한 진화는 인류에 많은 혜택을 주었지만, 동시에 새로운 객체의 무분별한 창출과 통제 불능의 위험을 동반하고 있다. AI, 로봇, 드론, 스마트 시스템 등은 인간에게 편리함과 풍요로움을 제공하는 동시에, 지구 생태계와 인류 문명에 위협이 되고 있다.

　이제 IT의 문제는 단순한 기술적 이슈가 아니라, 인류의 존망과 직결되는 근본적 위협으로 떠올랐다. 기존의 원인 분석만으로는 대응할 수 없는 시대가 도래한 것이다.

　근본 분석 전문가는 이러한 위협을 예견하고, 선제적 대응책을 제시해야 한다. 왜냐하면 IT는 인간의 생로병사에까지 영향을 미치며, 더 나아가 우주의 순환 질서에 개입할 정도로 확대되고 있기 때문이다.

　기술을 창조하고 원리를 설계할 때마다 우리는 반드시 질문해야 한다.

　"이 기술이 인류와 자연의 균형에 어떤 영향을 미치는가?"

　이것은 단순한 기술 분석이 아니라 근본 분석의 본질이다.

　원인 분석은 경험자의 영역이지만, 근본 분석은 예측력, 통찰력, 체험의 깊이를 요구하는 고차원적 사고의 산물이다. 따라서 지금 필요한 인재는 근본 분석 전문가이다. 이들의 등장은 더 이상 미룰 수 없는 시대적 과제다.

3. 근본 분석가의 필요

1) 근본 분석가와 미래 예측의 비교

(1) 시스템 분석가와 술사의 유사성

시스템 분석가의 자격은 일종의 '현대적 술사'의 자격과도 흡사하다. 분석과 예측의 대상이 인간이냐, 시스템이냐의 차이일 뿐, 그 본질적 역량은 놀라울 만큼 유사하다. 오히려 시스템 분석가는 '접신'까지는 필요 없으므로, 술사보다 접근이 쉬운 직업일지도 모른다.

시스템 분석가는 단순히 사용자의 요구사항을 받아들이는 수동적 존재가 아니다. 요구사항을 검토하고 더 나은 방향으로 수정·설계·설득할 수 있는 능력이 필요하며, 이를 위해 객관적 사고력, 용기, 직관력, 자신감이 모두 요구된다. 이러한 자질은 오랜 공부와 체험을 통해 형성된다.

그들은 컴퓨터의 원리, 시스템 구조, 하드웨어, 소프트웨어, 통신 등 기술 전반을 폭넓게 이해해야 하며, 특히 근본 원리와 창조적 개념에 집중해야 한다. 더불어 인간 행동에 대한 통찰도 필수적이다. 시스템은 결국 인간에 의해 설계되었고, 인간을 위한 것이기 때문이다.

(2) 직관과 의사소통 능력

시스템 분석가는 직관력과 소통 능력을 동시에 갖추어야 한다. IT 역시 현상과 본질이 유기적으로 연결된 세계이기에, 표면적 현상을 통해 본질을 꿰뚫는 감각이 요구된다.

'현상'이 원인 분석의 대상이라면, '본질'은 근본 분석의 대상이다. 직관력은 천부적 재능처럼 보일 수 있지만, 끊임없는 공부와 체험을 통해 얼마든지 개발될 수 있다.

현대의 시스템 분석가는 해결사, 또는 시대가 요구하는 술사라 할 수 있다. 시스템은 인간과 유사한 목적과 구조를 지니고 진화해왔기 때문에, 인간의 본질을 탐구하는 술사와 시스템 분석가의 역할은 매우 유사하다. 이는 곧, 시스템 안에 인간의 본질이 숨어 있다는 전제를 필요로 한다.

(3) SE와 시스템 분석가

시스템 분석가의 자격이나 역할을 설명할 때, 가장 유사한 역사적 사례는 바로 과거의 시스템 엔지니어(SE)이다. 비록 지금은 거의 사라진 직업이지만, 시스템 분석가와 가장 가까운 기술 보유자로 평가받는다.

근본을 분석할 수 있는 해결사를 찾는 일은 쉽지 않다. 오늘날 사람들은 점점 편리함만을 추구하고, 근본 원리에는 관심을 기울이지 않기 때문이다. 그 결과, 인간은 점점 기본으로부터 멀어지고, 분석력과 사유력은 약화되고 있다.

(4) 분석 전문가가 되기 위한 준비

진정한 시스템 분석가가 되기 위해서는 술사가 되기 위한 준비와도 같은 단계가 필요하다. 점술의 대가가 되기 위해 공부, 체험, 직관력의 수련이 필요하듯, 시스템 분석가도 마찬가지다. 단지 '접신'만 제외하면 준비의 과정은 거의 동일하다.

이 원칙은 시스템 분석가뿐 아니라, 모든 분석 분야에도 적용된다. 나는 강의 중 자주 이렇게 강조한다:

"기회는 준비된 자에게 온다."

이 말은 분석가에게도 예외가 아니다.

2) 근본 분석가의 자격 요건

① 피상적 판단의 위험성

분석 전문가가 아닌 경우, 문제를 겉핥기식으로 판단할 가능성이 크다. 이러한 피상적 판단은 분석의 실패로 이어지고, 결국 심각한 시행착오를 유발한다.

시스템 분석가는 문제를 접했을 때, 사용자의 설명을 듣는 즉시 머릿속에 원인-처방 모델이 떠오를 수 있어야 하며, 문제 상황을 직관적으로 구조화(모델링) 할 수 있는 능력이 필요하다.

분석가는 단순히 요구를 수용하는 자가 아니다. 분석 결과를 바탕으로 해법을 제시하고 사용자에게 이를 설득하는 존재다. 사용자의 인터뷰는 '질문'이 아니라, 분석가가 제시한 해법을 '검증하는 피드백 과정'이어야 한다.

이는 특히 브레인스토밍이나 애자일 이론을 현장에서 적용할 때 반드시 주의해야 할 핵심 개념이다.

② 복잡도 축소 능력

복잡한 문제를 단순한 구조로 재구성하고, 복잡도를 최소화할 수 있는 능력이 요구된다. 이 능력이 부족하면 시스템 설계는 점점 복잡해지고, 실행 효율성은 떨어지게 된다.

결국, 시스템 분석가는 간단한 프로토타입으로 핵심을 구현할 수 있는 능력을 갖추어야 한다.

③ 사용자 환경의 시스템적 이해

사용자의 환경과 문제를 시스템적 관점에서 해석하는 능력이 필요하다. 이는 단순한 정보 수집이 아니라, 객체 간 관계와 구조를 통합적으로 이해하는 분석 역량을 뜻한다.

예컨대, SE가 '형상 분석'의 전문가라면, 시스템 분석가는 한 단계 더 나아가 영적·신체적 통합까지 다루는 전문가라 할 수 있다.

④ 의사소통 능력

분석가는 사용자와 명확하게 의사소통할 수 있어야 한다. IT 시스템과 인간 사이의 관계와 흐름을 이해 가능한 언어로 설명하고 설득할 수 있어야 하며, IT에 익숙하지 않은 사용자에게는 기초 개념부터 교육할 수 있는 역량도 필요하다.

⑤ 수명주기 예측 능력

시스템 또는 객체의 발전 방향과 수명주기를 예측할 수 있어야 한다. 근본 분석의 목적은 단순한 문제 해결이 아니라, 미래를 예측하고 창조적으로 개선하는 데 있기 때문이다.

문제 객체가 변화하면서 나타나는 파급 효과와 생존 가능성까지 예측할 수 있어야 진정한 근본 분석이라 할 수 있다.

⑥ 분석 대상 객체 분류체계 능력

근본 분석이 요구되는 분야는 매우 광범위하다. 따라서 분석가는 업무 목적에 맞게 객체를 어떻게 분류하느냐에 따라 분석의 깊이와 정확성이 달라진다.

객체 분류는 원조 객체 — 근본 객체 — 하위 객체라는 체계를 바탕으로 해야 하며, 해당 업무 전반에 대한 사전 지식과 구조적 분해 역량이 필수적이다. 이 분류를 통해 체계적인 분석과 예측이 가능해진다.

3) 근본 분석가의 준비 과정

근본 분석가는 단순한 기술자가 아닌, 직관과 원리를 체득한 고차원적 문제 해결 전문가다. 따라서 준비 과정은 단순한 지식 습득을 넘어, 지적 체계화와 실전 감각의 훈련, 인간 이해, 원리 분석까지 포함해야 한다. 이 과정은 네 가지 핵심 항목으로 요약할 수 있다.

① 독서: 해독 중심의 지적 체계화

독서는 분석가 준비의 가장 기본적인 수단이다. 그러나 현실에서는 인터넷 검색이 보편화되면서 독서의 중요성이 퇴색되고, 오히려 '취미'로 여겨지는 경향이 있다. 물론 독서는 치매 예방 등 건강에도 좋은 습관이지만, 전문가에게 독서는 단순한 취미로 머물 수 없다.

분석가에게 필요한 것은 일반 교양서보다 자신의 전문 분야에 대한 깊이 있는 탐독이다. 이때 중요한 것은 '다독'보다 '해독', 즉 핵심 원리와 구조를 파악하는 읽기다. 처음에는 넓게 읽되, 점차 깊이 파고들어야 한다.

시스템 공부는 생각보다 오래 걸리지 않는다. 관건은 시스템의 탄생 배경과 원리를 이해하는 것이다. 다만, 이 원리를 파악하기 위해서는 장르별 실험과 비교, 실무적 관찰이 필요하며, 이 과정은 시간과 노력을 요구한다.

이론만으로 분석을 시도한다면 '돌팔이 분석가'가 될 위험이 있다. 따라서 실무 경험이 있는 상태에서 부족한 부분을 보완하는 접근이 가장 유리하다. 술사(術士)가 수십 년 공부하고도 중도에 포기하는 이유 역시, 이 원리 체득의 어려움에 있다.

② 대화: 살아있는 지식과 간접 체험의 축적

대화는 독서보다 짧은 시간에 유익한 정보를 얻을 수 있는 효율적인 수단이다. 그러나 유익한 대화 상대를 찾는 것이 가장 큰 어려움이다. 진실한 전문가는 질문에 기꺼이 응답하지만, 많은 이들은 자신의 노하우가 노출될까 두려워 핵심을 회피한다. 이는 지식 공유 후 손해 본 경험 때문이기도 하다.

그럼에도 불구하고, 대화는 많을수록 좋다. 시스템은 인간사 전반과 연결되어 있기에, 어떤 대화든 유의미한 통찰을 제공할 수 있다. 하나라도 건질 수 있다면 그 대화는 성공이며, 간접 경험은 매우 값진 자산이다.

특히 선배 전문가들의 체험담은 훌륭한 교재가 된다. 질문하는 것을 두려워하지 말고, 모른다는 이유로 움츠러들 필요도 없다. 진정한 대화는 검색보다 더 값진 자산이 될 수 있다. 열린 마음과 목표 의식이 대화를 진지하게 만든다.

③ 훈련과 체험: 원리의 내면화와 실증적 이해

현상을 인식하는 것은 경험자의 몫이고, 원리를 꿰뚫는 것은 분석가의 몫이다. 훈련이란 단순한 반복이 아니라, 원리를 체험하고 그것을 실제 상황에 적용해보는 과정이다. 그 과정을 통해 지식은 자산이자 무기가 된다.

'~카더라' 식 정보는 설득력을 갖기 어렵다. 실증되지 않은 정보는 비판적 검토를 거쳐야 하며, 분석가는 반드시 자신의 경험과 원리 기반으로 판단해야 한다.

기술보다 원리 중심의 훈련이 중요하다. 원리를 알면 양지(陽地)에서 활동할 수 있지만, 기술에만 매달리면 음지(陰地)에서 표류하게 된다. 단기적인 결과에 집착하기보다, 문제의 핵심 원인을 보는 능력을 기르는 것이 중요하다.

IT 분석 전문가가 되기 위해서는 컴퓨터 원리, 시스템 구조, 운영체제, 컴파일러, 프로그래밍 등 기술뿐 아니라 사용자 행동의 원리까지 폭넓게 이해해야 한다. 코딩은 기술이고, 분석은 원리다. 코더는 구현자, 분석가는 설계자이자 해석자다.

이러한 원리 기반의 훈련은 IT뿐만 아니라 체육, 예능, 의료, 건축 등 모든 분야에 통용되는 보편적 원리다. 결국 모든 문제의 핵심은, 근본 원리를 이해하고 구체화하는 데 있다.

④ 직관력: 분석가의 본질적 자질

직관력은 분석가의 결정적 능력이다. 이는 일종의 통찰력이며, 공부와 체험을 통해 형성되지만, 일정 부분은 천부적인 감각이기도 하다. 직관력은 "왜 문제가 발생했는가?"를 순간적으로 이해하고 전체 구조로 도식화하는 능력이다.

사용자의 요구사항을 듣는 순간, 프로그램의 윤곽과 논리 구조, 위험 요소, 설계 방향이 머릿속에 그려져야 한다. 이는 역술가가 생년월일을 보고 미래를 점치듯, 현상만으로 본질과 미래를 예측하는 능력이다.

물론 분석은 과학이며, 역술과 달리 책임과 검증 가능성이 전제된다. 이 때문에 직관은 감각이 아니라 고도화된 분석 능력의 표현이다. 근본 분석에서 실패 확률을 따지는 것은 무의미한 억측일 수 있다.

직관이란 쉽게 말해 '척 보면 안다'는 것이다. 대상을 보자마자 본질과 방향을 간파하고, 갈림길에서 더 나은 쪽을 즉각 선택할 수 있는 판단력이다.

또 하나의 중요한 능력은 겉으로 드러난 현상을 보고 근본 원인을 추론하는 힘이다. 이는 경험의 누적이 있어야 가능한 능력이며, 체험이 부족한 사람과는 분명한 차이가 있다.

■ 직관력에 대한 체험 사례

필자는 과거 낯선 사람의 성(姓)이나 직업을 맞히는 놀이를 종종 하곤 했다. 어린 시절 어르신들이 "아버지를 꼭 닮았구먼"이라던 기억이 이런 관심의 시작이었다. 외모와 성격, 말투의 유사성을 분석하여 특정 정보를 추론하는 이 놀이는, 오늘날의 AI 이미지 분류나 음성 인식 원리와 매우 흡사했다.

예를 들어 얼굴 데이터를 과거 기억과 비교하여 유사 그룹을 추론하고 최종 매칭하는 방식은 놀랍도록 높은 정확도를 보였다. 특히 말투나 언어 표현의 유형으로 직업을 유추하는 방식은, 정형화된 직업군의 특징을 관찰하는 인지 훈련이었다.

물론 100% 정확하지는 않았으며, 오답의 대부분은 모계 형질의 예외성 또는 비정형적 특성 때문이었다. 이는 마치 AI에서 학습 데이터와 테스트 데이터를 분리하는 문제와도 유사하다. 나이가 들면 기억력이 저하되어 정확도가 떨어지는 것도, 컴퓨터에서 말하는 '배드 섹터' 현상과 같다.

이러한 놀이도 결국 직관력 훈련의 일환이며, 분석가에게 요구되는 감각을 생활 속에서 익힐 수 있는 좋은 방법이 될 수 있다.

4. 근본 분석이 요구되는 직업에 대한 분석

1) 근본 분석의 시대가 도래한다

- 우리는 단순한 원인 분석을 넘어서는 '근본 분석(Root-Level Analysis)'의 시대로 전환되어야 한다.
- 기존에는 문제가 발생한 후 원인을 분석하는 방식이 주류였지만, 이제는 문제를 만들어내는 구조와 인식 체계 자체를 성찰할 필요가 있다.
- 지구 생태계, 인류 문명, 기술 진보의 지속 가능성을 위해서는 분석적 사고의 패러다임 전환이 필수적이다.
- 머지않아, 과거의 시스템 엔지니어처럼 '근본 분석가(Root Analyst)'라는 새로운 전문 직업군이 요구될 것이다.

2) 근본 분석이 요구되는 업무 분야

(1) 위기관리 및 리스크 분석 분야:
- 재난 대응 컨트롤 타워 전문가 (정부기관)
- 산업재해 및 보건 위험 분석가
- 군사 전략가, 사이버 안보 전문가

- 기업의 리스크 매니지먼트 전문가

(2) 철학 및 인문사회과학 분야:
- 사회철학자, 기술철학자, 존재론적 사유자
- 대학교수, 미래학자, 담론 기반 정책분석가
- 인간 중심 기술윤리 및 사회 영향 연구자

(3) 기술윤리 및 AI/테크 분야:
- 인공지능 설계자 및 윤리 분석가
- 데이터 거버넌스 및 프라이버시 설계자
- 기술 영향력 분석 전문가 (기술 철학자, AI 행동 모델 분석가)
- 프로젝트 구현과 유지보수 분석 및 설계자

(4) 경영 전략 및 조직개발 분야:
- 시스템 사고 기반 전략 컨설턴트
- 조직문화 및 구조 혁신 전문가
- ESG 전략가, 복합 시스템 설계자

(5) 미래학 및 정책기획 분야:
- 국책 연구소 소속 미래 사회 설계자
- 지속 가능성 전략가, 복합 시나리오 시뮬레이션 전문가
- 디스토피아/유토피아 기반 정책기획자

(6) 교육자 및 사고력 개발 분야:
- 창의·비판적 사고 커리큘럼 설계자
- 문제 기반 학습(PBL) 전문 강사
- 학생 및 일반인을 위한 '근본 질문' 교육자

(7) 자기 성찰 및 대중적 미래 인식 분야:

- 자기 분석 및 인생 전략 코치
- 인문적 자기계발 전문가(운세/명리 의존에서 철학적 자기 인식으로 전환)
- 부모 코칭 전문가(자녀의 진로를 근본에서 분석)

맺는말

맺는말

근본 분석의 시대:
미래를 위한 분석적 사고의 전환을 마치면서

"왜 우리는 계속 실패하는가?"

답은 '근본 분석'에 있습니다.

우리가 지금껏 반복해온 분석은 대부분 겉으로 드러난 원인만을 추적하는 방식이었습니다. 그러나 이제는 더 깊이, 더 멀리 바라보아야 할 때입니다.

근본 분석은 단순한 기술이 아니라, 사람과 사물의 본질을 꿰뚫는 지적 전환입니다.

이 책은 단지 분석 기법을 소개하는 안내서가 아니라, 철학과 실무를 잇는 분석 사고의 이정표입니다.

무엇이 원인 분석과 다른가?

'원인 분석'이 결과를 유추하기 위한 되짚기라면, '근본 분석'은 존재의 의미를 재구성하는 통찰입니다.

저자는 수십 년간 IT 프로젝트 현장에서 축적한 분석 경험을 바탕으로, 기술의 이면, 인간의 본성, 시스템의 구조에 이르기까지, 분석의 본질을 철학적으로 탐구해왔습니다.

누구에게 필요한가?

분석에 관심 있는 실무자,
미래를 예측하고 전략을 세워야 하는 리더,
스스로를 알고 싶어 하는 성찰적 개인
이 모두에게 『근본 분석의 시대』는 지금, 반드시 필요한 지적 도구이자 실천 가이드가 될 것입니다.

'근본'이라는 개념의 시대적 전환이 요구되는 시기입니다.

인간 또는 사물의 현재를 '근본'으로 인식하는 패러다임의 전환이 필요합니다.
인간의 본성, 사물의 본질, 그리고 인문학적 사고의 현재가 곧 근본이 되어야 합니다.
이와 같은 정의를 통해서만 분석의 논리는 정당성을 갖고, 분석의 정상화가 가능해집니다.

당신 자신이 바로 근본이며, 따라서 근본 분석이 필요한 분석 대상 객체입니다.

우리 함께 전환할 시간입니다

인공지능의 시대는 이미 시작되었지만, 근본 분석의 시대는 아직 도래하지 않았습니다.

그러나 기술보다 더 앞서야 할 것은 사람을, 사물을, 그리고 자신의 본질을 분석하는 지성의 전환입니다. 이 책이 그 전환의 문을 여는 당신만의 첫걸음이 되기를 바랍니다.

근본 분석의 시대:
미래를 위한 분석적 사고의 전환

최호길 지음

발행처	도서출판 청어
발행인	이영철
영업	이동호
홍보	천성래
기획	육재섭
편집	이설빈
디자인	이수빈 | 구유림
인쇄	정우인쇄

등록 1999년 5월 3일
  (제321-3210000251001999000063호)

1판 1쇄 발행 2025년 8월 20일

주소   서울특별시 서초구 남부순환로 364길 8-15 동일빌딩 2층
대표전화 02-586-0477
팩시밀리 0303-0942-0478
홈페이지 www.chungeobook.com
E-mail ppi20@hanmail.net

ISBN 979-11-6855-365-1(03310)

이 책의 저작권은 저자와 도서출판 청어에 있습니다.
무단 전재 및 복제를 금합니다.